PQ

Planning Quest

プロジェクト・マネジメントの探究

FranklinCovey.
キングベアー出版

TO DO...DOING...DONE!

A Creative Approach to Managing Projects and Effectively Finishing What Matters Most

By G.Lynne Snead and Joyce Wycoff

目次

序章　プロジェクト・マネージャー
――新しい組織のキーパーソン

大きなプロジェクトの進行が予定より一年も遅れてしまうのはどういうわけかと言えば、毎日の少しずつの遅れが積み重なる結果なのだ。

――トム・ピーターズ

『トム・ピーターズの経営創造』（ＴＢＳブリタニカ、トム・ピーターズ著、平野勇夫訳）の中で引用された、あるソフトウェア開発者の言葉

日常業務の管理スキルだけではもはや通用しない

かつて、出勤して毎日ほぼ同じ仕事をするというのが常識だった。定年まで同じ会社、同じ部署や工場で働き、初歩的な仕事から始め、やがて管理職へと昇格していくのがお決まりのパターンだった。評価や昇進は、毎年同じように繰り返される部署や職能の「日常業務」に対する専門知識で決められた。

　だが、そういう時代は終わった。今は変化の時代である。それも、目まぐるしいばかりの変化だ。最新テクノロジー、グローバル市場、熾烈な競争があらゆる規則を塗り替えてしまった。企業はただ生き延びるために、全速力で走っている。漸進的改善では物足りず、飛躍的成長が求められる。こうしたプレッシャーの厳しい環境では、最小の資源で最大の結果を生み出すことが絶えず要求され、人々の仕事の性質は一変した。長期的雇用保障など今や遠い昔の話で、転職が日常茶飯事となっている。毎日ただ仕事を黙々とこなすだけでは生き残れないのだ。

　一九九〇年代から、ビジネスの世界ではプロジェクトが一つの行動スタイルとして定着し、プロジェクトの管理能力が重要なスキルとなった。アイデアの段階から完成に至るまで、プロジェクトを管理することのできる人材が求められ、そうしたスキルを持たない者はリストラの荒波の中で取り残されることになる。

プロジェクトとは、目標を達成するために一定期間続く仕事のことである

　企業では、ポストの如何にかかわらず、社員たちがますます多くの時間をプロジェクトに費やすようになっている。「特定の目標を達成するために一定期間続く仕事」と定義されるプロジェクトは、あらゆる組織のあらゆる階層で今や当たり前のものになった。例えば総務部長が新

しい管理システムの導入、ＩＴ機器の購入、社内行事の企画に関与したり、製造現場の人間が顧客の要求に沿って商品を改良する設計チームに参加したり、工場全体の再編計画に携わったりする。また、リーダークラスであれば、新方針の策定や経費削減運動の管理を担当したりするだろう。つまり今日では、誰もがプロジェクト管理のエキスパートでなければならないのだ。

プロジェクトを効果的に管理する能力が成功のカギとなる

市場ニーズが多様化し、高いクオリティを求められる現代において、成功を手にするのは、挑戦的なプロジェクトを立ち上げ、管理し、そして完成させることのできる人間だ。そのためには、プロジェクトの関与者全員を惹きつけるビジョンを描き出せなければならない。期待される結果の明示、責任の分担、実行可能なサイズの作業へのブレイクダウン、実現可能なスケジュールの策定、簡潔・明瞭・迅速なコミュニケーション、変化への機敏な対応、進捗状況のモニタリングなども必要だ。そして、妥協することなくプロジェクトの成功を追及することが求められる。

この新しいスキルはどこで学べるか？

どこかの会社の社員に、「あなたはどんなプロジェクトに携わっていますか？」と尋ねれば、誰もが大概一つは答えるだろう。いや、複数のプロジェクト名を挙げる人のほうが多いかもしれない。組織で働く人間は普通、自分の本来の業務のほかに、一時的な任務やプロジェクトを一つ、またはそれ以上手がけているものだ。だが、プロジェクトの効果的な管理法や完成方法は、誰が教えてくれるのだろう。

学校では教えてくれない。ビジネス・パーソンやエンジニア向けの育成プログラムでさえ、プロジェクトの効果的な遂行方法を指導するものは稀である。さらに企業でも、社員たちにこの重要なスキルを教えているのはほんのひと握りだ。

プロジェクトは日常業務と違い、特殊なスキルを必要とする。日常業務は収益の獲得や維持を目的として設計され、継続的に実施されるものであるのに対し、プロジェクトは特別な目標を実現するために計画され、一時的に資源を消費する活動といえる。プロジェクトは、厳しい時間的制約と挑戦的な目標の下で、限りある資源を用いて行われる場合が多い。それで、紛争や組織内部の駆け引きに邪魔されて頓挫したり、内外の状況の変化によって脱線したり、日常業務の中に埋もれてしまったり、ということになりがちだ。

「時間管理」という概念をさらに発展させ、プロジェクト管理のエキスパートを育成すること、それが本書の目的に他ならない。

時間管理からプロジェクト管理へ

これまでに様々なプロジェクト・マネジメントに関する手法やツールが開発されてきた。かつてアメリカでは、パート（PERT）図、ガントチャート、クリティカル・パス分析などが軍や政府、国防産業の技術専門家たちによって利用され、その後一般企業へと普及していった。しかしこれらは今日まで一般の人にはなかなか利用しづらいものだった。この種のプロジェクトは通常、完成までに何百、何千というスタッフ、何百万ドルもの資金、何カ月、何年という歳月を要した。ところが、一般の人が管理するのは、もっと単純なプロジェクトだ。どんなプロジェクトでも効果的に管理できる、強力で、なおかつ使いやすいツールが私たちには必要なのだ。

「技術専門家」に独占されてきた強力なプロジェクト管理ツールを「一般の人」も利用できるようにしたい、という願いから本書は生まれた。目標を達成する方法を難解な専門用語を使わずにわかりやすく解説しているので、どなたにも活用していただけると思う。創造的なアイデアを生み出す簡単なテクニックから、作業やスケジュールをフォローするツールに至るまで、プロジェクト管理のエキスパートに求められるものすべてが本書に詰まっている。

簡単なツールが強力な成果を生み出す

本書で紹介するプロジェクトやタスク管理の考え方は、新製品を売り出している会社の社長、新しい特効薬の研究に携わる科学者、宇宙計画の設計者といった専門家だけでなく、週末のキャンプ旅行を計画するボーイスカウト指導員、大学受験に向けて勉強中の学生、キッチンを改造している日曜大工のお父さんなどにも気軽に利用していただけるものと確信している。

本書の利用法

本書は、三つのセクションから成る本文と二つの付録で構成されている。あなたがもっとも必要とするテーマ、興味を感じる部分、自分の置かれた状況と似通った箇所から読み始めていただきたい。以下に各セクションの内容を要約する。

第一部：プロジェクトを賢く選択する

熱意を持って取り組むことのできるプロジェクト、自分自身の価値観に合ったプロジェクトなら、成功の確率もずっと高くなるはず。このセクションでは、あなたの価値観を発見し、その価値観に根差したプロジェクトを選ぶ方法を紹介する。

また、どんなプロジェクトも、最初はアイデアからスタートする。そこで、あなたの思考法、創造力の強化の仕方、さらにそれをプロジェクトに応用する方法についても説明する。

こうした考え方は初めてという方は注意深く読んでいただきたい。すでにご存知の方は、ざっと目を通し、重要事項と「ちょっと一息」のコーナーを確認するだけでもよいだろう。

第二部：時間と情報を巧みに管理する

時間と情報の管理は、効果的なプロジェクト管理に欠かせない要素だ。あなたがすでにシステム手帳をうまく活用し、オフィスに入ってくる情報をしっかりコントロールできているのであれば、このセクションは飛ばしていただいてかまわない。だが、まだシステム手帳をお使いでない方や、有効活用できていないと感じている方は、第四章を是非とも読んでほしい。

デスクの上に書類を山のようにため込んでいる人をよく見かける。そういう方には第五章を熟読していただきたい。ひょっとしたら、リサイクルによって小さな森林が伐採されずにすむかもしれない。毎日あなたの手元に送られてくる洪水のような情報を苦痛なく（嘘ではない！）管理する方法を紹介する。

第三部：容易なプロジェクト管理を実現する

本書は、この第三部から読み始めていただいてもよい。このプロジェクト管理モデルのセクションから読み始め、それから最初に戻って重要事項や必要な点を拾っていくという読み方をしていただいてかまわない。本書は小説ではないから、先に結末を知ってしまっても問題ないのだ。そうは言っても、本書全体が一つの流れに沿って構成されているため、どこかの時点で前の二つのセクションにざっと目を通し、見落としている知識がないかチェックしていただく必要はある。

各章の構成

本書は、成果を勝ち取るための簡単で効果的な方法を随所で紹介している。そうした考え方を確実にモノにしていただくため、以下の項目を設けてある。

●この章のポイント

その章の重要ポイントを整理したもの。各章の最初のページに列挙した。

●図と表

理論や原則をわかりやすく図示してある。

●ちょっと一息

本文の途中に設けた息抜きのコーナー。本書の内容があなた自身の置かれた状況とどう関係するか考えてみていただきたい。

人は誰も、プロジェクトを管理している

本書が本当に役に立つのか、あなたはまだ半信半疑だろうか。もしそうなら、あなたが普段している仕事を思い浮かべてみてほしい。一日中やっていることだけでなく、家を増築してもう一部屋ほしい、ファイルの管理方法を改善したい、小説を書きたい、資格を取得したい、ボランティアをしたいなど、やりたいと思いつつも実行していない事柄も含めて考えてみよう。そうすると、あなたもプロジェクト・マネージャーであることにすぐ気づくはずだ。

本書は、そうした人々すべてを対象にしている。あなたの希望と夢を実現させる方法、つまり、あなたのアイデアを現実に変える方法を紹介することこそが、本書の使命なのだ。

著者紹介

本書の二人の著者、リン・スニードとジョイス・ワイコフの出会いは、ともにキャリアの転期にさしかかっていた時期のことだった。スニードは当時、フランクリン・コヴィー社の提供する時間管理プログラムを補完するプロジェクト管理セミナーの立ち上げについて、骨格となる案を練っていた。ワイコフは自身の処女作、『マインドマッピング—創造性を全開する脳力活用法』（日本教文社）の契約を取り付けたところだった。

二人は、それぞれの哲学や価値観が根幹部分でかなり共通していることに気づいて以降、連携活動をスタートさせた。その過程で二人の会話はしばしば、「プロジェクト管理の本」の執筆構想へと及んだ。共同著作では、それぞれの著者の考えがどこからどこまでか見分けにくいものだが、本書の場合は、プロジェクトおよび仕事量管理に対するスニードの情熱と長年の経験が基礎になっている。スニードは本書の中で、彼女が自ら体験した事柄や実例を数多く紹介している。したがって、本書における「私」という表現は、スニードの記述や経験が述べられていると理解していただきたい。

本書によってあなたの人生がいっそう豊かなものになることを、著者は願って止まない。

第一部　プロジェクトを賢く選択する

人は自分の手が心の仕事をしているのを見ると、「創造」の輪が自己の内部に出来上がり、魂の扉が開け放たれ、愛が進み出て、目に見えるものすべてを癒し始める。

—マイケル・ブリッジ

プロジェクト管理は仕事のためだけではない

プロジェクト管理は、単に仕事の成果を高めるためだけに行うものではない。フランクリン・コヴィー社の「プランニング・クエスト」や時間管理セミナーの開発にプロジェクト管理コンサルタントとして携わっている私は、この七年間、国内のみならず世界各地を飛び回り、何百もの組織の何千という人々を相手にプロジェクト管理を指導してきた。

「自分は通常の仕事に加え、プロジェクトまで抱えている」。これは、私がセミナーの参加者たちから頻繁に聞かされる言葉だ。プロジェクトとは要するに、日常的な職務以外にする仕事ということである。企業の効率化、リストラは極限にまで進み、ビジネス・パーソンはかつてないほどの仕事量を抱えている。仕事とその緊張が私生活にまで入り込み、その結果、私たちは生活のバランスを失ってイライラし、時には危険なほどストレスをため込むことがある。

プロジェクト管理は生活のバランスを保つ

プロジェクトを効果的に管理し、完了させられるようになると、生活のバランスを取り戻すことができる。本書で説明するシンプルな手法は、少ない時間で効率的にプロジェクトを完成させるだけでなく、どうしたら自分の人生の価値観に合ったプロジェクトを選択できるか、その方法も教えてくれる。プロジェクトが自分の人生の目標と重なることがわかると自然と意欲が湧き、その結果、ストレスが減り、能力をいっそう発揮できるのだ。

本書は、プロジェクトの効果的管理に関心のある人すべてに実践的アドバイスを提供することを目的としている。この種の本やセミナーはこれまでもなかったわけではないが、スペースシャトルや超高層ビルなどを手がける専門技術者が対象で、難解な概念や専門用語が多く、気軽に読めるようなものではなかった。そうした複雑な内容の教材は、手元に抱えているプロジェクトを完成させたいとか、あるアイデアを実現させたいなどと思っている一般の人向けでないことは明らかである。

本書で紹介するのは専門的なプロジェクト管理法ではない。むしろ、「一般向けプロジェクト管理」とでも言うべき、実践的かつ創造的な手法である。生活全体の中で仕事量のバランスをとりながら、時に小規模な、また時に大規模なプロジェクトを管理する人々のための本なのだ。

プロジェクト管理の創造的側面

プロジェクトはどれも、一つのアイデアから始まる。その意味で、プロジェクトとは自分のアイデアを実現させる方法だといえる。私がある自動車メーカーでセミナーをしていたとき、一人の参加者が不安そうな顔付きでこう言った。私が教えていることは、自分たちが求めるの問題解決のノウハウにあまり合っていない、と。彼はプロジェクトというものを、問題の解決のために行うものと単純にとらえていた。だが、問題が発生したときだけプロジェクトを立ち上げるのであれば、受身的な危機管理という枠の中だけの話になってしまう。その人は、私たちの言うプロジェクトが価値観や夢、偶然のチャンス、そしてもちろん解決すべき問題のために実施されるものだということを理解していなかったようだ。

すべてがアイデアから始まる

私がこれまでに参加したプロジェクト管理の講座や、読んだ本は大概、冒頭でプロジェクトという語について説明し、その定義を示していた。しかし、プロジェクトがアイデアから始まるとすれば、そのアイデアを生み出す方法について考える必要があるのではないだろうか。プロジェクト管理では、説明や定義に劣らず創造的側面が重要なはずだ。

「創造性」はプロジェクト管理のカギであるにもかかわらず、このテーマを扱う本やセミナーにこの語が登場することはまずない。技術的側面ばかりが注目され、創造性はほとんど無視されている。この分野の業界誌は学者たちの書いた記事であふれているが、彼らの多くは自分の優秀性を誇示することのほうに一生懸命なようだ。役に立ちそうな情報や手法がたまにはあっても、私の知る限り、プロジェクト管理の創造的側面をとくに取り上げた記事がそうした雑誌に掲載されたためしはない。本書ではこの後の第二章で、プロジェクトの定義、管理や完成に創造性がどう関わっているか述べる。

すべては心の安らぎのために

本当に効果的なプロジェクト管理というのは、人間の心のもっと深い部分に根差すものだ。私たちの夢、目標、アイデアは、自分の価値観から生まれる。価値観とは要するに、私たちがもっとも大事にしている原則であり、考え方である。人によって違いはあるとしても、誰もが持っているものであり、どんな組織にも存在するものだ。私たちの行動が人生で自分がもっとも大切にしていることから生じていないとしたら、無意味ではないか。プロジェクトをしっかり管理し、完成させたとしても、それが自分自身の価値観や、自分の組織の価値観に支えられたものでなければ、個人としての満足感や達成感は得られないだろう。

フランクリン・コヴィー社の創設者の一人であるハイラム・スミス副会長によれば、自分の価値観と自分の管理するプロジェクトを重ね合わせない限り、心の安らぎは絶対に得られないという。彼は最近、自分の時間管理セミナーでこのつながりをどうやって生み出しているか、次のように説明している。

時間管理セミナー全体に共通するテーマは、心の安らぎの確立と維持です。セミナーはそのために行われるのです。私はセミナーを数多く指導していますが、よくこんな質問から始めます。「あなたはどうしてこのセミナーに参加されたのですか」とね。

最初は大概、「もっと生産性を上げたい」などという返事が返ってきます。それで、なぜ生産性を上げたいのかと尋ねると、彼らはしばし考え、「仕事をもっと多くこなすことができるから」などと答えます。では、なぜもっと多くの仕事をこなしたいのか、と私は追及していくのです。こうした質問を四、五回していくと、皆同じ意味の答えにたどり着きます。「心の安らぎが欲しくて、このセミナーに参加した」と言うのです。

物事が自分の思い通りになっていれば、そうでない場合より気分がいいですよね。率直に申し上げて、プロジェクトを管理できるようになると…　といっても、自動車の製造といった大規模なものだけでなく、自宅の地下室でのボート製作など、ちょっとしたものでいいのです。管理が上達して迅速かつ能率的になり、もっと大きな満足感が得られるようになると、それは我々が一企業としてやっていることとまさに同じです。人が自分の生活をもっとコントロールできるようにするということです。もし私が仕事でもっと効率的なプロジェクト管理ができるようになれば、家族と過ごす時間を増やすことができ、自分の思うようにならないことによるストレスはすべて解消されるでしょう。

やると決めたプロジェクトを効率的かつ効果的に管理することができれば、それが結局、心の安らぎと生活の調和を得るための重要な戦略になるのだ。この後の章で、そうした戦略を身につける方法を説明していく。

第一章　自分のビジョンを持つ

この章のポイント

- 価値観の発見
- 支配的価値観
- 価値観達成度のバランス

人が勇気をもって挑まなければならないことは、自分自身であることだ。

——ダグ・ハマーショルド

私の人生を変え、本書を誕生させたきっかけ、それがこの章のテーマである。
一九八五年、私はユタ州プロボのあるコンピュータ会社で、マーケティング・ディレクターとプロジェクト・マネージャーを兼任していた。当時の私の気持ちを言葉で表わすとしたら、

「押しつぶされる」が一番適当だろう。「自分の思うようにならない」というのも近いかもしれない。これらのポストに就いてまだ日が浅く、正直なところ、適切な業務管理の仕方がわかっていなかった。

社長がある日、フランクリン・インスティチュートという会社の提供する新しいトレーニングプログラムを導入すると宣言した。口うるさい部下たちにつつかれたくなかった社長は、集合時間と場所だけを私たちに告げ、トレーニングの内容は一切説明しなかった。私はそれまで、いろいろなトレーニングプログラムが採用されては消えていくのを見てきていた。それで、会議室に入り、各自の席にシステム手帳とテキストが置かれているのを見た瞬間、「またどうせ、くだらない理論だろう」という思いが頭をよぎった。

ところが、当時はまだはっきりとした自覚はなかったが、その日が終わる頃までに私の人生観は一変していた。そのセミナーでは、システム手帳を使って時間管理や、それまで見過ごされていた作業のフォローを行う方法を学んだ。また、古い情報でも重要なものは忘れないようにするためのチェック方法も教わった。このツールを使えば新しい仕事を思い通りに管理できるかもしれない、と思ったときのあの興奮は、今も私の脳裏に焼きついている。

ただ、その日のセミナーで、一つとても気になったことがあった。それは、自分自身の価値観を基礎にし、それをもとに生産性を上げていかなければならないと講師が述べた点だった。

彼は価値観を、人生において自分がもっとも大切だと考える原則や目的であると定義した上で、演習を通じて自分の価値観を見つける方法を指導した。要するに彼が言いたかったのは、時間管理が上達して生産性が向上したところで、それが自分の価値観に根差したものでなければ、個人としての満足感は得られないということだった。

生産性の向上が満足感を高めるとは限らない

彼の説明は理論的に納得の行くものであり、それまで自分の価値観を捜し求めたことも、それに優先順位をつけたこともなかった私は、目から鱗が落ちる思いだった。ショックだったのは、自分の価値観を並べてみたときだった。それらはいずれも私が人生でもっとも重要だと考えていたことだったが、自分が送っている生活と照らし合わせてみると、一致しているものがほとんどないように感じられたからだ。

この日の一日セミナーでは自分の価値観をはっきりさせる時間がなかったため、私はその後の数週間でそれを完成させた。毎日少しずつ暇を見つけて自分の価値観を九つの項目にまとめ、それが自分にとって何を意味するかを明らかにし、それぞれの項目における目標を決めたのだ。それ以降も私は項目を追加してきたが、最初の九つが変わることは一度もなかった。これらの価値観は、息子との間に心の通った豊かな関係を築くこと（私は当時、七歳の子供のシングルマザーだった）、自分の精神面の成長と能力開発を継続すること、経済的安定、健全な人間関係、健康を維持することなど、私が生活の中で重要視していた質を定義したものだった。

これらの価値観について考える際にもっとも苦労したのは、優先順位付けの作業だった。どれも大切なように思えたが、私はその中にとくに重要なものがいくつかあることに気づいた。私が最優先事項に選んだ価値観は、当時の自分には意外だったが、人生を生きていく指針としてそれ以上のものは考えられなかった。それは、「心の安らぎと満足感」だった。

自分の価値観が見つかり、それぞれにおける目標が決まると、その目標を実現させるために日々行うべき作業を具体的に考えることができた。そして、その作業を自分のシステム手帳に書き込むと、それは単なる作業というよりも、私が望む人生を実現させるための手段になった。

あれから長い時間が経った今、何がどうなったのかを説明するのは難しいが、私の人生は当時とは似ても似つかぬものになっている。変化は確実に訪れた。その中には、ゆっくりとした変化もあれば、急激な変化もあった。予想できた変化もあれば、思いもかけない変化もあった。

ハイラム・スミスがよく言うことだが、ロサンゼルスからホノルルに向かう飛行機の実に九七％が予定の針路からそれるという。だが、パイロットは目的地がどこかわかっているので、飛行機が少しでもコースを外れるとすぐに修正する。人生の目的地を目指す私たちの飛行も、すべて完ぺきである必要はない。目標がはっきりと描かれていて、必要に応じて道筋を変更する意志があれば十分なのだ。

【ちょっと一息】
あなたのこれまでの人生を振り返ってみて、予定のコースからそれそうになったが、こまめに修正して目標に到達したという経験があるだろうか。

私に最初の変化が起きたのは、自分の選んだ価値観が自分の仕事の状況と合わないことに気づいたときだった。私はそれまでに一年余りの期間を要したが、自分の価値観をいつも頭に置いておくようにしたら、自分が望む人生により適した会社を見つけることができたのだ。

夜学に通って知識を増やしキャリアを発展させること、できるだけ多くの本を読むこと、私が通う教会の指導者になるための勉強をすること、健康や体力の維持に努めること、スケジュールを見直して息子との時間を増やすことなど、私のその他の価値観も実現へと近づいていった。これらはどれも一夜にして起きた変化ではなく、自分の価値観として明確に設定したことによって徐々に私のライフスタイルになっていったのだ。今、自分の一連の価値観を眺めてみると、それが単なる希望ではなく、自分の人生になっていることを実感するのである。

ただイエスと言おう

自分の人生における価値観を発見し、それに優先順位をつける作業は、人生の目標を決めるための第一歩であるとともに、人が一生の間に行うもっとも重要な仕事と言えるかもしれない。目標は、その人が目指す方向に進むための原動力になるからだ。多くの意識改革プログラムは、「ただノーと言え」という考え方に基づいているものが多い。あいにく、そうしたプログラムはあまり効果を発揮しない。なぜなら、何かに対してノーと言うのと、熱心に取り組んでいる目標に対してイエスと言うのを比べると、後者のほうが強力だからだ。

目標は目指す方向に進むための原動力になる

具体例を紹介しよう。私の友人ケビンは、セールス・マネージャーとしての仕事を数年してきたが、最近になって人生の岐路にさしかかった。彼の会社が株式を上場したことで、予期せぬ収入が彼の懐に転がり込んだのだ。宝くじの賞金ほどではないにしても、旅行、高級品の購入、退職、さらには良からぬ道楽も含め、あれこれ使い道を考えられるほどの額だった。

だが、ケビンにとっては簡単な決定だった。彼には人生の目標があったからだ。彼は時間をかけて自分の価値観を見つけていたので、自分の最大の夢が何であるのかをよくわかっていた。それは、虐待の危険にさらされている子供たちを収容する施設を建設することだった。自分の理想とする施設の姿やその運営方法もすぐに決まった。そういうわけで、予定外の収入があったとき、その金の使い道について彼の心には寸分の迷いもなかったのである。結局、彼は児童保護施設を建設して大きな満足感を手にしたわけだが、人生の目標に対してそうした明確なビジョンがなければ、このような有意義な使い方はできなかっただろう。

ビジネスの世界では数年前から、ミッション・ステートメントやビジョン・ステートメントの重要性が指摘されている。よく練られたビジョン・ステートメントは、組織全体の行動や意思決定を導くロードマップの役目を果たす。刺激的で挑戦的なビジョン・ステートメントは、スタッフのモチベーションと熱意を引き出し、業績を飛躍的に向上させるケースも珍しくない。このように、ビジョン・ステートメントは組織の指針となり、そのモチベーションを向上させるが、個人レベルでも、その人の能力を最大限引き上げる効果がある。

【ちょっと一息】
ここで、あなたの人生のビジョンを一文で書き表してみてほしい。すぐに思い浮かぶだろうか。それとも苦労しそうだろうか。難しいと思う方ほど、この後の内容が有意義であることに気づくはずだ。

ただし、自分個人のビジョン・ステートメントが効果を発揮するためには、それがもっとも基本的な価値観に根ざしていることが必要だ。例えば、「世界一の金持ちになる」というビジョン・ステートメントは、家族との時間を大切にするとか、コンサート・ピアニストになるといった価値観を持つ人にとっては逆効果になってしまう。

自分の価値観を特定する

価値観の話というと敬遠する人がいる。信条や主義を説教されたり、押し付けられたりするのでは、と心配になるからだろう。だが、これから行う演習は、価値観が正しいかどうか、あるいは価値観の良し悪しを見分けることが目的ではない。あなたの人生で何が重要かを理解するために行うのだ。馬と自然をこよなく愛する私は、乗馬が大好きである。ジョイスも乗馬をするが、気分転換として楽しむ程度だ。さらには、乗馬は苦痛以外の何者でもなく、何の価値も見出さないという人たちも世の中にはいるはずである。

行動の理由は価値観にある

価値観が特定されると、自分はなぜこんな行動をするのか理解できるようになる。私たちの行動の根底には価値観があり、それが行動の動機になるからである。有意義な生き方とは、自分の行動すべてが一つまたは複数の価値観に根差しているということだ。例えば、私の価値観の一つは家族であるため、息子とぶらぶら散歩したり、週末に両親とのんびりバーベキューを楽しんだりする時間は、仕事に費やす時間と同じ位重要である。そうすると、自分の行動を一つ一つ検討し、それがどの価値観を実現するためになされているのか自分で見きわめることができる。また、特定の価値観を実践していないために生活のバランスが失われることに気づくこともある。

あなたがこの数日間にやった行動を五つ書き出し、それぞれにどのような価値観が絡んでいるか考えてほしい。参考のため、例を四つ示してある。

行動	価値観
乗馬	自然との触れ合い、外界からの逃避、心の安らぎ

映画鑑賞	家族との時間
カヌー遊び	冒険心、自然との触れ合い
出勤	経済的安定、社会的貢献

行動	**価値観**

自分の価値観を発見する優れた方法の一つに、「マインドマップ®」と呼ばれる簡単なテクニックがある。詳しい説明は次章で行うとして、まずは35ページに示したマップに、あなたの人生でもっとも重要な原則や性質を五分間で書き入れてみてほしい。その際、他人から言われたことなどは、一切気にしてはいけない。あくまであなた自身の価値観であって、親や先生や上

※マインドマップ®およびMind Map®は、英国ブザン・オーガナイゼーション・リミテッドの登録商標です。

司の価値観は関係ないのだ。記入してもらった価値観については、この後の章で詳しく考えていく。あなたがすでに上で書き出した行動と価値観を使っていただいてもいい。次のようなことを自問してみると、あなたの人生においてもっとも重要な価値観がもっと見つかるかもしれない。

●あなたの人生をより充実させることは何だと思うか？
●あなたが競争に打ち勝ち、成長し、成功する上で助けになるものは何か？
●あなたの生活において何をもっと増やしたいと思うか？
●あなたの生活からなくしたくないと

価値観

家族	生産性
健康・体力	誠実
経済的安定	寛容
友人	組織
美の心	楽しみ
心の安らぎ	喜び
成長	地域社会
倹約	リーダーシップ
音楽	自然との触れ合い
旅行	学習
精神性	キャリア発展と能力開発
成就	自由
冒険心	英知
愛	

思うものは何か？

●あなたはどのような人間になりたいと思うか？

　図１‐１のマップに価値観を記入する際は、心に浮かんだことをすべて書き出してほしい。結合や修正、削除はいつでも可能であり、ここでは思いついたままのものでかまわない。書いていただいた価値観は第三章で詳しく検討し、個人や組織のプロジェクトの土台として用いることになる。

　右ページに示した価値観の例を参考にして考えていただきたい。

　価値観のプランニング・マップ

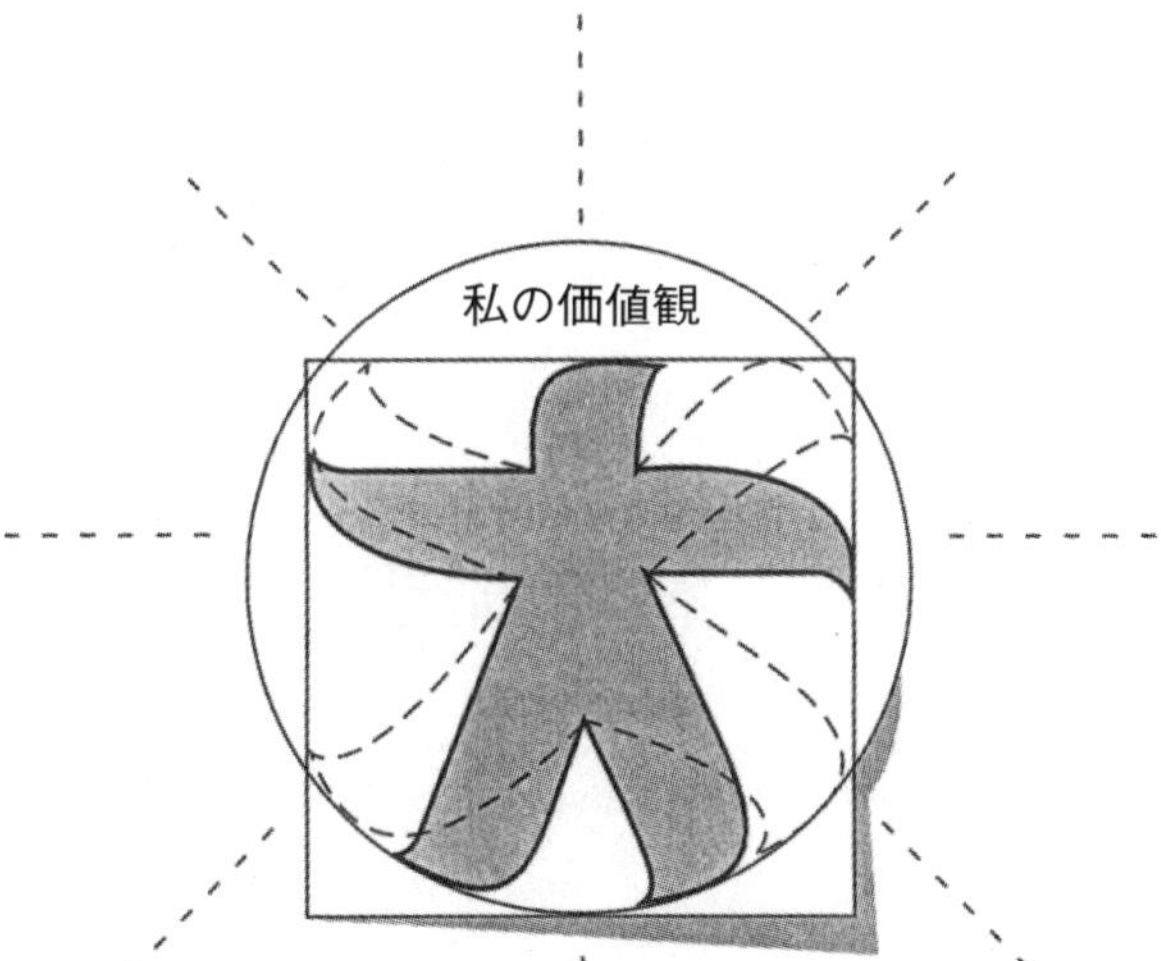

図1-1　私の価値観

が出来上がると、その価値観すべてを含む自分の理想の人生がイメージされるはずだ。そうしたら、あなたの今の生活を思い浮かべ、そこに欠けているものを付け加えたり、価値観にそぐわない行動を取り除いたりといった修正の作業を行うことができる。この価値観マップを時々取り出して見ると、あなたの理想とする人生がどのようなものかをつねに確認できるだろう。キャリア、住む場所、投資、結婚相手の選択、さらには食事やフィットネスの量に至るまで、いろいろな意思決定を行う際に役立つはずだ。

価値観マップは人生の重要な意思決定の場面で役立つ

価値観のバランス

あなたの生活がどの程度バランスがとれているか、グラフで表わす簡単な演習をしてみよう。あなたがとくに重要だと思う価値観を選び、それを図1-2「価値観のバランス」の周囲に配置された四角の枠に記入してほしい。次に、それぞれの価値観について達成したい目標を定め、図1-3「価値観ごとの目標」の枠内に書き込む。例えば、あなたの価値観の一つが経済的安定であれば、差し当たり以下のような目標を考えるかもしれない。

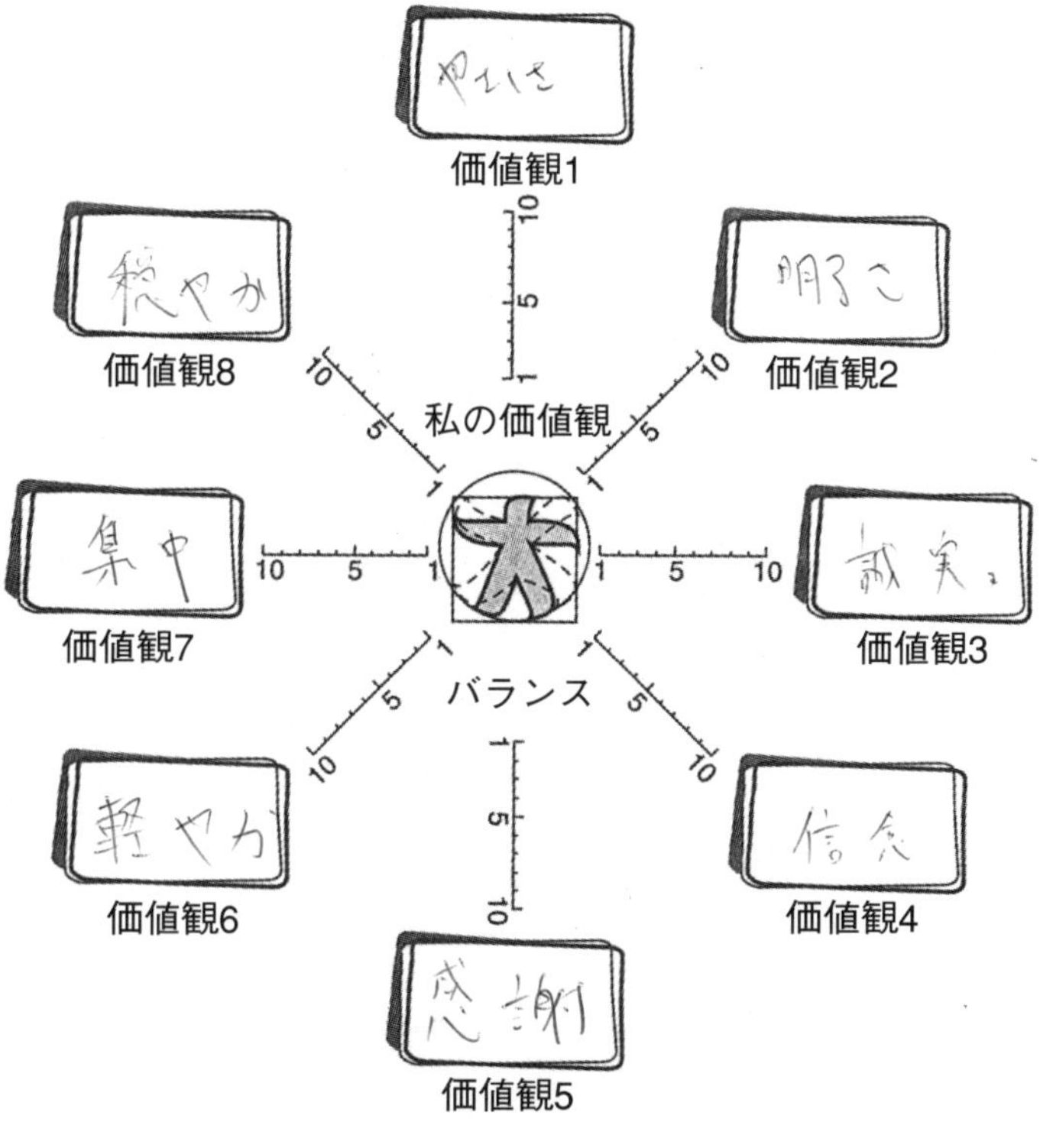

図1-2　価値観のバランス

●給料の一〇%を貯金する
●クレジットカードで借金をしない
●投資額を合計で二百万円にする

その他の価値観についても当面の目標を決め、図の枠内に記入してみてほしい。

あなたの現在の達成度は?

それぞれの価値観について図1-3の目標をすべて達成していれば満点であり、図1-2に戻ってその価値観の目盛りの「10」のところに印をつける。次に、先ほどの例で、目標を完全に実行していないケースについて考えてみよう。給料からの貯金を二、三回怠り、クレジットカードの借金がまだいくらか残っているとしたら、例えば「7」のところに印をつける。数カ月間まったく貯金せず、クレジットカードの借金や投資額も改善していなければ、「1」か「2」あたりだろう。このように、自分の達成度を自分で評価するのだ。

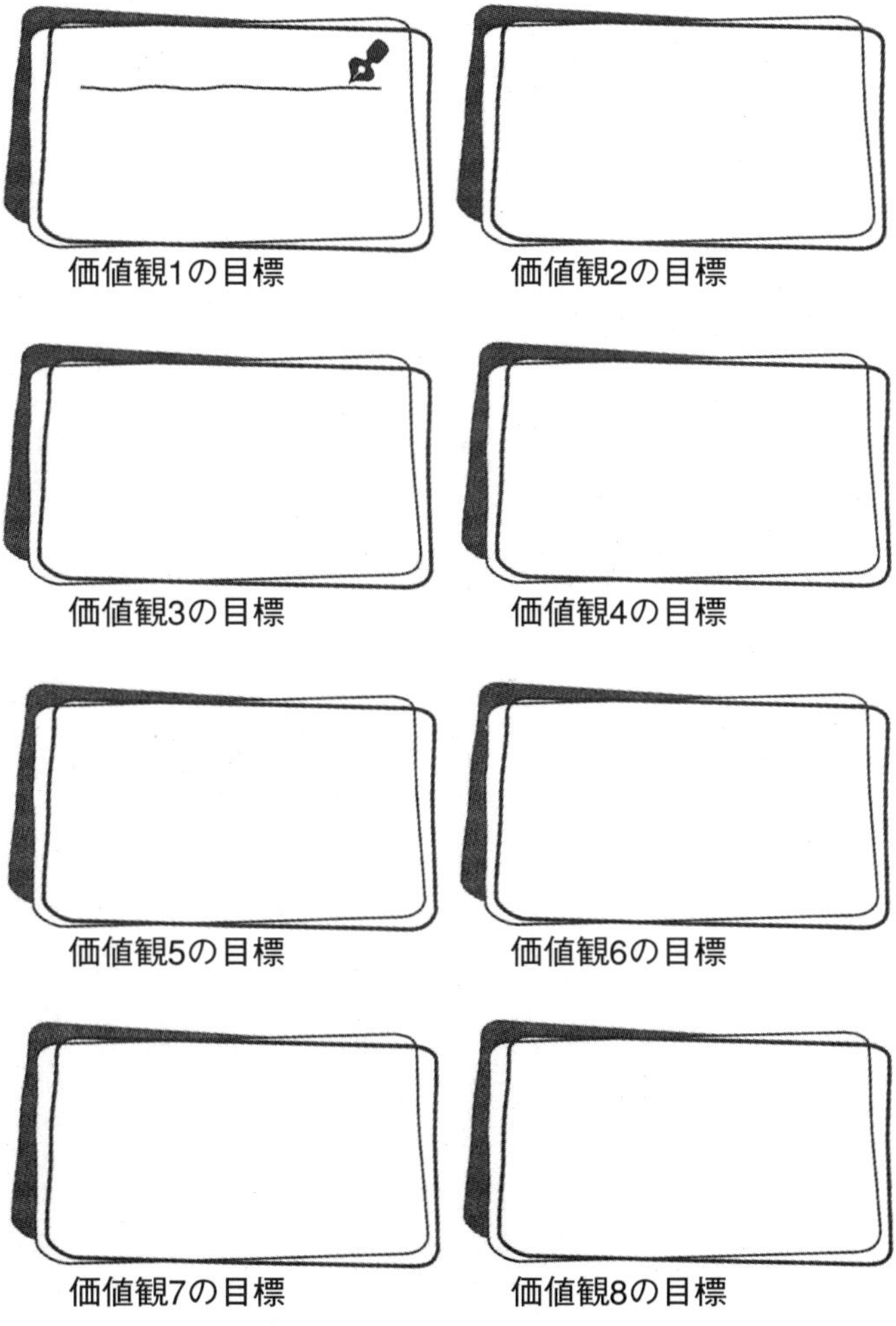

図1-3　価値観ごとの目標

以上の要領で、すべての価値観についてあなたの現在の達成度を評価してほしい。ただし、確認しておくが、これは将来の目標に対する評価ではない。それぞれの価値観についてあなたが妥当と考える目標が、今現在どの程度実現しているかを見るものである。個々の価値観について評価が済んだら、目盛り上の印を順につないでみよう。そうすると、あなたの人生がどの程度バランスがとれているかわかるはずだ。価値観によって評価にバラつきのある方は、いびつな八角形が出来上がったのではないだろうか。このグラフを見れば、自分の人生はどこでバランスを欠いているか、それを改善するにはどの項目をもっと努力しないといけないか一目でわかると思う。

自分の理想の人生とは何かを知ることは、有意義な生き方をするための重要な第一歩となる。そうすることで、個人としての自分にとっても、また組織にとっても、生活の中で築き上げたいと願う事柄の基礎が出来上がるのだ。次の第二章では、自分の望む人生の実現に役立つ創造力を高める方法について考えてみよう。

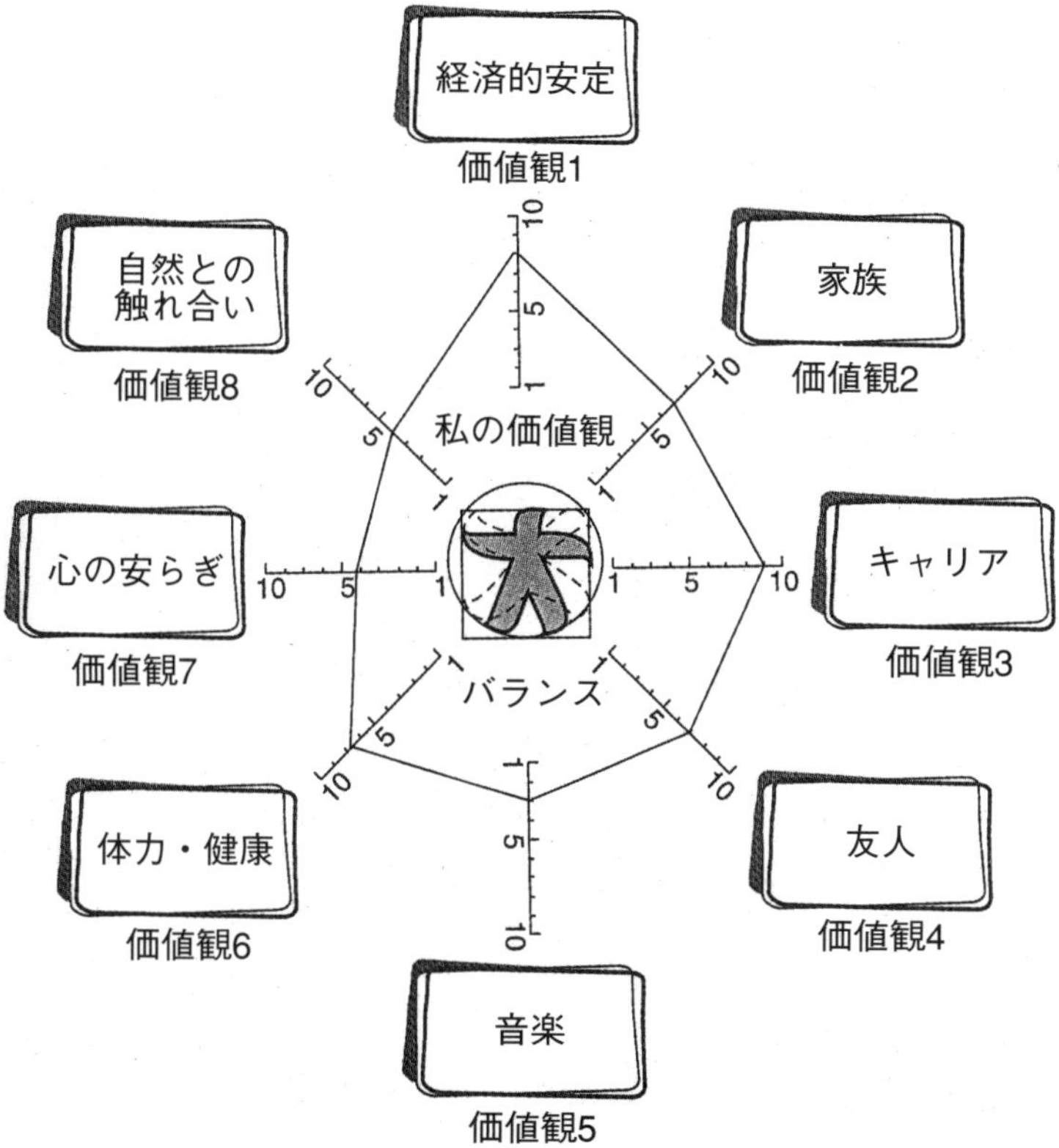

手順：
1. 図1-3で、それぞれの価値観について当面の目標を設定する。
2. 自分の現在の達成度を評価し、目盛りの該当する位置に印をつける。
3. つけた印を順に結ぶ。

図1-4　「価値観のバランス」の例

第二章 創造力の開発と強化

この章のポイント
●頭の中に二人の人間がいる
●プランニング・マップの作成
●プロジェクトにおける創造力の役割
●価値観とプロジェクトを結びつける

古くは車輪から最近の哲学に至るまで、人類の発明品はどれも、人間の創造力の結集から始まった。そして、救世主の到来やETの地球来訪は別にして、将来生み出されるあらゆる進歩も良かれ悪しかれ、この同じ創造プロセスから始まるだろう。創造的思考の理解と育成は、我々自身および我々の世界をより良きものにするためのもっとも重要なステップの一つである。
——アイデアフィッシャー・システムズ社CEO
マーシュ・フィッシャー

あなたの創造力はどれ位か？

あなたは自分の創造力を一〇点満点で採点するとしたら、何点位だとお思いだろうか。八点以上をつける人は、まずいないはずだ。世間は創造力に乏しい人ばかりなのだろうか。いや、そうは思わないし、問題は創造性の欠如にあるのではないという調査結果もあるくらいだ。何年も前の話になるが、『Grow or Die』の著者、ジョージ・ランドがＮＡＳＡ（アメリカ航空宇宙局）の依頼を受けて五歳児のグループを調べたところ、その九七％が非常に高い創造性を示した。ところが、同じ子供たちを数年後に追跡調査してみると、その比率は三〇％に下がっていた。さらに彼らが成人した時点では、優れた創造性が認められたのはわずか二％にすぎなかった。彼らの創造力はどこに行ってしまったのだろう。

創造力そのものが低下することはない。ただ、埋もれてしまうのだ。学校では一つの正解を求めることを何年もやらされ、〇×式試験や型にはまったカリキュラムを何百回と受けさせられる。社会に出ても、退屈な仕事、職場の権力争い、事細かな規則、杓子定規な規定や手続きが待っていて、失敗することの恐怖心もつきまとう。そうすると、自分は創造的な人間ではないと勝手に思い込むようになり、創造力がどんどん埋もれていくのだ。

創造力をつける方法を学ぶ必要はない。創造力がないという思い込みを断ち切る方法を学べばよい！

この方法を習得するには一つに、人間の脳の活動について知り、現代の教育制度や職場環境が人本来の創造力を埋没させる仕組みだということを理解することだ。脳の働きがわかると、私たちの生まれ持った創造力を開花させる新たな手法やツールを利用できるようになる。具体的な状況を例にして考えてみよう。

あなたはこれから、友人が指導する一日セミナーに出席する。何事もない平凡な日となりそうで、あなたもそれを期待している。ところが、受付に行くと、コーディネーターがあわてた顔つきで駆け寄り、あなたを脇に引っ張って行く。セミナーは二分後に始まる予定だが、講師が交通渋滞に巻き込まれてしまい、まだ来ていない。到着するまでの間、五分ほど話をしてつないでくれないかという。テーマは「時間」である。

もしあなたがこのような状況に立たされたら、話をどう組み立てるだろうか。

あなたは、心臓の鼓動が急に速くなるのを感じつつも、鉛筆と紙を取り出し、考えをまとめようとするだろう。その方法は、いきなり文章を書き始めるか、話したいポイントを列挙するかのどちらかであるのが普通だ。考えをまとめる方法としてどちらも問題はないが、これでは脳の半分しか使っていない。本当に必要なのは、脳全体を効果的に働かせる即効的な方法だ。そのためのツールはこの章の後のほうで紹介するとして、まずは脳がどのように働くのかを知ることから始めよう。

頭の中に二人の人間がいる

一九六〇年代に実施された一連の研究で、一部の活動は脳の別の領域によって処理されることが明らかになった。右脳左脳研究として知られるこの研究の結果、人間の思考方法がかなり解明された。私たちはそれまで、「考える」という行為を理性的かつ論理的な思考過程とみなしていた。一方、直観、感情、視覚化などの「非論理的」プロセスは、人間に備わってはいるが、必ずしも必要でない機能と考えられていた。興味深い研究対象ではあっても、とくに生産的な働きはしていないと見られていたのだ。

右脳左脳研究は、脳というものを新たな角度でとらえるという意味で画期的なものだった。脳に対する私たちの考え方を一変させた重要な進歩がもう一つある。それは、コンピュータ・

テクノロジーである。コンピュータの処理速度が増すにつれ、人々はコンピュータが人間の頭脳をしのぐだろうと考えた。そして、演算関数のような論理的プロセスの処理においては、実際その通りになった。だが、世界一強力なコンピュータでもできないのに、私たち人間にはできることがいくつかある。例えば、あなたが高校時代の大親友に同窓会で二五年ぶりに会ったとする。その人の見た目は十代の頃と随分変わっていても、あなたは彼だとすぐわかるはずだ。人間には顔、曲の一部分、表情、ユーモアやギャグ（この点で人のユーモアはコンピュータよりはるかに勝っている ― 少なくとも現時点においては）などを認識する能力がある。多少歪んだパターンでも認識できるこの能力は、私たちの思考力に欠かせない要素である。

人間の頭脳はコンピュータより優れている

私たちの頭の中には二人の人間がいて考えている、と言ってもいいかもしれない。論理的、理性的な思考を受け持つ人（左脳と呼ばれる）と、パターン認識を担当する人（右脳と呼ばれる）だ。前者を「編集者」、後者を「創造者」と呼ぶとする。それぞれ独自のスキルを持ち、思考環境の好みも違っている。

創造力は脳全体を使うことで生まれる

創造力を強化するためには、左右両方の脳を適切な順序で働かせなければならない。創造力には両方の脳が必要なのだ。ところが、左右の脳は一緒に考えるのが得意ではない。両者はまったく反りが合わないのである。創造者は批判に対して非常に敏感で、少しでも評価が下されそうになると、どこかに逃げ込んでしまう。そこで、創造力を強化するにはまず、アイデアを生み出す段階を編集のプロセスから切り離す必要がある。

まず創造し、それから編集する

色や音楽、玩具や小物類、面白い図柄などがあって、創造者がワクワクするような思考スペースを作るようにしよう。ただし、否定的なコメントは絶対にいけない。馬鹿げていようと何だろうと、とにかくアイデアが浮かぶようにしばらく刺激を与えよう。実際、突飛なアイデアを無理にでもひねり出すことが必要なのだ。そして、思いついたものを書き留めたら、それ以上のことはしなくていい。今は創造者の時間だということを忘れないでほしい。編集者の出番はこの後だ。

アイデアが出そろったら、編集者にバトンを渡そう。データの分類、評価、批判、抽出、分析、そして決定は編集者の担当だから。創造者と編集者がこのような形で連携することで、あなたの思考プロセスや創造力は強化されていくのだ。

左右の脳を適切な順序で働かせることができるようになったら、創造力はどこから生まれるのかを理解する必要がある。創造力を生む源は、あなた独自の才能、スキル、考え方、経験以外には存在しない。他人の能力を当てにはできないのだ。創造力というのはそもそも、自分という人間を外に向かって表現するプロセスだからである。表現の手段は、絵画、広告キャンペーン、休日の夕食、業務レポート、育児など、何でもかまわない。創造プロセスは私たちの行うあらゆる活動に応用でき、ひいては真に創造的な人生にもつながっていくのだ。

【ちょっと一息】
自分は本当に創造的な人間だと感じた時のことを思い出してみてほしい。それは何をしていたときのことだろうか。どんな気分がしただろうか。

プロジェクト管理における創造力の役割

　では、さきほど述べたことは、プロジェクト管理とどう関係するだろうか。あらゆる面で関係していると言える。

　プロジェクトにおいては、自分の価値観に根差したアイデアを考え出して実現する、つまり創造力を発揮することが求められる。ところが、素晴らしいアイデアを思いつきながら、その実行過程で必要になる詳細事項の管理にてこずる人が結構多い。そうかと思えば、そうした管理は上手なのに、全体像を見失ったり、アイデアに問題があったりする人もいる。有能なプロジェクト・マネージャーであるためには、左右両方の脳の効果的な使い方を知ることが重要である。そのための有効なツールをこれから紹介しよう。

成功は優れたアイデアと適切な実行から生まれる

【ちょっと一息】
あなたが過去に携わったプロジェクトで、創造力を刺激したり、助長したりしないものがあっただろうか。あったとしたら、どんな状況だっただろうか。

マインドマップ：創造的プロジェクト管理に不可欠なツール

プロジェクトを開始するときは、アイデアを素早く生み出し、プロジェクトの全体像をつかむ方法が必要になる。この時点でアイデア間の関係が見えるケースもあるが、そうばかりとは限らない。プロジェクトを始める段階のツールとしては、アイデアの組み立ては自然に任せながら、アイデアを刺激し、プロジェクト全体に対する理解を促すようなものが望ましい。この初期段階で無理やり構成を行うと、創造者を追い払い、アイデアを封じ込めてしまう恐れがあるからだ。

このプロジェクト管理の最初の段階では、マインドマップが理想的なツールと言える。マインドマップはアイデアを取り込み、プロジェクト全体を素早く図式化するための視覚的かつ流動的な手法だ。

マインドマップは決して間違えない

この手法は習得しやすく、使用法もきわめて簡単でありながら、信じられない程の威力を発揮する。それは、脳の活動に沿った仕組みになっているからだ。いろいろな調査によると、脳は五分から七分のバーストでもっともよく機能するという（こうした調査では、このようなバーストが私たちの脳の中で一日に何回起きるかは触れていない。もっとも、日によって回数は異なるだろうが）。マインドマップは、ほんの数分間のうちに驚く程多量の情報やアイデアを取り込むことで、このバーストを利用する。マインドマップの場合、個人セッションは大概一〇分足らずで済み、グループセッションでも三〇分を超えることはまずない。

マインドマップは左右両方の脳を効果的に使って、何かパターンを生み出すのに足る情報を取り込むもので、言うなれば「脳の速記」である。これからマップの作成法を簡単に説明する。ルールは次の二つだけだ。

一．アイデアに悪いものなど存在しない。
二．誤ったマインドマップは存在しない。

マインドマップを手軽に作成するための八つの手順

一．肩の力を抜こう

ガンの治療法の発見、飢餓の解消、身の回りの問題の解決、上司が喜ぶようなレポートの作成など、いろいろなアイデアを考える。マインドマップの作成は、新しいアイデアや連想を考え出すための「思考の大安売り」に他ならない。まずは大らかな気持ちで、気楽にやってみよう。体裁を整えてくれる編集者が後ろに控えているのだから。

二、時間をかけずに考える

脳がもっともさえるのは、バーストするときだ。そこで、アイデアがあふれてきたら、できるだけ素早くそれを取り込むようにしよう。キーワード、記号やイメージは言わば「頭脳の速記」であり、アイデアを迅速に記録するのに役立つ。

三、アイデアの良し悪しは気にしない

何かが頭に浮かんだら、たとえそれが自分の抱えているプロジェクトとまったく無関係なものであっても、すべて書き留めるようにしよう。北海道のじゃがいもの予約状況に関するレポートを作成するためにアイデアを絞っている最中、クリーニング屋に洗濯物を取りに行く用事を思い出したら、「クリーニング」と書けばよい。そうしないと、あなたの脳は壊れたレコードのように「クリーニング」から先に進めなくなり、他の素晴らしいアイデアが埋もれてしまう恐れがあるからだ。

四、境界を取っ払おう

何かを書くというと、A4サイズの白い紙と黒のペンか鉛筆を使うものと思い込んで

いるあなた。そんな既成概念は捨て去ろう。チラシの裏紙や画用紙を使ってもよし、大きな包装紙を壁に貼ってそこに書き込んでもいい。紙が大きければ、もしかしたらアイデアがたくさん浮かぶかもしれない。カラフルな太いマジックペン、クレヨン、極細のフェルトペンなども使ってみよう。鮮やかなピンク色や蛍光オレンジのクレヨンで業務レポートを書くなんて、考えただけでもウキウキしてくるではないか。

五．思い切って真ん中から始める

少なくとも西洋文化の直線的な左脳教育法では、物を書くときは紙の左上隅から書き始めるようにと指導する。だが、脳の働き方はそうではない。

【ちょっと一息】
しばらく目を閉じて、あなたの頭のスクリーンにリンゴを映し出してみてほしい。大きさ、色、形など、できるだけ具体的に思い浮かべよう。さて、そのリンゴはスクリーンのどこに置かれているだろうか。左上隅だろうか、それとも右上隅だろうか。いや、大概の人はスクリーンの真ん中に映し出すものだ。

私たちの意識は真ん中に向かうため、マインドマップの作成では、自分が考えたいと思うものを象徴する言葉やイメージを用紙の中央に置いてスタートする。

六、自由に連想する

アイデアが浮かんだら、そのアイデアを表す単語を一つか二つ考え、中心の枠から枝状に伸びる線に沿って記入する。このようにしてアイデアの枝を外に広げていき、関連するアイデアがさらに浮かんだら、そこからさらに小枝を伸ばして記入する。関係ない別のアイデアであれば、中心から新しい枝を出す。判断や評価は行わず、浮かんだアイデアをすべて書き留めるようにしよう。

七、手を止めない

つねに何かを書いているようにする。アイデアに行き詰ったら、線を引くだけでもよい。そうすれば、そこに入るアイデアを脳が自然と考えるからだ。気分転換に色を変えてみる手もある。立ち上がって絵のカンバスでやれば、もっとエネルギーが湧いてくるかもしれない。紙は大きなものを使うとアイデアが数多く浮かび、座っているよりも立った姿勢のほうが考える活力が増すことが調査で証明されている。

八、組織立てを急がない

関係やつながりがすぐわかるアイデアであれば、元のアイデアから小枝を伸ばして追加することができる。だが、関連性がはっきりしないものについては、それぞれを中心と結んでおけばよい。組織立てる作業はつねに後回しでかまわない。まずはアイデアをひねり出し、それを紙に書き出すことが大切なのだ。

マインドマップの応用場面

●レポート、メモ、手紙、小説、詩などに用いる情報やアイデアの整理
●ＴｏＤｏリストの作成
●プレゼンテーションの準備と実行
●意思決定
●ブレーンストーミングの課題と解決策
●価値観の明確化
●会議の議題やレポート
●プロジェクトの定義づけ
●プロジェクト管理
●仕事の分析
●買い物リストの作成
●休暇の計画

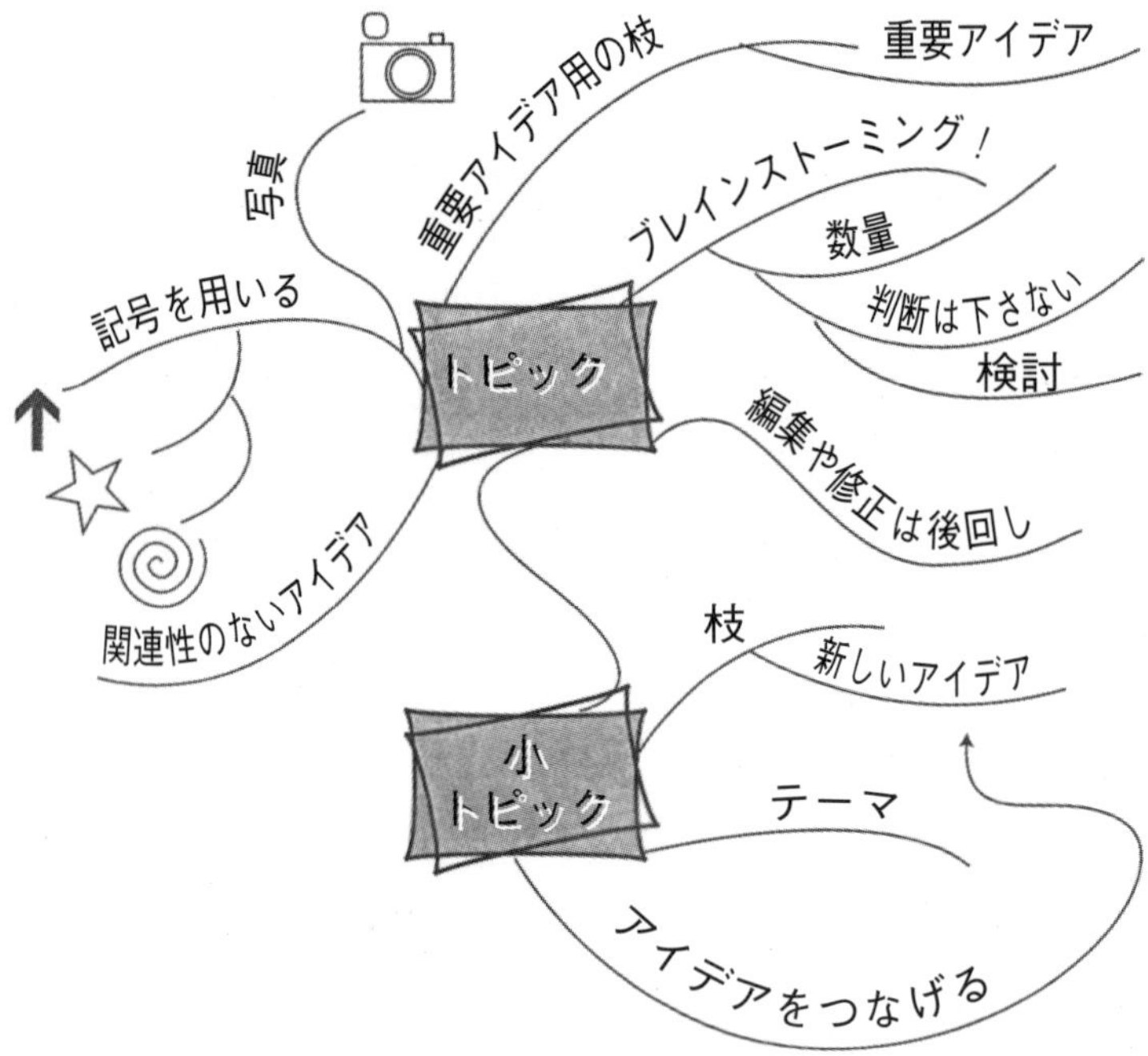

図2-1　マインドマップの例

●論文や小説の準備
●メモ取りや章の要約

要するにマインドマップは、人間、アイデア、情報、問題、機会などを対象とするものすべてに有効なのだ。相手を選ばない、万能のツールと言えるのではなかろうか。

ここまで、マインドマップの例をいくつか示してきた。図２‐２および２‐３は、複雑なマップに優れた威力を発揮する米ソフトウェアを使って処理したものである。

さあ、今度はあなたが挑戦する番だ。紙を一枚用意してほしい。そうしたら中央に円を描き、その中に「私のプロジェクト」と書き入れる（図２‐４参照）。次に、現在または将来、あなたが完成させたいと思っているプロジェクトを、プライベートでも仕事でもすべて書き出してみよう。時間や資金のことは気にする必要はない。押入れの掃除、人事制度マニュアルの改訂、オフィスの新しいファイリング方式の構築、広告キャンペーンの新企画などなど、あなたがやりたいと思うことを片っ端から書けばよい。この作業は五分から一〇分で終えるようにする。

次に、第一章で書いていただいたあなたの価値観マップ（図１‐１）を取り出し、それぞれのプロジェクトを価値観（複数でもかまわない）と結びつけてみてほしい。どの価値観とも関連しないプロジェクトがあったら、あなたはそれを本当にやりたいとは思っていないか、または重要な価値観をマップに書き忘れたかのどちらかだろう。両者をリンクさせるこの作業は、プロジェクトの管理に欠かせない手順だ。なぜなら、これによってプロジェクトの優先順位が決まるからである。

次の第三章では、ここまで見てきた価値観、創造力、そしてプロジェクトを、効果的なプロジェクト管理に有効なプロセスモデルにはめ込んでいく。

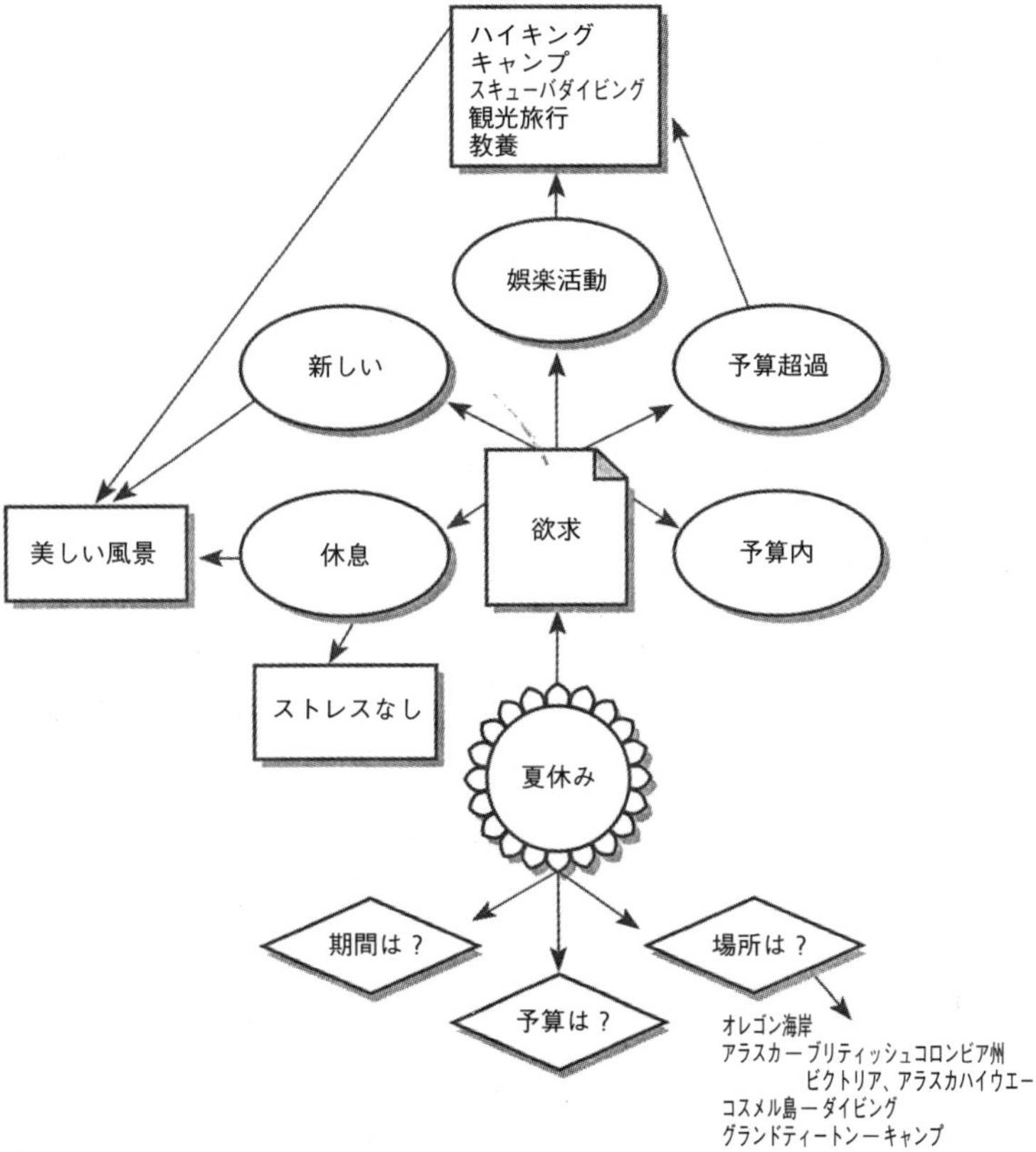

図2-2　夏休みの計画にマインドマップを利用した例

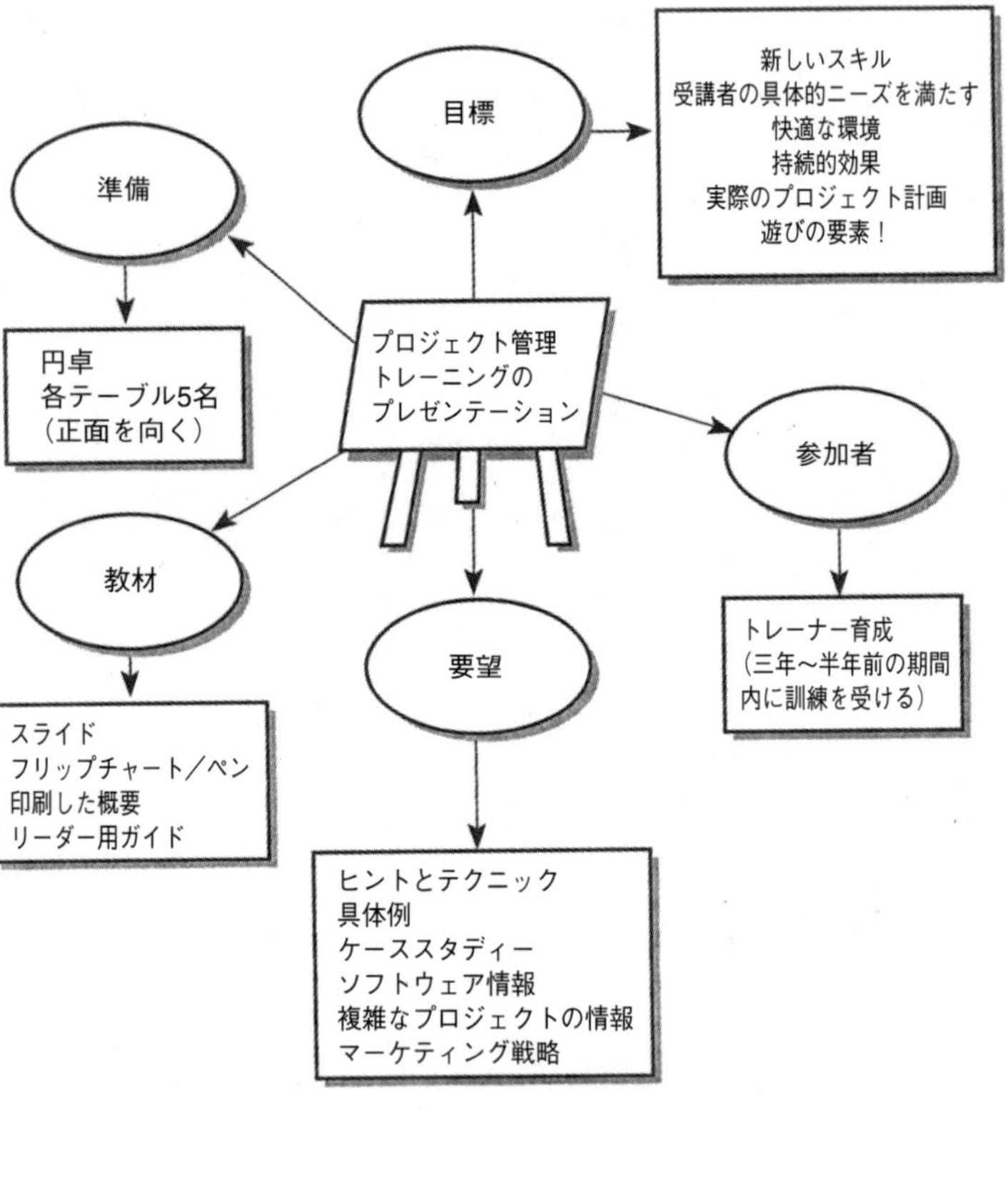

図2-3　トレーニング・プロジェクトにマインドマップを利用した例

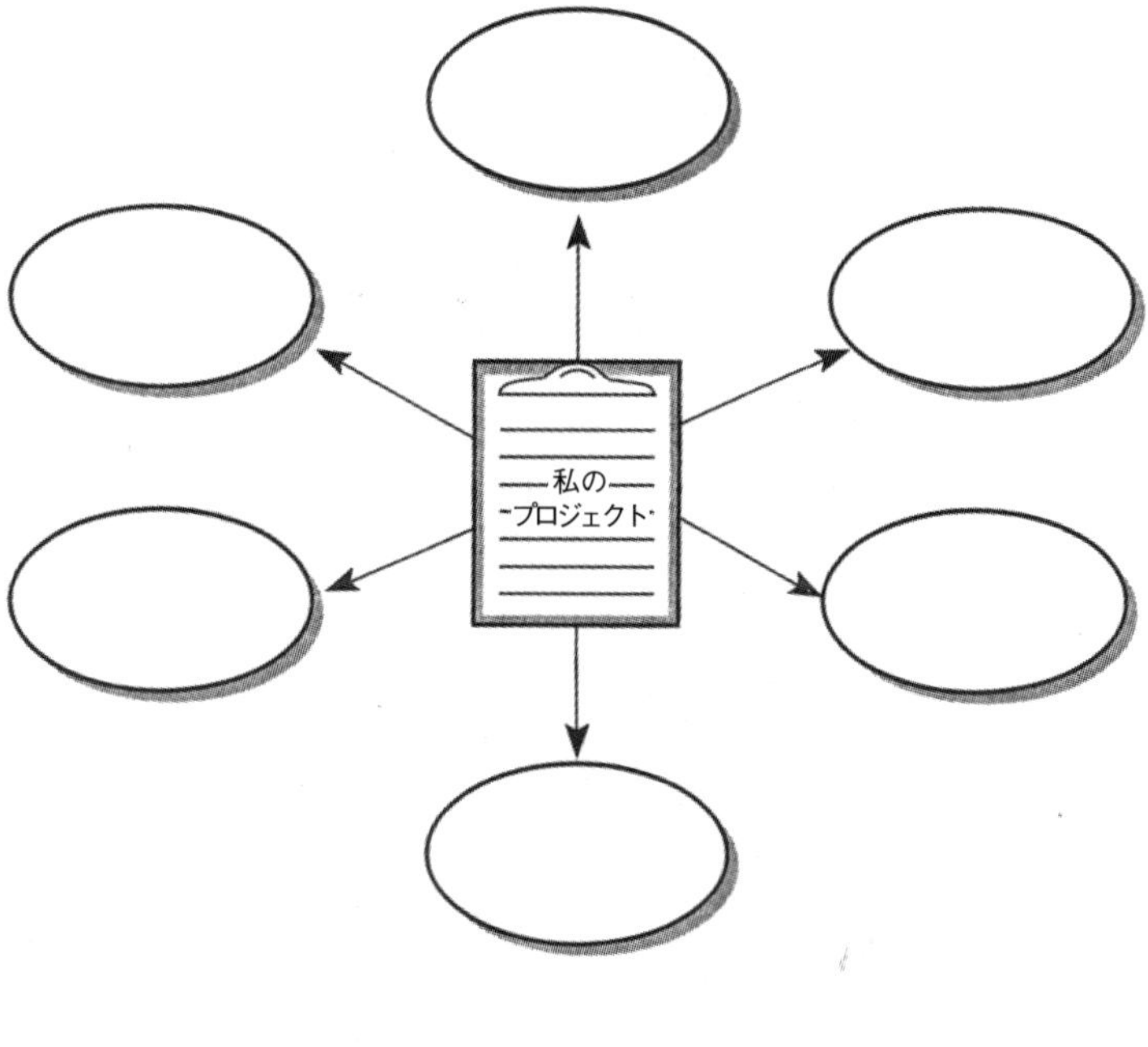

図2-4　「私のプロジェクト」のマインドマップ

第三章　「生産性のピラミッド」で成功を築く

この章のポイント
●成功を定義する
●生産性のピラミッド

大胆に思考し、目標を設定し、成功した姿を思い描く。そして、少ない資源で多くの成果を上げる。とにかく、実行してみることだ！

「実行する」といっても、何をすればよいのだろう。目標をどう設定すべきなのか。どんな成功を思い描けというのか。

今日の社会では、「成功」が物質的な幸福や成果と同一視される傾向がある。大きな家、ピカピカの車、立派な肩書き、勇敢な偉業などが成功の最大のシンボルとなっている。むろん、こうした成功の象徴を手に入れようとすること自体、別に悪いことではない。何かの計算があってとか、幸福というものに対する既成概念からではなく、心の底からそれを欲しているのであれば。

人生においても、自分の価値観を見きわめ、それを有意義な目標に置き換える方法を知らないと、疎外感を味わう羽目になる。例えば、家族や友人たちとの関係を気にかけ、それを本当に大切だと考えていても、実行へとつながる具体的な行動目標がないと、良い関係へと改善する可能性は低いままだ。あるいは、「少ない資源で多くの成果を上げる」努力を続けていても、そうしたいと心から思っていない場合はたとへ多少の効果があったとしても、大きな満足を得ることにはならない。

「時間管理」とは一般に考えられている通り、日々の生産性を上げようとする活動である。この章では、第一章で挙げていただいたあなたの価値観をもとに、自分がもっとも大切だと思うことを成し遂げるテクニックを紹介する。

【ちょっと一息】
あなたにとって一番大切な、価値観を思い浮かべてほしい。その価値観の実現を目指すあなたは、何を持って成功とみなすだろうか。

生産性のピラミッド

フランクリン・コヴィー社が開発した「生産性のピラミッド」は、あなたの価値観や原則を、長期および中期目標、さらにそうした目標を達成するのに必要な作業とマッチさせるのに役立つ。このピラミッドは、まさに人生に対するアプローチと言える。その根底には、私たちが人生でもっとも大切なこと、すなわち価値観が据えられている。目標が価値観に根差していると、熱意や情熱、意欲や粘り強さがいやが上にも高まる。このような目標のほうが、情熱を刺激しない目標よりも実現の可能性が高い。価値観に根差した目標を持つと、求める結果が手に入りやすくなるわけだ。

自分の価値観をつねに念頭に置いて行動していると、時間管理を通じて私たちのライフプランがより効果的に実行されるようになる。日々の活動だけに目を奪われず、まずは価値観の土台を築くことだ。この土台がしっかりしていれば、自分が本当に欲するものに根差した有意義で積極的な生き方ができるが、この土台がないと気まぐれや偶然に左右される人生になってしまう。

「生産性のピラミッド」を構成する四つのステップ

価値観の明確化：「なぜ」行動するのか?
長期目標の設定：「何を」達成したいか?
計画への落とし込み：「どのように」目標を達成するか?
日々の計画：「今」直ちにやること

第1ステップ：価値観の明確化――「なぜ」行動するのか?

価値観マップを作成してみると、自分が人生に何を求めているのかがはっきり見えてくる。競争に打ち勝ち、成長し、成功するために何が必要かわかる。生産性のピラミッドを形作る過程で、そうした価値観を土台にし、その一つひとつを具体化するプランを考えていく。

自分の生活価値観を明確にすると、自分の行動の理由が理解され、その結果、いっそう有意義な生き方ができるようになる。有意義な生き方とは、私たちがすることすべてが、自分の一つまたは複数の価値観に根差しているということだ。やがて自分の行動をすべて検討し、それによってどんな価値観を実現しようとしているのか自分でわかるようになる。そして、価値観に根差した行動は続け、そうでない行動は見直せばよいのである。

【ちょっと一息】

今あなたが本書を読んでいるのは、どのような理由からだろうか。あなたのどの価値観を実現するための行動だろうか。もしこの行動があなたの価値観のどれとも関係がないなら、すぐ本を閉じ、友達にでもあげよう。あなたの人生であり、あなたの価値観なのだ。本書を読むことであなたの価値観が一つでも実践され、あなたの人生がより良いものになるのでなければ、貴重な時間を浪費することはない。

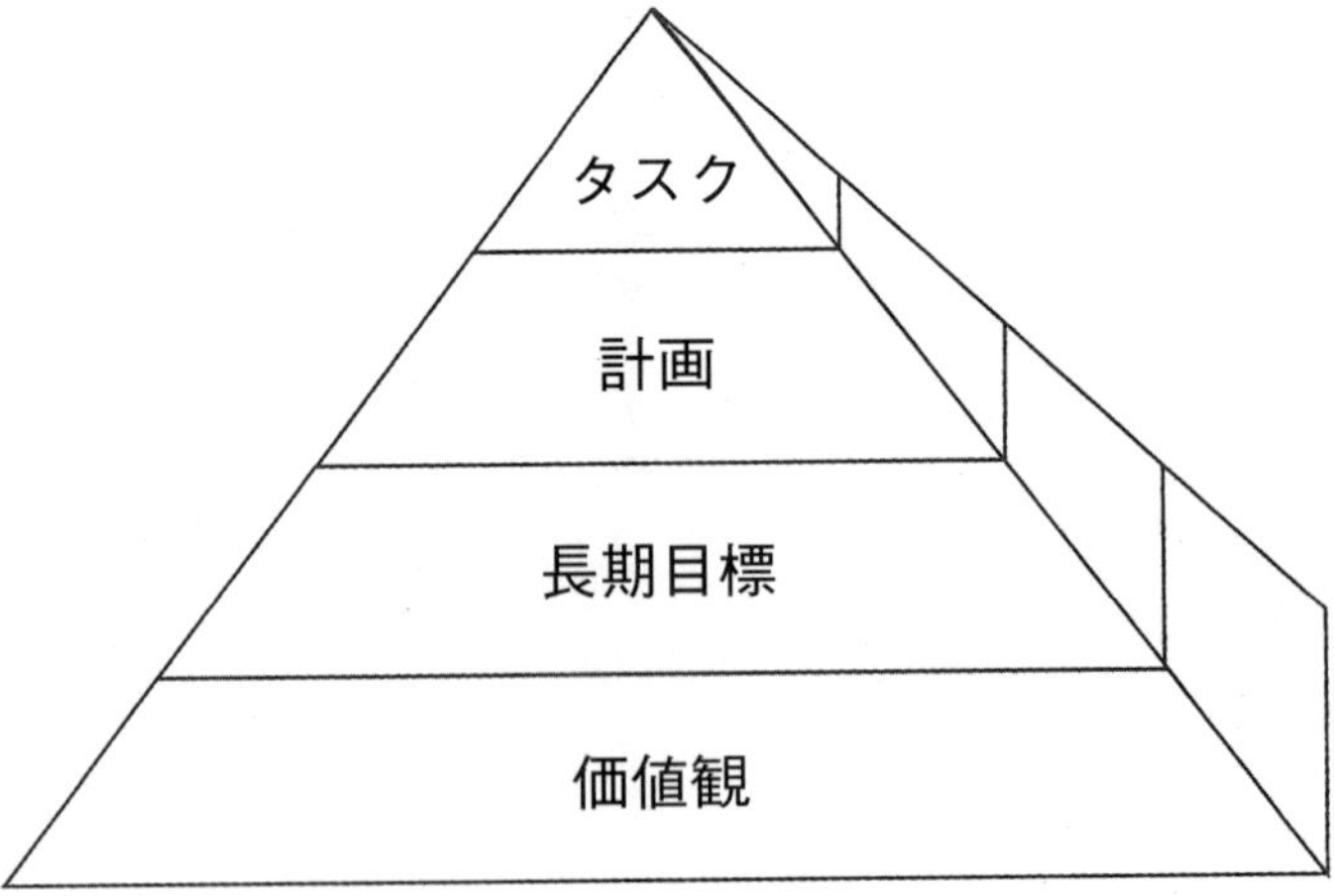

図3-1　生産性のピラミッド

この「価値観」の明確化を行うことで、人は自分の行動に責任を持てるようになる。私たちは時に、プロジェクトを言いつけられたから仕方なくやっているかのような受身的な姿勢になることがある。これでは被害者意識もいいところで、自分の行動や運命をコントロールすることはできない。被害者モードに陥っている人は能率が低下し、働くことに喜びを感じられなくなる。

そうした被害者意識の壁を打ち破るには、自分の行動を価値観と関連づけることだ。例えば、ほとんど興味を感じないプロジェクトを上司から命じられ、しかもそれが自分にまったく向いていないものだったりすると、いいように利用されているという気持ちになる。だが、相手は仮にも上司であり、はねつけるわけにもいかない。そうすると被害者意識が頭をもたげ、あちこち愚痴をこぼして回ったり、仕事をずるずると先送りするか、手抜きをしたりする。だが、これでは富も栄光も満足感も得られず、昇進は夢物語となる。

では逆に、積極的な態度に出たらどうだろう。自分の価値観を検討した結果、経済的安定とキャリア発展・能力開発が価値観であることに気づいたとする。このプロジェクトで良い仕事をすれば、上司との関係が深まるかもしれない。あるいは、これまで組織が認めてくれなかった才能を発揮するチャンスが得られるかもしれない。だから、思い切ってプロジェクトを引き受け、上司の期待に沿うよう頑張ってみよう。こうした姿勢は昇進への道を作り出す。

もう一つ、こんなケースも考えられる。与えられたプロジェクトが自分の価値観とまったく相容れないと感じる場合だ。恐らく上司は、自分を半年ほど外国に飛ばしたいと思っているのだろう。でも、年老いた両親が病気を煩い、介護が必要だ。それに、自分も修士課程が最終学期にさしかかっている。そこで、上司に相談し、自分が大切にしている価値観の範囲内で要求に答える方法を模索する。つまり、自分の人間としての誠実さと生活のバランスを維持しつつ、組織の事情にも配慮しようというわけだ。社員の個人的価値観を重んじる気が組織にあれば、理解を深め、お互いに受け入れられる選択肢が見つかることだろう。そうでなければ困難な選択に直面し、もっと価値観を尊重してくれる会社を探さなければならなくなるかもしれない。

両者に必要なのは調和だ。プロジェクトを具体的に吟味し、それが組織と自分の価値観にどう貢献するのかがわかれば、双方の立場はもっと接近すると思われる。そうすると、私たちの意欲も大幅に増すはずだ。受身的な被害者意識ではなく、積極的な態度をとることができるだろう。プロジェクトに従事するのであれば、自分の価値観の少なくとも一つを実現するものでなければならず、そうでないなら受けるべきではない。

要するに調和と心の安らぎがカギである

一つのプロジェクトが組織とあなた両方の価値観に貢献するケースを紹介しよう（図3-2

参照)。あなたの組織が「品質重視」という価値観を持っていて、それを実現する方法の一つが社員の意識とスキルの改善だとする。一方、あなた個人の価値観は「キャリア発展と能力開発」であり、その実践のために自分のスキルや成績の改善に役立つ新しいトレーニングを探している。

会社はコンピュータ・トレーニングの新しいプログラムを提供することになり、あなたにそのプログラムの開発を命じた。これはあなたにとって難しい仕事で、新しいスキルを習得する必要がある。ということは、あなたの「キャリア発展」という価値観とマッチするだけでなく、社員のスキル改善によって会社の「品質重視」という価値観も実現されるのだ。このプロジェクトは組織の価値観とあなた個人の価値観の両方と調和している。こういうときは迷うことなく引き受けよう。

第2ステップ：長期目標の設定 ―「何を」達成したいか？

ピラミッドの二段目は全体像あるいは長期目標、つまり「何を達成したいか？」ということだ。私たちの生活価値観には、それぞれの実現に役立つと思われる目標が大概一つはある。私のケースで説明すれば、余生を快適に暮らせるだけの貯蓄と投資をして五五歳で引退する、というのが目標の一つだ。私はファイナンシャル・プランナーの助けを借りて、この長期目標と、そのために毎月貯金すべき具体的な金額をはじき出した。

第3ステップ：計画への落とし込み ――「どのように」目標を達成するか？

長期目標が設定されたら、そこにたどり着く方法を決める必要がある。そのために長期目標を中間ステップに分割する。このように扱いやすい規模のピース、あるいはプロジェクトにすると、最終目標に到達するた

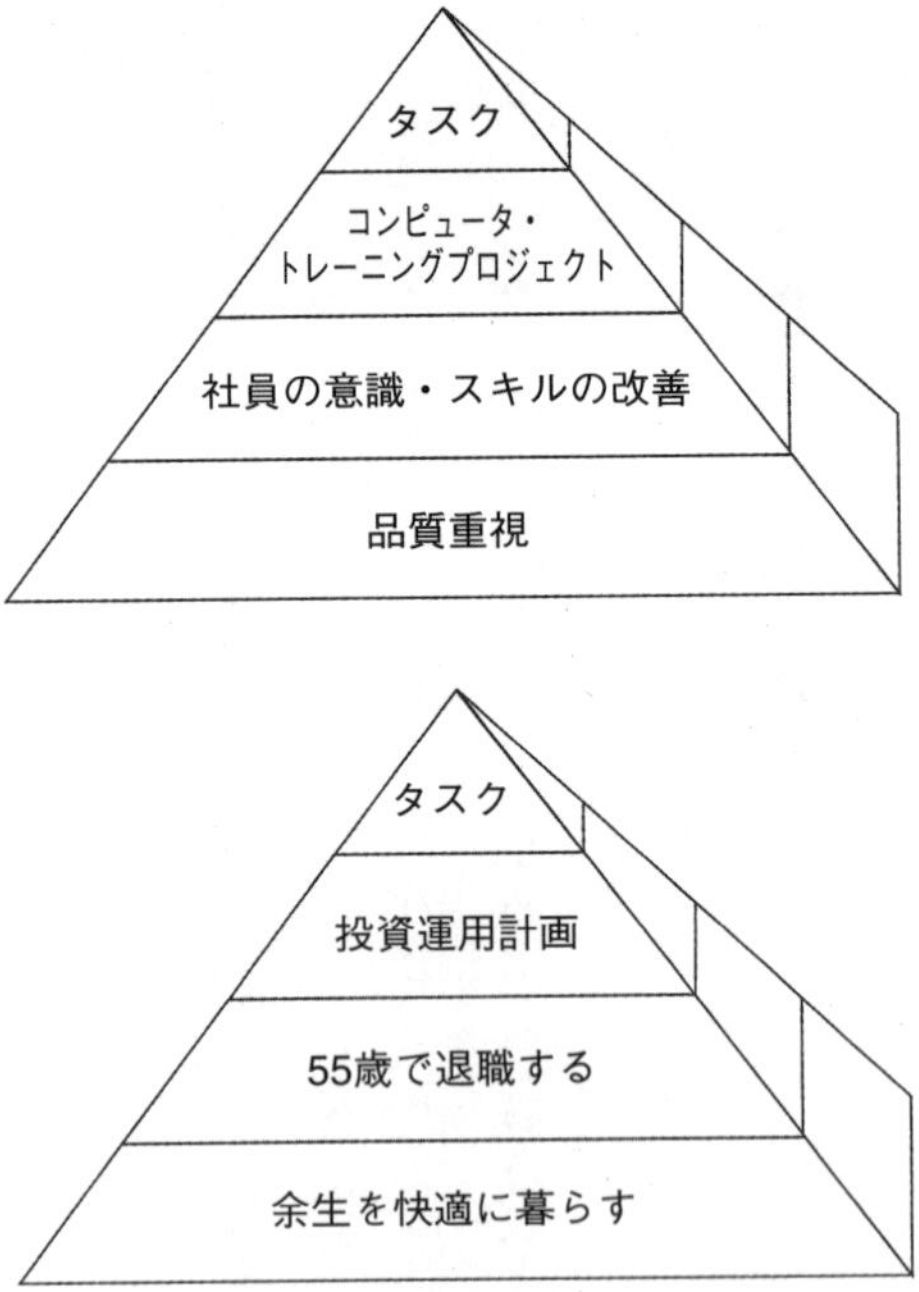

図3-2　生産性のピラミッドの例

めの計画が出来上がる。私の退職という目標に関する中間ステップの一つは、投資、運用計画を作成することだった。このステップを達成する最善の方法を見定め、企業年金、個人退職年金、普通預金、証券口座など必要な口座を開設するといった具体的な行動やタスクを計画していった。

第4ステップ：日々の計画 ―「今」直ちにやること

中間ステップやプロジェクトなどの計画が定義されたら、それを日々の計画 ― 普通預金の開設申込書の記入、給与からの手引きの手配など

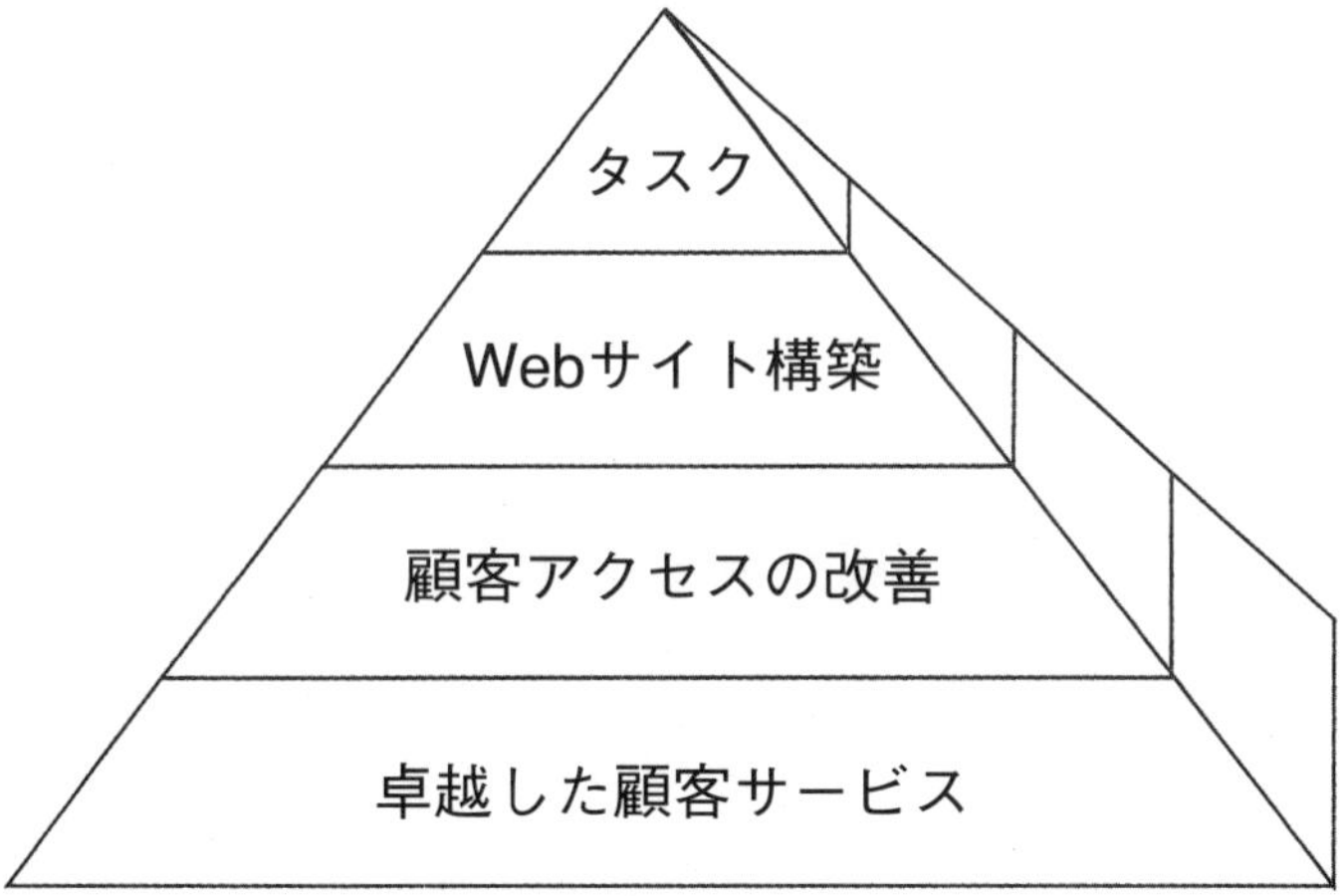

図3-3　生産性のピラミッド：組織の価値観の例

―に細分化する。私は「経済的安定」という自分の価値観のためにこの作業を一通りやってみて、これからの人生のために企業年金の毎月の掛け金をできるだけ引き上げる必要があることに気づいた。

私は自分の価値観をもとに長期目標を設定し、それを中間ステップやプロジェクトに計画として落とし込んだ後、さらに日々の活動に分割した。「生産性のピラミッド」のプロセスをたどることで段階的プランが作成され、その一段一段が私のライフプランをサポートするものになった。

生産性のピラミッドの例をさらにいくつか紹介しよう。

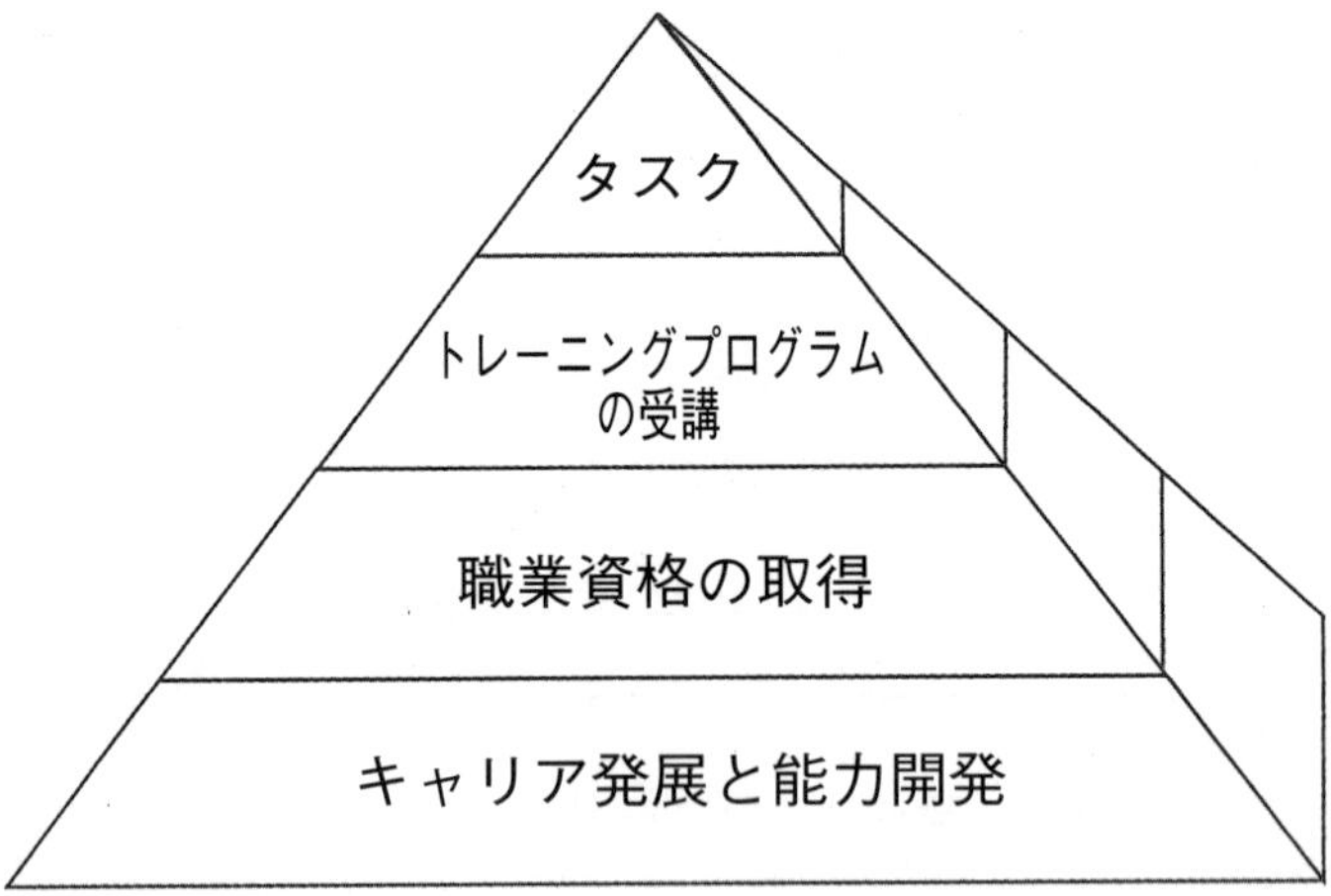

図3-4　生産性のピラミッド：個人の価値観の例

図3‐3の例によれば、この組織は「卓越した顧客サービス」（＝価値観）の実現に意欲を燃やしており、「顧客による問題の報告を容易にすること」（＝長期目標）を望んでいる。会社はサービス問題の解決のために「Ｗｅｂサイト構築」（＝計画）を決める。そして、「この目標のための計画と実行」（＝タスク）を担当するプロジェクトチームを立ち上げる。

図3‐4に示した個人の例では、この人は「職業能力の開発」（＝価値観）を決意しており、「三年間の資格認定プログラムの受講」（＝長期目標）が必要と判断した。その第一歩は別の都市での基礎的なトレーニングプログラム（＝計画）であり、それには受講申し込み、移動、休暇届の提出、ペットの世話の手配など（＝タスク）が伴う。

生産性のピラミッドは万能

生産性のピラミッドは、ちょっとしたプロジェクトから、航空機のような巨大プロジェクトに至るまで、どんなプロジェクトにも有効である。ボーイング社は、かつて史上最大の大きさと精密さを誇るジェット機の構想を練るにあたり、価値観を新たに設定し、それが同社独自の長期目標となった。この目標はさらに、相互に絡み合った膨大な数の計画（プロジェクト）と個々のタスクに細分化された。このプロジェクトの開発予算は六〇億ドルで、一万人以上のスタッフと三〇〇万以上の部品が投入された。

ボーイング社のビジョンは、社内的に、あるいは顧客や請負業者との関係において秘密や対立のない環境の中で最高品質の商用ジェット機を製造することだった。「秘密や対立がない」という新しい価値観は、以下の表現で説明された。

●業界で過去に例のない斬新な管理方式を採用する：職務の遂行を通じて信頼を育み、誠実な人間関係を築く。

●社内にはびこる隠蔽の風潮が、社員たちに問題報告を躊躇させていた。今後は問題の報告を奨励し、積極的に公開して解決に努める。

●思考や発想を枠に閉じ込めてはならない。我々が協力して達成しようとする事柄について、思考やビジョン、評価や理解を共有することが重要である。

このジェット機に関するボーイング社の長期目標は、次のように述べられた。

●航空史上最高の安全性と信頼性を備え、納入後直ちに就航可能なジェット機を、最先端技術を駆使して設計・開発・製造する。その名は「777」。

●多数の従業員が７７７型機の製造を通じて「協働」という理念を実践できるプログラムを設計・開発する。

このプロジェクトは素晴らしい成果を上げた。予算を超過することはなく、引き渡しも期日前に行われた。収益は予想を上回り、管理とチームワークの枠組みの改善に寄与した。

重要事項に意識を集中する

生産性のピラミッドは、意思決定を行い、行動を起こし、そして自分にとって重要なことに意識を集中するためのモデルを示してくれる。偶然に左右されることなく、目的を持って人生を送る上で、これは必要なステップである。人はつい受身的な生き方になりがちだ。そのうちに素晴らしいことが起きるのでは、ひょっとしたら宝くじでも当たるかも、と運を当てにする。このような棚ぼた式の生き方では被害者意識に陥るのが関の山で、「あの人たちは運がいい」と他人の人生をうらやましがることになる。運などほとんど関係ないのに、運頼みの人生を送っている人があまりにも多い。

幸運は、準備と機会がそろったときに訪れるもの

成功者というのは、運にもそれなりの敬意を払うが、準備と機会がそろったときに幸運は訪れることを知っている。何が重要かを考え、機会がドアをノックしてくれる時に備えるライフプランの立て方を教えてくれるもの、それが「生産性のピラミッド」なのだ。

生産性のピラミッドによって自分の価値観が明確になっていないと、せっかく機会が訪れても気づかない恐れがある。私はフランクリン・コヴィー社に入って間もなくの頃、完全に畑違いのポストを与えられたことがあった。自分のキャリアと無関係だと思った私は、受けるべきか迷った。だが、ある時、目先のことよりも自分の価値観を考えてみたら、この異動がまんざらではないことに気づいた。私の価値観と明らかに調和していて、長い目で見れば当然通るべき道だったのだ。

生産性のピラミッドは、「なぜ?」（価値観）、「何を?」（長期目標）、「どのように?」（計画とプロジェクト）、そして「今やるべきことは?」（タスク）という疑問に答えるものだ。初めてこの演習をした人は得てして、自分の人生が価値観からそれていることに気づかされる。だが、その気分は落胆というより、自分の望む人生を示してくれるロードマップが得られてよかったという安堵感だろう。自分の価値観を眺め、「自分の人生を価値観と一致させるにはどうし

たらよいか」と考えれば、それを実現するための段階的プランを作成できるからだ。価値観が明確になっていると、プロジェクトに従事する際も全体像をいつも頭に置いておくことができる。

日々雑事に追われていると、自分の目指す方向を見失ってしまうことがある。中流の生活でさえ複数の収入源がないとやっていけないご時世では、自分の価値観をつねに忘れないことがとくに大切だ。そうしないと、日々のちょっとした意思決定ですぐにバランスを失うことになりかねない。会社に残って残業するか、それとも家に仕事を持ち帰るかといった決定は習慣化しがちで、家族、健康管理、社会奉仕など、仕事に劣らず、いやそれ以上に重要な生活要素のための時間が犠牲になる危険性がある。

大切なのは、バランスを保つことだ。もし自分の価値観のどれかを無視するような生き方を絶えずしていたら、バランスを失うことになる。価値観とはそもそも、自分がもっとも大切だと思うことである。価値観のいずれかが欠けていたり、十分に確立されていなかったりすると、私たちの人生は豊かさを失い、空しいものになってしまう。私がいつも心がけているのは、よりバランスのとれた生き方をすることだ。私は、金曜日は毎週六時に起き、息子のセスと一緒にパンとコーヒーの朝食をとるようにしている。それは、その週の遅れを取り戻すためでもあるが、「家族を大切にする」という私の価値観を実践する重要な行動でもある。同様に、乗馬は私にとって息抜きであると同時に、私の重要な価値観の一つを強化し、人生の生き甲斐を感じるための時間でもあるのだ。

本書の執筆のために私は何日も朝五時に起床したが、そのときの私は意欲と活力に満ち溢れていた。なぜなら、それは、「本書を書く」という自分の最優先事項の一つのための早起きだったからだ。早く起きるのが苦にならなかったもう一つの理由は、この本が一つのプロジェクトであり、いつかは終わることを知っていたことである。

プロジェクトの性質と、そのためにどの程度の活力が求められるかを

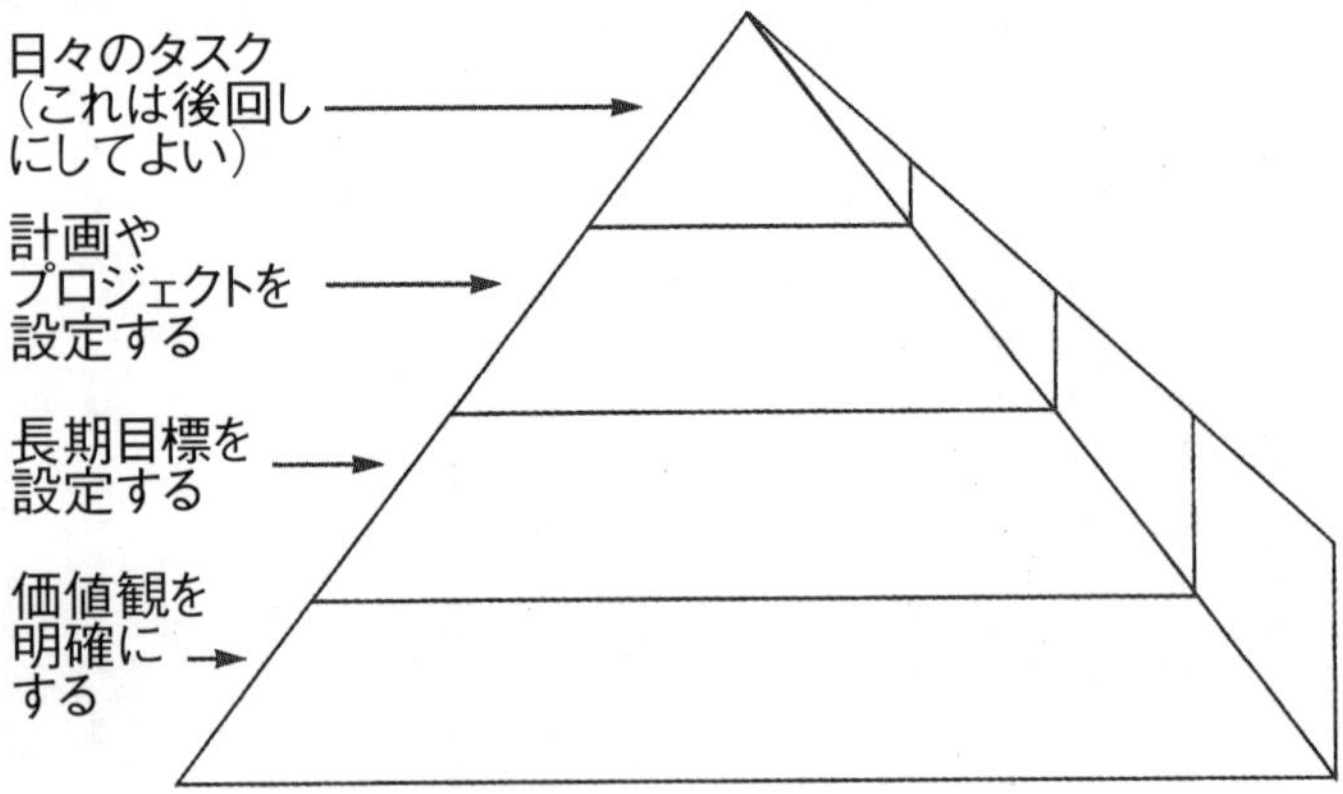

図3-5　演習：あなたの生産性のピラミッドを築く

覚えておくと役に立つ。私たちが目指すのは、全体的にバランスのとれた状況を実現することだ。私の場合、仕事のきつい日が数週間あるいは数カ月間続いても、プロジェクトが終われば元の正常なリズムに戻ることができる。きついペースがずっと続き、それが当たり前になれば、私は燃え尽きてしまうだろう。

あなたの生産性のピラミッドを築く

あなたの価値観のいくつかについて、生産性のピラミッドを作成してみよう（図3-5参照）。具体的なタスクの特定は、ここでは気にしなくてよい。その作業は、プロジェクト管理を取り上げる第三部で詳しく説明する。

第二部　時間と情報を巧みに管理する

昨日、日が昇ってから沈むまでの間のどこかで、それぞれ素晴らしい六〇分から成る貴重な二時間を無為に過ごしてしまった。もう取り返しはつかない。なぜなら、永久に過ぎ去ってしまったのだから。

――リディア・H・シガニー

時間が経つのも速いが、情報が流れ込むスピードもすさまじい。私たちは毎日、時間と情報という二つの抵抗し難い力の板ばさみの中でもがきつつも、何とかその満ち干のバランスをとろうとしている。時間や情報の流れを止めることはできないが、それらを整理し、管理する方法を身につけることは可能だ。

この第二部では、時間と情報の流れを効果的に管理することにより、いっそう大きな成功をつかむための、シンプルで実証済みの手法を紹介する。これらの問題をすでにコントロールできている方は、ざっと斜め読みするか、次の第三部に進んでいただいてかまわない。

第四章　価値観をベースにした時間管理

――効果的なプロジェクト管理の基礎

この章のポイント

●システム手帳の効果的活用
●「今日の計画」のための時間
●整合性の重要性

時間というのは、その辺に転がっているものではない。時間が必要なら、自分で作るしかない。

――チャールズ・バクストン

時間管理というのは、一日にできる仕事量を増やすことが目的ではない。最も重要なことを確実にやれるようにするために行うのだ。毎日の仕事量をただ増やしても、ハツカネズミが回転する車輪の上を走っているようなもので、どこまでやってもキリがない。それに対して、重要事項がどんどん処理されていくと、生活にバランス、個人的満足、心の安らぎが生まれる。仕事は手当たり次第にやるのではなく、やるべきものをしっかり選ぶことが大切である。日常的に管理する仕事は、自分のもっとも根本的な価値観に根差していなければならない。価値観と無関係な仕事など、誰もやりたいとは思わないだろう。

重要な仕事を選択することのほうが、仕事のやり方よりも重要である

この章で紹介する時間管理法は、歴史上もっとも成功したアメリカ人の一人で、「時間管理」という概念を最初に提唱したベンジャミン・フランクリンの著作に基づいている。彼はこう述べている。「人生を愛する者よ、時間を浪費してはならない。人生は、時間でできているのだから」

フランクリンは実に創造力豊かな人物で、郵便局や公共図書館の創設をはじめとする発明や個人としての業績など、数多くの功績を残している。だが、彼の創造力を生み出したものは、単なる時間管理ではなかった。彼は若くして自分自身の価値観を確立すると、年間を通して毎週一つの価値観に重点的に取り組み、その進捗状況を小さなノートに記録していく方法を編み

出したのだ。彼は八〇歳を過ぎて書いた自叙伝の中で、自らの体験や個人的成功を細かく列挙し、その多くが彼のシステム手帳のお陰だったと記している。

個人でも組織でも、生産性のピラミッドから生まれる活動の多くは、日々の計画に落とし込むことのできるプロジェクトである。この後のいくつかの章で、そうしたプロジェクトやタスクを管理する方法について説明する。ここではその準備として、毎日をコントロールするための基礎となる時間管理全般について考えてみよう。

基本的ツール

ツールの中には、大工の金槌、機械工のレンチ、料理用の包丁など、それを使わないことは考えられないような、きわめて基本的なものがある。一口に基本的ツールと言っても何百種類もあるかもしれないが、これらの職業で一人前になるには、それらを効果的に使えることが不可欠だ。

今日の複雑な職場環境においてもその点は同じで、必要とされる効果的な時間管理のための基本的ツールがシステム手帳である。本書ではこの後、あなたが何らかの種類のシステム手帳もしくは手帳をすでに使っているものと想定させていただく。この言わば「補助頭脳」をまだお使いでない方は、いろいろ出回っているので検討してみてほしい。この章の最後で、システム手帳が備えるべき条件のいくつかをリストアップする。あなたが今どのようなシステム手帳を使っているか、あるいは使おうとお考えかわからないが、このツールの持つ便利な機能をカスタマイズし、強化するのに役立つテクニックをこれからいくつか紹介していく。

システム手帳は効果的な時間管理のカギである

私はこの一二年間、それなりの成功を収めることができたが、それはフランクリン・プランナーなしでは考えられないことだった。一〇年前にフランクリン・コヴィー社で働こうと決意したのも、このシステム手帳がきっかけである。この会社で働くようになったから、システム手帳を使い始めたのではない。この手帳で私が最初から感心したのは、価値観が重視されている点だった。フランクリン・プランナーを用いると、自分の価値観をしっかり見据え、それに基づいてゴールや目標を簡単に設定できるようになるのだ。ただ、あなたが別のシステム手帳をお使いでも、それは一向にかまわない。価値観についてこれまで説明してきたことを、その手帳に応用していただけばよいのだ。

システム手帳の使い方の基本

システム手帳は、以下の三点を心がけて使用するといっそう効果を発揮し、あなた自身の効率や管理能力も向上するはずだ。この基本を理解していないと、せっかくの手帳もただの予定帳と変わらなくなってしまう。

一、自分独自の使い方を工夫する

システム手帳はカスタマイズできるように設計されている。自分のニーズとライフスタイルに合わせた使い方を考えよう。自分流にアレンジすると、いっそう強力な武器になるはずだ。

二、システム手帳以外のカレンダーは使用しない

他のカレンダーはすべて捨てよう。冷蔵庫の扉やデスクの上にあるようなメモ機能のある一見便利なカレンダーは特にそうだ。すべてが一元化されていれば探すことはないし、家具の隙間から滑り落ちることもない。

三、システム手帳をつねに携帯する

どこにでも持って行こう。そうすれば他のカレンダー、付箋紙やメモ用紙など必要な

くなること請け合いだ。大切な情報を書いた紙が紛失することはないし、家やオフィスに戻ってカレンダーを見てみないと約束できないなどということもなくなるだろう。

【ちょっと一息】
あなたがシステム手帳をお使いであれば、その使い方について考えたのは、最近ではいつのことだろうか。

効果的なシステム手帳の構成要素

システム手帳は効果的な時間管理のためのツールと考えられているが、実はこれがそのままプロジェクト管理を成功させる武器にもなる。今現在、小さなサイズのシステム手帳をお使いの方は、大きなサイズの手帳の使用を考えてみてはいかがだろう。大きければ、必要なことをもっと書き込むことができる。プロジェクト管理に用いるシステム手帳は、以下のような構成になっている。

一・タブの付いたシートを含むリフィル ― プロジェクトなど頻繁に使用する情報を記入す

る。システム手帳を自分の用途に合わせてカスタマイズするには、開閉可能なバインダーが不可欠。

二．デイリーページ ― （a）「タスクリスト（今日の優先事項）」、（b）メモを書き込める「デイリーノート」のページ、（c）その日の「スケジュール」の三つから成る。

三．月間カレンダー ― その月の予定を一覧できる。

四．月間インデックス ― システム手帳内の記録を検索する際に用いる。

五．マスター・タスクリスト（主要課題） ― その月に完了したいが、期日が決まっていない予定を書き込む。

六．保管用バインダー

第四章　　価値観をベースにした時間管理 — 効果的なプロジェクト管理の基礎

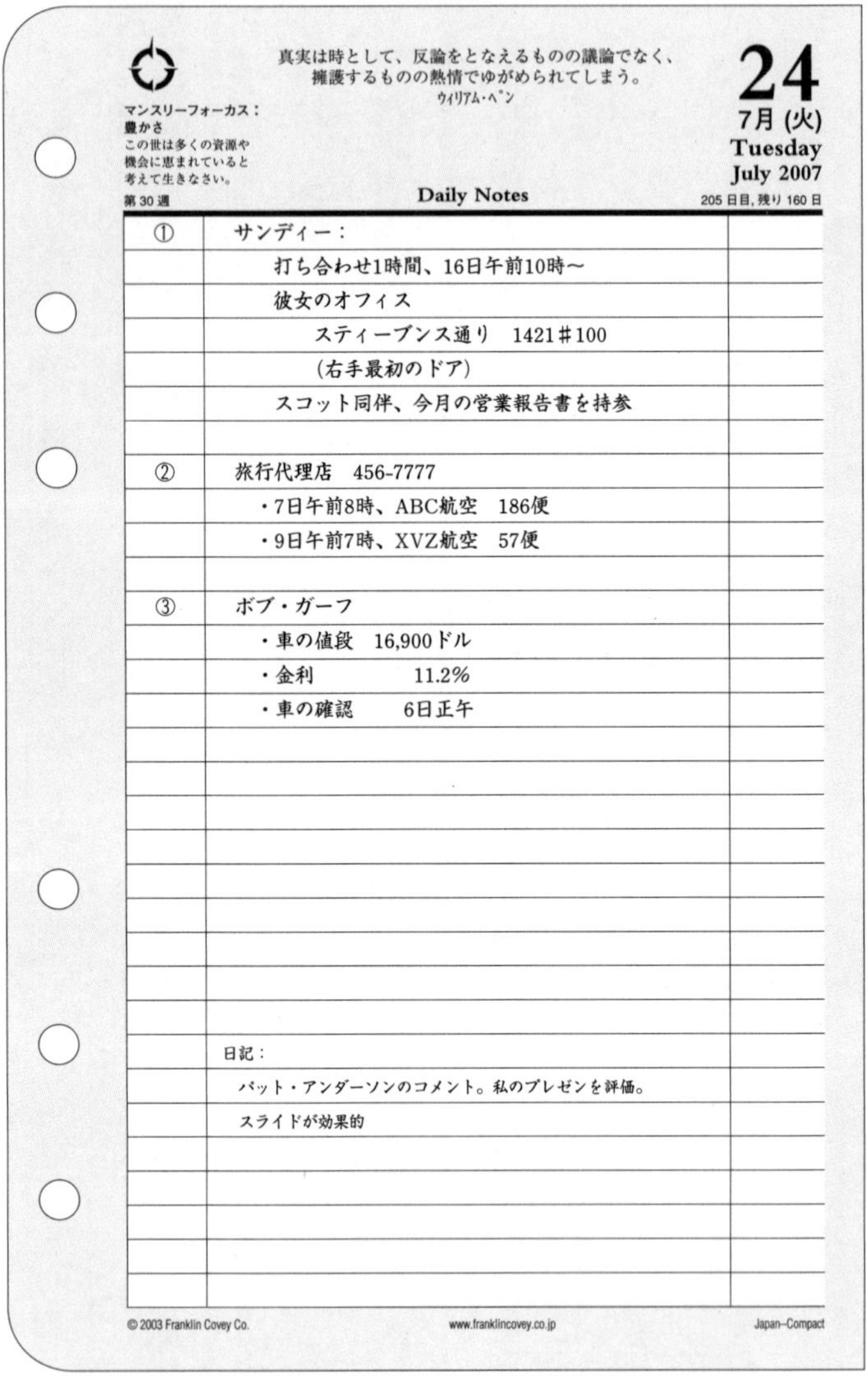

図4-1 フランクリン・プランナー：デイリーフォーマット

24
7月 (火)
Tuesday
July 2007

July

S	M	T	W	T	F	S
1	2	3	4	5	6	7
8	9	10	11	12	13	14
15	16	17	18	19	20	21
22	23	24	25	26	27	28
29	30	31				

August

S	M	T	W	T	F	S
			1	2	3	4
5	6	7	8	9	10	11
12	13	14	15	16	17	18
19	20	21	22	23	24	25
26	27	28	29	30	31	

↓ ABC Prioritized Daily Task List

↓	ABC	Task
✓	A1	今日の計画を立てる
	B1	会議の件でスコットに電話する
	A3	XYZレポートの概略を作成する
	A6	記念日の贈り物
	A4	フライトの件で旅行代理店
	A5	本を10ページ読む
	C2	テニスの件でジェリーに電話する
	A2	運動
	C1	ウェンディーに電話する

✓完了　→先送り　×削除　S⊘委任　●進行中

Appointment Schedule

6
7
8 :00 トム・グリーン
9
10
11
12 :00 ベス・ジョーンズ 昼食
1
2
3
4 :00 スタッフ会議
5
6
7
8
9
10
11

© 2003 Franklin Covey Co.　www.franklincovey.co.jp　Japan–Compact

タスクリスト ── 今日の優先事項

これは、自分の価値観をもとに優先順位を示した「To Doリスト」だ。ただ、一般的なTo Doリストには難点があり、項目間の重要性の違いが表されない。そうすると、処理済みの項目を増やしたくて、簡単に終われそうなものからやるようになってしまう。完了の処理をするときはきっと、幸福感を生じさせる強力な脳内化学物質、エンドルフィンがどっと噴き出すのだろう。「そんな馬鹿な！」とお思いの方は、リストにないタスクを完了させてから、それをリストに記入して処理済みのマークをつけた経験がないか思い出してみてほしい。

私のセミナーの受講者は、そういう経験のある方が大半だ。それは、リスト上の項目を消すという行為によってエンドルフィンが放出されて人は興奮する、ということの証明になると私は考える ── 少々こじつけの観がなくもないが。

ここで、タスクリストの具体例を見てみよう。

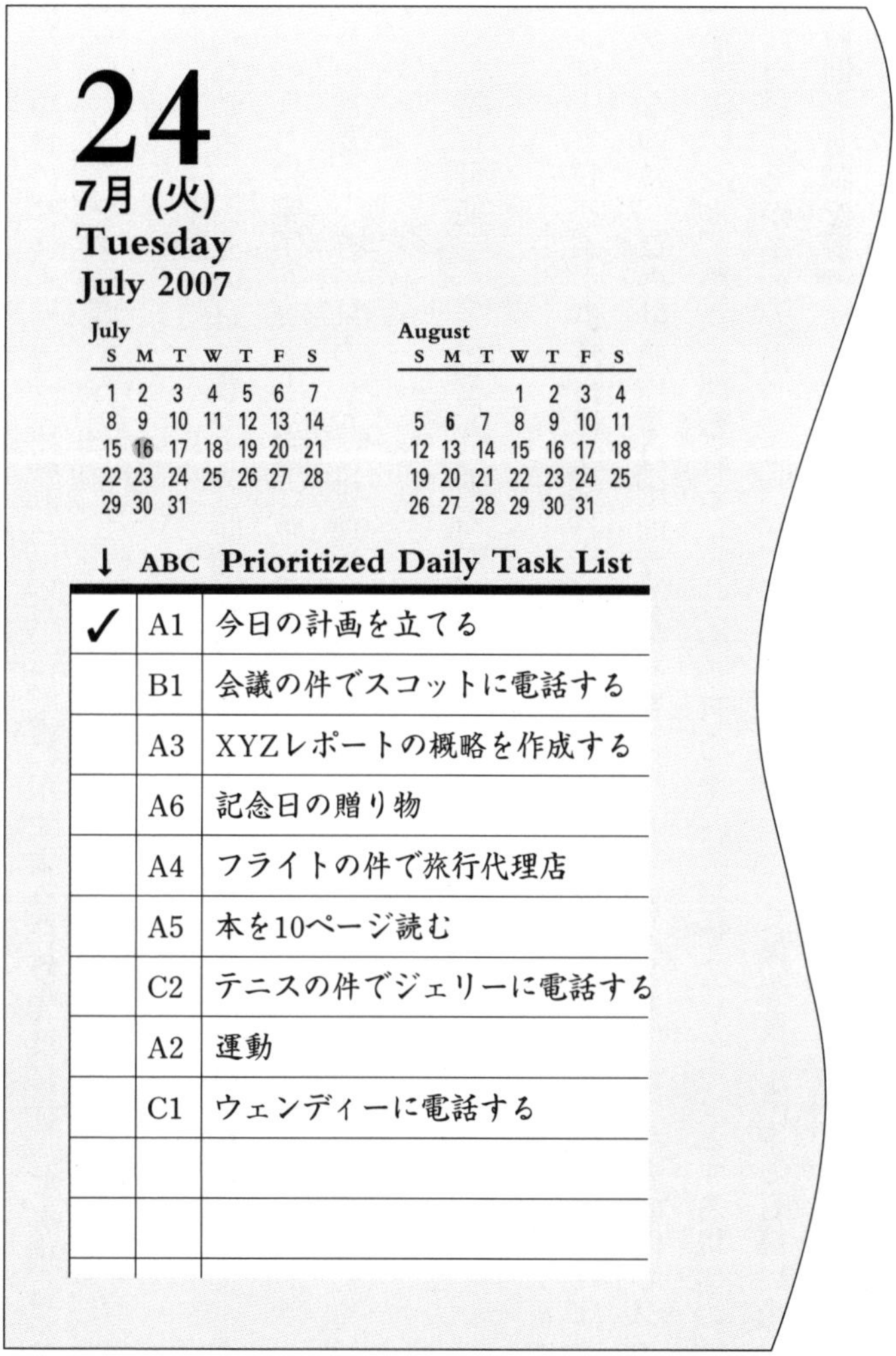
24
7月 (火)
Tuesday
July 2007
July
S M T W T F S
1 2 3 4 5 6 7
8 9 10 11 12 13 14
15 16 17 18 19 20 21
22 23 24 25 26 27 28
29 30 31
August
S M T W T F S
1 2 3 4
5 6 7 8 9 10 11
12 13 14 15 16 17 18
19 20 21 22 23 24 25
26 27 28 29 30 31
ABC Prioritized Daily Task List
✓ A1 今日の計画を立てる
B1 会議の件でスコットに電話する
A3 XYZレポートの概略を作成する
A6 記念日の贈り物
A4 フライトの件で旅行代理店
A5 本を10ページ読む
C2 テニスの件でジェリーに電話する
A2 運動
C1 ウェンディーに電話する

図4-2　タスクリストの例

To Doリストを使って自分の重要目標の管理を行うためには、優先順位をつけられるものを選ぶことだ。項目のリストアップが終わったら、以下に示すように優先度に従って各項目を「A」「B」「C」にランク分けする。

A：必須 ― その日に費やした時間に対して、最大の投資効果が得られるもので、その日のうちに完了しないと支障が生じる。

B：重要 ― その日のうちに処理するのが望ましいが、やらなかったとしてもとくに支障はない。

C：選択可能 ― やる必要はあるが、それほど急を要さない。

項目のリストアップが終われば、それに優先順位をつける作業はものの数秒もあればできるだろう。なのに、この計画作業は劇的な効果をもたらす ― もっとも、「テニスの件でジェリーに電話する」など、簡単に終われる「C」の項目を早く処理済みにしようとする以前の癖に逆戻りしないことが条件だが。「A」は、あなたの生活において優先度がもっとも高い項目であり、時間と意識を費やすに値するものである。

タスクリストに用いる目印

タスクリストを日々管理する際に便利な印をいくつか紹介しよう。シートの一番左端の欄に、以下の印を記入する。

✓：完了した項目につける（さあ、あなたのエンドルフィンが放出される時だ！）
→：その日のうちに処理されず、別の日に先送りされたことを示す。
×：タスクが削除されたことを表す。
○：他人に委任した項目につける。「○」印を記入し、余白に頼んだ相手のイニシャルを書き込んでおく。
●：やりかけて途中で棚上げになっていることを示す。次の項目を先にやってから、これに戻ることになる。その日の終わりまでには「✓」か「→」に変わらないといけない。
()：参照先を記入する。後で重要情報を確認するためである。例えば、(4/3) と書いて、四月三日のメモを見るという意味を表す。

こうしたやり方をしていると計画が日課になり、自分の最優先事項に意識を集中することができる。週の始めに作成したTo Doリストが週末までになし崩しになってしまう、といったことはなくなるはずだ。

デイリーノート

毎日、途方もない量の情報を管理するのはなかなか厄介だ。大切な事柄を書いたメモが見つからず、あちこちポケットを捜しまくった経験があなたにもおありだろう。重要な電話番号や名前、住所、あるいは何かの指示などを記した紙を見つけるため、ワイシャツのポケットから始まって背広の外ポケットと内ポケット、さらにスカートやズボンのポケットを探しまわり、挙句の果ては財布の中まで調べる。こうしたメモの紙切れは、夜ポケットから取り出してタンスなどの上に置き、翌日またポケットに戻すのが普通で、そのうちにはどこかに行ってしまうか、洗濯機の中でグシャグシャになるのが関の山だろう。

メモ用紙よ、さらば!

デイリーノートのページを活用すると、日々の情報管理が容易になる。電話や直接会って話した内容、考えたことや思いついたアイデアをこのページにメモしておくと、その会話や行動が行われたまさにその日の記録として永久に保存されるのだ。月間インデックスや月間カレンダーを利用した情報の検索方法については後で説明する。

スケジュール ― 今日の予定

スケジュール欄は、会議やイベント、予定されたプロジェクト作業などを記録するところだ。それぞれの約束事を書き込み、準備や移動の時間も含めて所要時間を矢印や棒の長さで表わす。約束の予定をすべて記入すると、他のタスクに使える時間がどれ位残っているか一目でわかる。

まだ予定の入っていない時間を見きわめる

私はセミナーの受講者たちにシステム手帳をよく見せてもらうが、タスクリストのページが一番下までびっしり埋まっている人が多い。これはよくある失敗のパターンで、その日は空いている時間がないのに、丸一日かかる分量の仕事を詰め込んであるのだ。一日のスケジュールを現実的に組むためには、費やせる時間がどれ位あるかを知る必要がある。

月間カレンダー

月間カレンダーは早見表として威力を発揮する。一日一ページのシステム手帳では、はさめるデイリーページはせいぜい数カ月分だろう（当月、前月、翌月の三カ月が一般的である）。もっと小型のシステム手帳になると、当月と前月だけでいっぱいかもしれない。そうすると、他の月の分は保管用バインダーにはさんでおくことになる。だが、月間カレンダーのページを一年分持ち歩くようにすると、数カ月先の計画でも簡単に立てることができる。今日の計画を立てるときに、月間カレンダーに書かれた活動をその日のページに転記すればよいのだ。

あなたの月全体の流れを見る

月間カレンダーは、アポイントや予定されている事柄、重要な日付が一覧になっている。このカレンダーを見るだけで、月全体の流れが確認できる。何かのスケジュールを組むとき、デイリーページを端からめくっていかなくても、一箇所だけ見れば済むというわけだ。さらに、月間カレンダーをスッキリさせ、合理的な使い方をするには、カッコを用いるとよい。細々したことはデイリーノートのページに記入し、ここにはあまり多く書き込む必要はない。人の名前やイベントなどキーワードを記入し、カッコに日付を入れておく。この日付によって、その予定が詳しく記録されたデイリーページを参照することが可能になるのだ。

木 Thursday	金 Friday	土 Saturday	メモ
5 先勝	6 友引	7 先負	
12 友引	13 先負 ポートランド 6：30シャノンと夕食 (8/6)	14 赤口 1：テニス ジェリー	
19 大安 9-1：スタッフ会議 (プレゼン)	20 赤口	21 先勝	
26 赤口 9-11：スタッフ会議	27 先勝	28 友引	

 www.franklincovey.co.jp Japan–Compact

図4-3　月間カレンダーの例

日 Sunday	月 Monday	火 Tuesday	水 Wednesday
1　先負	2　仏滅	3　大安 9-11：スタッフ会議	4　赤口
8　仏滅	9　大安 2-4：トレーニング 会議	10　赤口 7：フライト (7/14)	11　先勝 8-4：会議 サンフランシスコ 9：フライト (7/14)
15　先勝	16　友引 10-11：サンディー (7/24)	17　先負	18　仏滅 3-4：プレゼン練習
22　友引	23　先負 12：サムと昼食	24　仏滅	25　大安
29　先負	30　仏滅	31　大安 9-11：スタッフ会議	

　www.franklincovey.co.jp　Japan–Compact

月間インデックス

システム手帳を使い込んでいくと、将来に向けた計画機能はもちろんのこと、そこに含まれる過去の記録という面でも重要性が増していく。自分が話をした人たちや完了したタスクの他、電話番号や住所、費用などの明細は、後で確認したいことができるものだ。私たちが知りたい情報をシステム手帳で探すときは、先週、先月、去年の秋など、会話のおおよその時期は覚えているため、その記憶を頼りにページをめくっていく。だが、月間インデックスを使うと、この作業が大幅に楽になる。

月間インデックスは重要情報の早見表である

月末には毎日記入したメモを読み返し、「このページはもう一度見ることがあるだろうか」と考えてみる。その必要があると思ったら、その月の「インデックス」ページにキーワードを記入していくのだ。そうすると、手帳内にあることは確かなのに見つかりそうもないような情報は、まず月間「インデックス」のページで探すことができる。デイリーページを最初からめくっていかなくても、求める情報がすぐに見つかるはずだ。例えば、ある納入業者と六月一七日

インデックス

日付	今月記録した項目の索引
1	トム・グリーン：新オフィスへの道順
1	ボブ・ガーフ ― 車の情報
1	予算について
3	チャールズ・ベネット ― 新しい電話番号
3	フィットネスセンターに関する情報
5	ブレーンストーミング ― 読書リスト
8	キム・スミス ― HPリース条件
9	書店 ― 新刊書
12	冒険の旅 ― デンバー保留地
14	経費項目
15	カバーステート・リース (1) 買収 (2) ITCパススルー
18	ACME銀行 ― パンフレットの案
23	文書処理カタログリスト
24	西部地区コンベンション
30	重要事項 ― 取締役会

図4-4　月間インデックスの例

にファイルキャビネットの値段について話をした場合は、日付を添えて「ファイルキャビネットの値段」などとインデックスに記入すればよい。

過去数カ月のインデックスを、同じ月のタブ付き月間カレンダーと一緒にシステム手帳にはさんでおくとよい。一年の終わりに、インデックスページをそっくり保管用バインダーの最初に移せば、年間全体の完全なインデックスが出来上がることになる。

インデックスへの記入を月の途中で行う人もいるが、私は一カ月分のメモをまとめて処理するほうがよいと思う。一〇分か一五分もあればできることで、月のまとめとして効果的である。

私は数年前、インデックスページの重要性を痛感させられる興味深い出来事を体験した。当時、私は二家族用アパートに住んでいて、隣に新しい家族が引っ越して来たばかりだった。夫婦とその片親、それに子供五人の大家族だった。それから間もなく、私の家に届いた光熱費の請求書は、明らかに間違っているように思われた。金額がそれまでの四倍に跳ね上がっていたからだ。私は電力会社に電話し、調べて欲しいと頼んだ。ところが、電力会社が調べた結果では、別にミスはないということだった。しかし、その次の月も、やはり普段の四倍の額だった。そこで、私は試しに自分の家の電源だけ切ってみた。すると、自分の家は何も変化がなかったが、隣の家のメーターが止まったのだ。私はその家に一〇年前から住んでいたが、どうも他人の家の請求書をずっと払っていたようだった。私の家族は人数がほとんど変わらなかったので、それまで全く気づかなかったのである。

いずれにせよ、私は電力会社に再調査を依頼した。すると、二軒のメーターが逆になっていることが判明し、私は五〇〇ドルの払い戻しを受けることになった。ところが、その小切手が数週間待っても届かなかったので、催促の電話をしてみると、この件を担当していた女性が退職し、他の人間ではわからないという返事だった。

そこで威力を発揮したのが、システム手帳である。私は過去の月間インデックスを取り出し、説明方法を組み立て直して、いつ、誰と、どのような内容を話したか手紙に詳しく記し、それを電力会社に送った（私の弁護士のことにそれとなく触れながら）。それから小切手が届くまでに一週間もかからなかった。

マスター・タスクリスト

各月のデイリーページの最初に置かれている「マスター・タスクリスト」は、期限は未定ながら月内に達成したいと思うタスクや目標を記入するページだ。日にちの経過に応じて、または今日の計画を考える際にこのリストをチェックし、これらのタスクの予想完了日を設定する。そして、月末までに処理済みにできるよう、毎日のタスクリストに落とし込んでいく。

保管用バインダー

かなり前のデイリーページやその他のデータは、保管用バインダーに保存しておく。このバインダーは、今日の計画をする場所の近くに置いておくとよい。計画を考えている途中で、過去の情報を参照したくなることがよくあるからだ。保管用バインダーを利用することで、システム手帳には当面の情報だけを入れて持ち運ぶことが可能になる。

私は月末に月間インデックスを記入したあと、デイリーページをシステム手帳から全部取り外し、時間管理の保管用バインダーに移している。同時に、他のプロジェクト関連のフォームもすべて取り出し、システム手帳か、またはプロジェクト管理の保管用バインダーの該当するタブの後ろに綴じ込んでいる。フォームをこのように保存しておくと、情報検索の容易なシステム手帳が出来上がる。

システム手帳の使用例

あなたはサンディーと電話で話した際、八月十六日の午前一〇時に一時間の会議を設定したとする。あなたはデイリーノートに、日付や時刻、場所、指示などを記録する。サンディーはさらに、スコットを同伴し、今月の営業レポートを持参するようにとも言った。あなたは電話で話しながら自分の月間カレンダーのページを開き、その時間帯が空いていることを確認してから図4-3の8月16日のように記入する。

これだけ書いておけば、八月一六日午前一〇時から一一時までサンディーとの会議があり、その詳細は七月二四日のデイリーノートに記入済みという必要最小限の情報は知ることができる。詳細の中身が必要なら、デイリーノートの七月二四日のページに戻ってメモを確認すればよい(図4-5参照)。

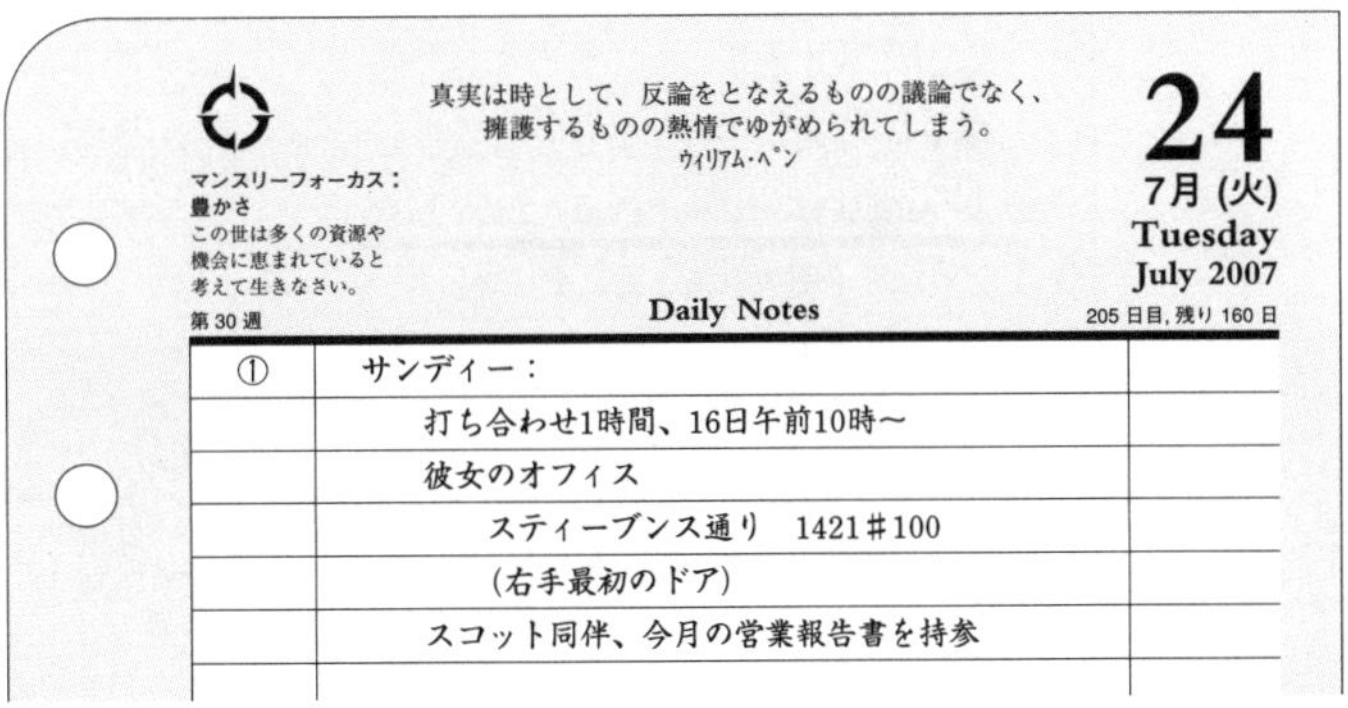

図4-5　デイリーノート

このメモを見ればスコットに電話しなければならないことを思い出し、あなたはそのタスクをタスクリストに記入することになる。

あなたはスコットに電話するとき、日付、時刻、場所、指示といった会議に関する詳細がデイリーノートの七月二四日のページに記録されていることと、彼が今月の営業レポートを持参する旨のメモを確認することになる。

あなたはこの時、彼はシステム手帳を使用していない上に、物忘れの名人だったことを思い出す。そして、他の人に迷惑がかからないよう、会議の直前に彼に確認の電話をしたほ

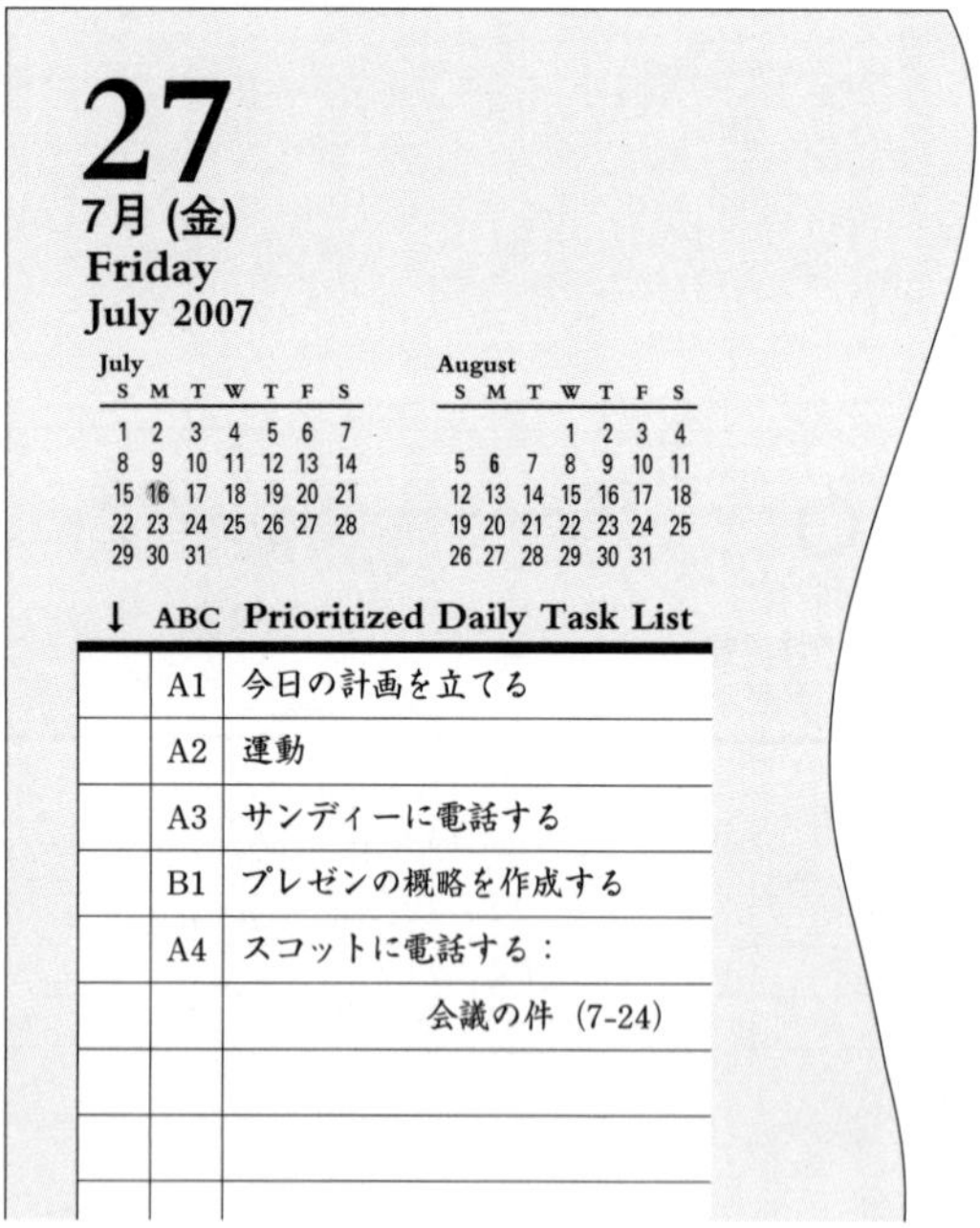

27
7月 (金)
Friday
July 2007
July
S M T W T F S
1 2 3 4 5 6 7
8 9 10 11 12 13 14
15 16 17 18 19 20 21
22 23 24 25 26 27 28
29 30 31
August
S M T W T F S
1 2 3 4
5 6 7 8 9 10 11
12 13 14 15 16 17 18
19 20 21 22 23 24 25
26 27 28 29 30 31
↓ ABC Prioritized Daily Task List
A1 今日の計画を立てる
A2 運動
A3 サンディーに電話する
B1 プレゼンの概略を作成する
A4 スコットに電話する：
会議の件 (7-24)

図4-6　タスクリスト

うがよいと考える。あなたはシステム手帳で会議前の金曜日のページを開き、タスクリストの欄に「F：スコット、会議の件（7／24）」と記入する。

「F」は、行動や委任したタスクのフォロー（FOLLOW）を意味する印だ。これを付けておくと、スコットに話がしてあり、会議への出席と営業レポートの持参を確認する必要があることがわかる。

「今日の計画」のための時間

あなたの一日の中でもっとも重要な作業、すなわち「A1」優先事項は、「今日の計画」でなければならない。一〇分か一五分程度をその日の計画作成にあて、自分の人生でもっとも重要なことは何か確認するようにしよう。毎日を受身的な考え方で過ごすのではなく、こうした計画を行うこと

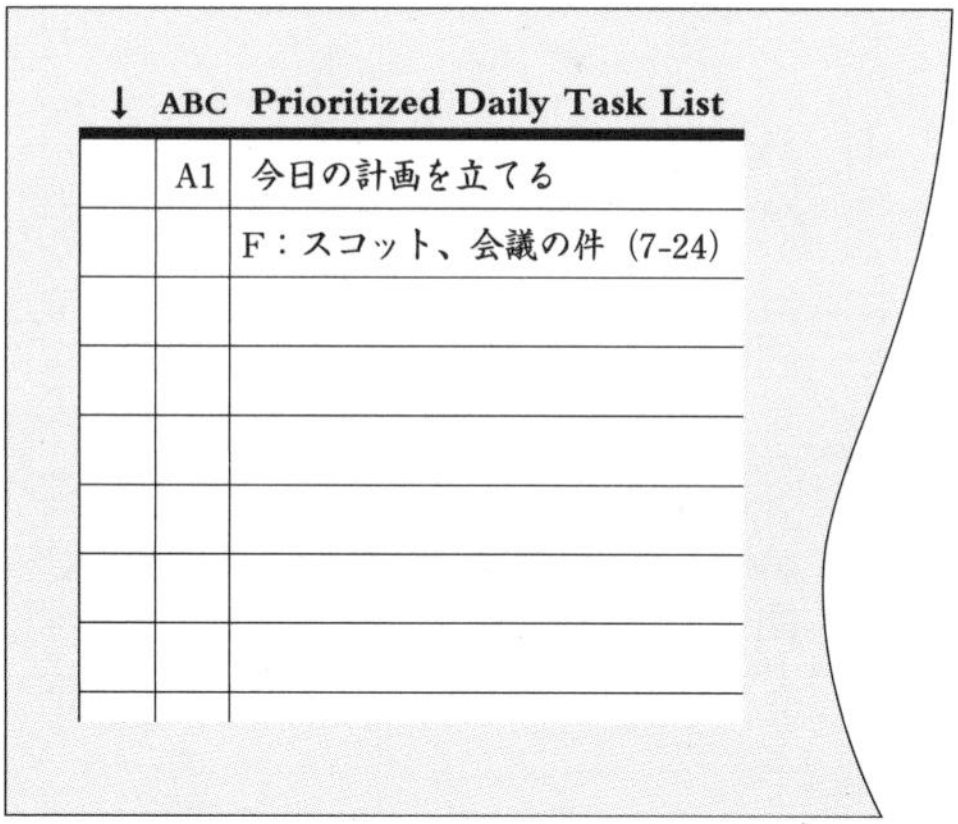

図4-7　8月13日のタスクリスト

で一日がスムーズに流れ、すべてを自分がコントロールしているという気分になれるのだ。「計画のための時間がとれない」と言う人は、自分が一日を管理するのではなく、一日に振り回されることになる。

エンドルフィンに関する余談 ― 朝起きたらまず今日の計画を立てるようにすると、さっそく「完了」の項目が出来上がり、エンドルフィンが放出された状態で一日をスタートできる。

A1：今日の計画 ― 自分自身に対する一日一五分間の贈り物

整合性の重要性

計画を立てるときは、つねに整合性を保つことが大切だ。整合性があればあるほど、今日の計画を考える習慣が定着し、大きな成果が得られるからである。計画を行う時間としては、一日の仕事が終わって帰宅する直前を好む人が多いが、私は朝一番にやるのが好きだ。時間帯はともかくとしても、邪魔が入らない場所と時間を選ぶようにしよう。私の場合、オフィスに着いてから今日の計画を立てるのは不可能だと思う。家で起き立てに一人だけで過ごす数分間のほうが、私にとってはこれまでずっと能率的だった。

今日の計画 ― 毎日同じ場所で、同じ時間に

【アドバイス】

今日の計画を考える作業は、保管用バインダーなど、過去の情報が記録された資料がそろった場所で行うようにしよう。

自分の私生活と仕事上の価値観や目標を、毎日ざっと確認するのはよいことだ。この確認を頻繁に行わないと焦点がぼやけて受身的な考え方に陥り、自分自身ではなく、他人の方針に沿った行動をするようになる。今日の計画を考える作業は、以下の手順で行う。

一. 保管用バインダーが手元にあり、かつ集中できる環境を選ぶ。
二. 自分の価値観と目標を確認する。
三. 前日のタスクリストをチェックし、完了していない項目があれば転記する。
四. 前日のデイリーノートページをチェックし、当日に行うべきタスクがあれば追加する。
五. 当日の予定や約束事がないか月間カレンダーで確認し、あれば当日の「スケジュール」に転記する。

六．当日行うべき重要な活動がないか一週間コンパスで確認する。

七．当日行うべき活動が他にあれば、タスクリストに追加する。

八．向こう数日間のスケジュールをチェックし、どんな準備が必要か考える。処理すべきタスクがあれば追加する。

九．今月のスケジュールを確認し、達成可能で現実的なタスクリストにする。

十．当日の活動に、必須（A）、重要（B）、選択可能（C）の優先順位をつける。必須タスクを分析して順番を決める（A1、A2、A3…）。BとCについても同じようにする。

あなたのある一日

一．あなたは、毎日の生活の中でとくに重要で、システム手帳で「A1」にランクされている「今日の計画」の作業を朝一番に行う。その作業手順に従って月間カレンダーをチェックし、今朝はサンディーと打ち合わせがあることを確認する。それを今日のスケジュールに転記しているとき、スコットとの金曜日の会話を思い出してニンマリする。彼は営業レポートをすでに作成済みで、今日の会議に遅れることなく出席してくれそうだからだ。その日の最初の「完了」の印を書き込み、次へと進む。

二．出勤の準備をしていたあなたの脳裏に、来週予定されているプレゼンテーションのアイデアが浮かぶ。あなたは早速それを、デイリーノートのページに書き込む。明日の朝の今日の計画でこのページを確認するとき、そのアイデアをプレゼンテーションノートに書き加えるつもりなのだ。

三．あなたはオフィスに到着し、一日がスタートする。次の項目「A2」に従い、毎月あなたが行っている午後のトレーニング会議の準備にかかる。システム手帳内に自分で作成したタブを目印にこのトレーニングに関するメモを見つけ、講座プランを修正してから、このタスクに「完了」の印をつける。

四．次は「A3 — シャノンにTEL、旅行の件」だ。あなたはオレゴン州ポートランドに住む友人シャノンに電話し、来週の一日、仕事でそちらに行くことを告げ、夕食を一緒に食べる約束をする。彼女から、マルトノマにある「マルコズ」というレストランを薦められる。木曜の晩で、スペシャルとしてマリガトーニースープが出るらしかった（これは絶品だ！）。道順と落ち合う時刻を彼女から聞いたあなたは、デイリーノートページ内に「シャノン、ポートランド行きの件」という見出しを作り、その下にこれらすべてを書き込む。さらに月間カレンダーの来週木曜日のところに、「6：30、シャノンと夕食（8／6）」と記す。こうしておけば、会議後に車でマルトノマに行く日に確認しやすいと思うからだ。「完了」の印がもう一つ。またもやエンドルフィンが噴き出す！

五．次の項目をしていた最中に、あなたはポートランド行きの前日にすべき用件をふと思いつく。それで、デイリーページをめくって八月一二日を出し、それを素早く書き留めると、先ほどの作業にすぐさま戻る。

六．夕方、ショッピングセンターで買い物をしているとき、あなたは息子の誕生祝いに打ってつけの品物を見つける。誕生日はまだ二カ月も先だが、今プレゼントを買い、その日まで隠しておくことにする。ただ、あなたは以前にも同じことをして、隠し場所がわからなくなってしまった経験がある。そこで今回は、プレゼントをラッピングして隠してから、保管用バインダーで誕生日の二日前のデイリーページを開き、タスクリスト欄に「セスへの贈り物（整理ダンス内）」と書き込む。ついでに、もっと良い物が見つかって交換してもらいたくなったときのために、そのページにレシートを張り付けておく。

一カ月で習慣化しよう

新しい習慣を身につけるには一カ月位かかるものだ。あなたも一カ月間、毎日この作業を実行してみてほしい。そうすれば、最初は意識しないとできなかった行動がパターン化され、自然とスムーズにできるようになるだろう。一カ月のテスト期間で、この方式の素晴らしさが実感されるはずだ。毎日この手順を繰り返していただければ、あなた個人の生産性が目に見えて向上すること請け合いである。

三〇日間続ければ新しい習慣が身に付く！

日々の生活や行動を効率的に管理する方法が確立されると、それが効果的なプロジェクト管理の基礎にもなる。重要なプロジェクトに関する情報を、システム手帳内の一つのタブに集めていけばよいのだ。この後の章で、プロジェクト管理に有効なプロセスやツールについて述べる。そのねらいは、プロジェクト作業を調整して、どのプロジェクトにどんな作業が必要か、いつでもわかるようにすることにある。

賢明である芸術とは、すなわち
見逃すべきものを知っていることである。
ウィリアム・ジェームズ

6
8月 (月)
Monday
August 2007

マンスリーフォーカス：
習慣
まず自分で習慣を作る。
次は習慣によって自分が
作られる。
第 32 週

Daily Notes

218 日目, 残り 147 日

1.	プレゼンのメモ	
	5年間の売上推移をグラフでスライドに加える。	
2.	シャノン　ポートランドへの旅行の件	
	木曜日の夕食、6：30からマルコズ	
	モルトノマ出口の南側から約1マイル	
	通りの右側	

www.franklincovey.co.jp
Japan–Compact

図4-8　ある日のデイリーページ

6

8月 (月)

Monday

August 2007

August

S	M	T	W	T	F	S
			1	2	3	4
5	6	7	8	9	10	11
12	13	14	15	16	17	18
19	20	21	22	23	24	25
26	27	28	29	30	31	

September

S	M	T	W	T	F	S
30						1
2	3	4	5	6	7	8
9	10	11	12	13	14	15
16	17	18	19	20	21	22
23	24	25	26	27	28	29

↓ ABC **Prioritized Daily Task List**

↓	ABC	
	A1	今日の計画を立てる
	A2	トレーニング会議の準備
		（タブ3を参照）
	A3	シャノンに電話：旅行の件
	A4	セールスレポートの草案
	A5	運動45分
	B1	ジーンに電話：テニスの件
	B2	供給品を受け取る
	C1	ディックに電話

✓完了 →先送り ×削除 S⊘委任 ●進行中

Appointment Schedule

6

7

8

9

10 ：00　サンディー（7-24）

11

12

1

2 ：00　トレーニング会議

3 ↓

4

5

6

7

8

9

10

11

　www.franklincovey.co.jp　Japan–Compact

第五章　プロジェクト管理に有効なデスク整理術

この章のポイント

- 保存情報か、要処理事項か
- シンプル・アズ1・2・3デスクシステム
- 文書管理のルール
- スケジュール化
- レイダー・オライリーの記憶法

仕事の三つのルール：
一．雑然とした中に単純性を見出す。
二．不一致の中に調和を見出す。
三．困難の中に機会は横たわる。
——アルバート・アインシュタイン

雑然性は頭脳の創造性と活力を引き出す。

毎日を忙しく過ごしていると、なかなかオフィスの整理まで手が回らないものだ。そうすると、書類や目を通さなければならない読み物、処理すべき用件、留守電メッセージや電子メールなどがどんどんたまり、私たちはその中に埋もれていくことになる。こうした過度の情報は人間の創造力を鈍らせ、能率を奪ってしまう。必要な書類を見つけるだけで一苦労するからだ。人は一年のうち六週間を物探しに費やす、というデータもある。

それだけではない。最近は自宅にもオフィスを持つ人が増え、そこにはさらに大量の郵便物、電話やファクス、電子メールや留守電メッセージが流れ込んでくる。幸い、こうした溢れる情報を管理し、プロジェクトや優先事項を処理する時間を確保するためのデスク整理術がある。「シンプル・アズ1‐2‐3デスクシステム」と呼ばれるものがそれで、次の二つの基本的な考え方に基づいている。

●机の上に何か物をポンと放り投げるように、誰でも簡単にできるような手法であること。難しいものは敬遠されがちだからである。

●絶対確実な検索法を備えていること。今求められているのは優れたファイリング方式ではない。

この手法の根底にある考え方は、オフィスに入って来るものはすべて、それがどこから来たかに関係なく、「ゴミ」、「保存情報」、「要処理事項」のいずれかに分類できるということだ。「シンプル・アズ1・2・3」という呼び名の由来はそこにある。

1. ゴミ ― すぐ捨ててしまってよいもの
2. 保存情報 ― 今日を通すか、または将来のために保管しておく重要な情報
3. 要処理事項 ― 済ませなければならない用件

シンプル・アズ1・2・3デスクシステムは、オフィスに流れ込んでくるものをすべて迅速かつ効果的に分類・保管したり、探したりする際に威力を発揮する。病院の緊急治療室などで採用されているトリアージ方式〔患者の負傷程度に応じて治療の優先順位を決める方法〕を情報に応用したようなもので、まずは最重要項目から処理するとともに、どさくさ紛れに何かが紛失するのを防ぐねらいがある。

ジョイス・ワイコフからの一言：本当にシンプルな方式

リンは私の長年の友人であり、仕事もずっと一緒にしてきたが、私の整理整頓の腕が上達したのは、その間ずっと彼女の指導を受けてきたお陰である。ただし、自分の「To Do」項目をまず書き留め、それからそれに着手するというやり方は最初からしていたわけではない。システム手帳を使い始めた頃の私は、ずらっと並んだ未処理項目に対して強迫観念を覚え、完了したものを記入しては処理済みにしていた。そのほうがずっと気分的に楽だったからだ。

だが、こうした怠け癖は今も私の体から抜け切っていない。念のために申し上げるが、私は決して「はい。でも、置き場所はすべてわかっていますから」というタイプの人間ではない。どこかに行ってしまった紙切れや書類、自分のデスクの隅の方で行方不明になったアイデアを何年も捜すことがある。

それで、リンがデスク管理の章を追加したいと言い出したとき、顔では平然と微笑んでいたが、内心は尻込みする思いだった。私の不安が解消されたのは、ジェームズ・ヤングと彼の考え方を彼女から聞かされてからである。それは、「机の上に何か物をポンと放り投げるような感覚の簡単な方法でないと、使う人はいない」というものだった。私は机に物を放り投げることに関しては達人だったので、もしかしたらこの手法なら自分に合うかもしれないと思ったのだ。

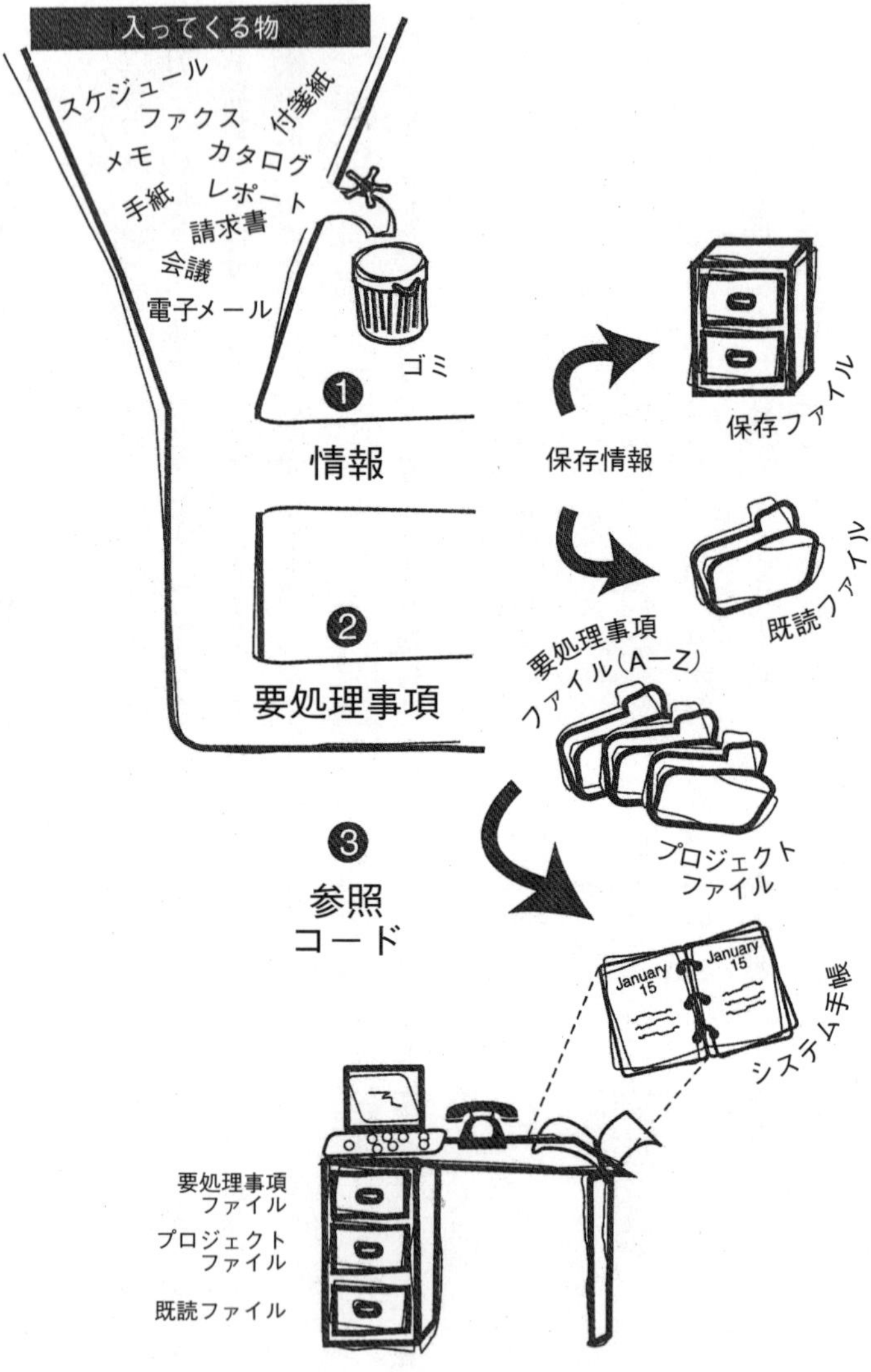

図5-1　シンプル・アズ1-2-3デスクシステム

それでも、私は実験対象に打ってつけだとリンに言われたときは、いささかムッとした。私が使ってうまく行けば誰にでも効果がある、というわけだ。

シンプル・アズ１‐２‐３デスクシステムの仕組みを図示すると、右のようになる。

シンプル・アズ１‐２‐３デスクシステムで使用する主なツールはシステム手帳で、これが整理のカギとなる。システム手帳は、電話、来客、会議、電子メール、ファクスなど、いろいろな要処理事項のフォローに効果的であり、あなたの新しいデスク整理法の、言わば中央処理装置（ＣＰＵ）となる。

シンプル・アズ１‐２‐３デスクシステムには効果的なファイリング方式が不可欠だが、種類は何でもよい。このシステムの考案者の一人であるジェームズ・ヤングは、「人々に必要なのは新たなファイリング方式ではなく、絶対確実な検索法である」と言っている。あなたは、現在お使いの方式を変更する必要はない。このデスクシステムはシンプルなため、あなたがお持ちのシステムにも適合するはずだ。効果的な方式をお持ちでない方は、付録Ｂ「最高のファイリング方式」を参考にするとよい。

あなたのデスク上にあるものは？

今あなたのデスクの上にどんなものが置かれているか、思い出していただきたい。次に挙げた文書類の中で、あなたのデスク上にあるものにチェックをつけてほしい。

- □メモ
- □送り状
- □会議の議事録や資料
- □プロジェクトなどのファイル
- □返事を出すべき手紙
- □スケジュール表
- □カタログ
- □見積り書
- □レポート
- □雑誌
- □付箋

□提案書のプリントアウト
□電子メールのプリントアウト
□ノート

文書管理のルール

書類をどう整理しようかと思案されている方、とくに山と積み重なってお困りの方は、次の二つの基本ルールを頭に置いておくとよい。

ルール１：書類の束を処理しようとするのではなく、優先順位をつけた毎日のタスクリストをもとに行動する。
ルール２：ゴミを取り除いて残った文書は、他人に委任するか、スケジュール化（次のセクションで説明する）してシステム手帳に記入する要処理事項か、または保存情報のどちらかである。

ルール１　――　書類の束を処理しようとするとどういうことになるか考えてみよう。束から一枚を取り上げて目を通すが、それに関して今できることはなく、デスクの一方の隅に置く。二枚目も同様である。三枚目についてはやるべきことを済ませた後、原本が必要になるかもしれないと思い、デスクの別の隅に置く、とこんな感じではないだろうか。だが、これでは書類を置き直しているにすぎず、優先順位は決まらない。書類の束を相手にすると、もっとも重要なものが一番下にある場合もあり、そこまで永久に到達しないかもしれないのだ。

書類の束を相手にしていても優先順位は決まらない

ルール2 ― ある書類が要処理事項か保存情報かで迷ったら、取りあえず要処理事項として扱うようにする。あなたのデスク上にある文書類を先ほど思い出していただいたが、その一覧を眺め、それぞれが要処理事項か保存情報か考えてみてほしい。そうすると、気づくはずだ。デスクの上には保管したり読んだりしなければならない文書もあるが、大部分は何らかの行動を要する要処理事項だということに。

ジェームズ・ヤングは時間管理セミナーを指導するとき、受講者の一人に頼んで、その人のデスクに積み上げられた書類をすべて持参してもらう。そして、その人に一つ一つ点検させ、整理のコツをアドバイスする。最近のセミナーで、段ボール箱を山盛りにして持ってきた受講者がいたという。上から一〇センチ分ほどを分類したところで、本人も他の受講者たちも気づいた。ゴミをえり分けた後に残ったのは要処理事項か保存情報かのどちらかであり、その九五％が行動を要する要処理事項だった。その書類の山は、ルール１ — 書類の束を処理しようとするのではなく、優先順位をつけた毎日のタスクリストをもとに行動する — の重要性を再確認させてくれたわけである。

デスク上の文書類を要処理事項と保存情報に分けると、それぞれ個別に取り上げることができる。この章では主に要処理事項について説明する。保存情報については、「付録Ｂ」を参照していただきたい。

スケジュール化

スケジュール化とは、何をいつ行うべきかを決めることであり、自分が状況をコントロールし、それが処理されるという確信を持てるようにすることが重要である。要処理事項のスケジュール化を行うには、次の三つの要素を明確にする必要がある。

●「何を」行うべきか — タスクの内容

●「いつ」それを行うべきか ― 期限
●「どこに」その情報は保存されているか ― 要処理事項ファイル

要処理事項の大半は、要処理事項ファイルに保管されることになる。このファイルはAからZまでに分かれたものを用い、デスクのもっとも取りやすい場所に置く。この方式の基本的な考え方を思い出してほしい。机の上に何か物をポンと放り投げるような感覚の簡単な方法でないと、使う人はいないのだ。だから、自分にとって利用しやすいということが大切である。要処理事項ファイルを入れる引き出しには、次の三種類のもの以外を入れてはいけない。

一. 要処理事項の書類を入れるファイル(A - Zに分類可能なもの)
二. 最新のプロジェクトファイル
三. 切り抜きファイル

スケジュール化を具体例で見てみよう。まず、新規クライアントの概略レポートがほしい、という指示をあなたがファックスで受け取ったとする。作成に二、三時間を要する作業で、来週の水曜日が期限である。月曜日までは取りかかれないため、あなたはシステム手帳に次のよ

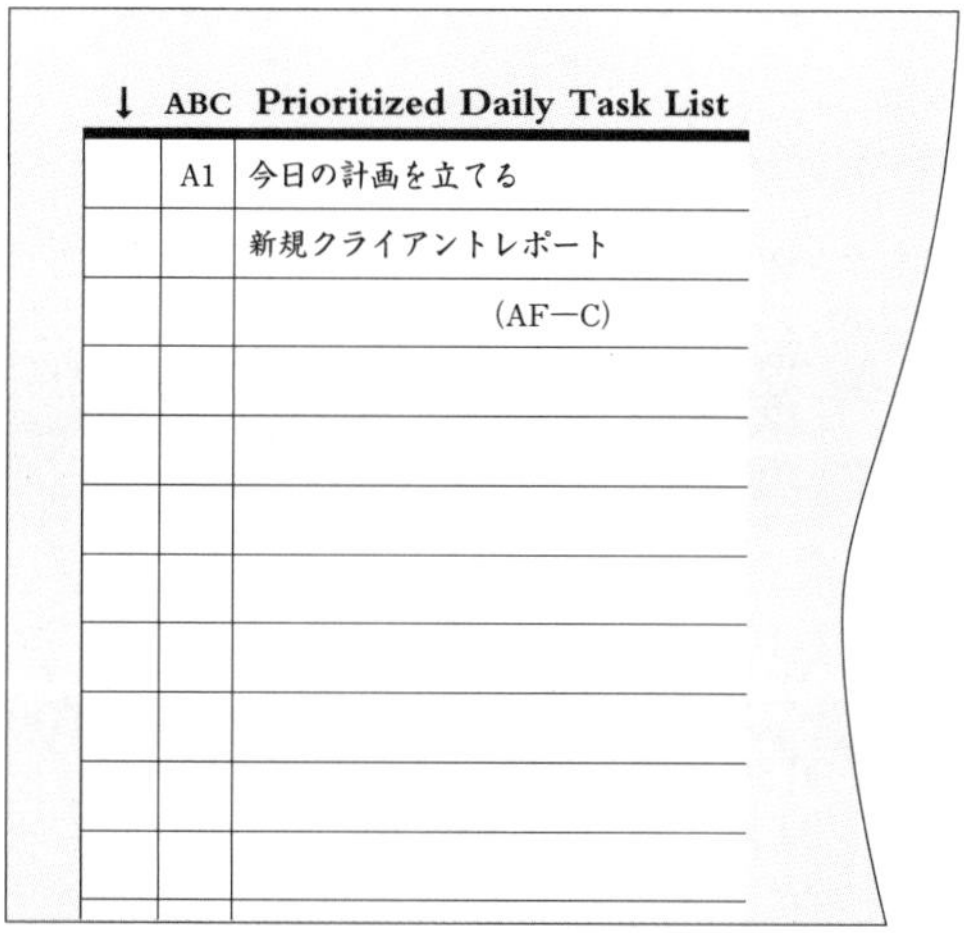

↓ ABC Prioritized Daily Task List
A1 今日の計画を立てる
新規クライアントレポート
(AF—C)

図5-2　クライアントレポートをスケジュール化した点

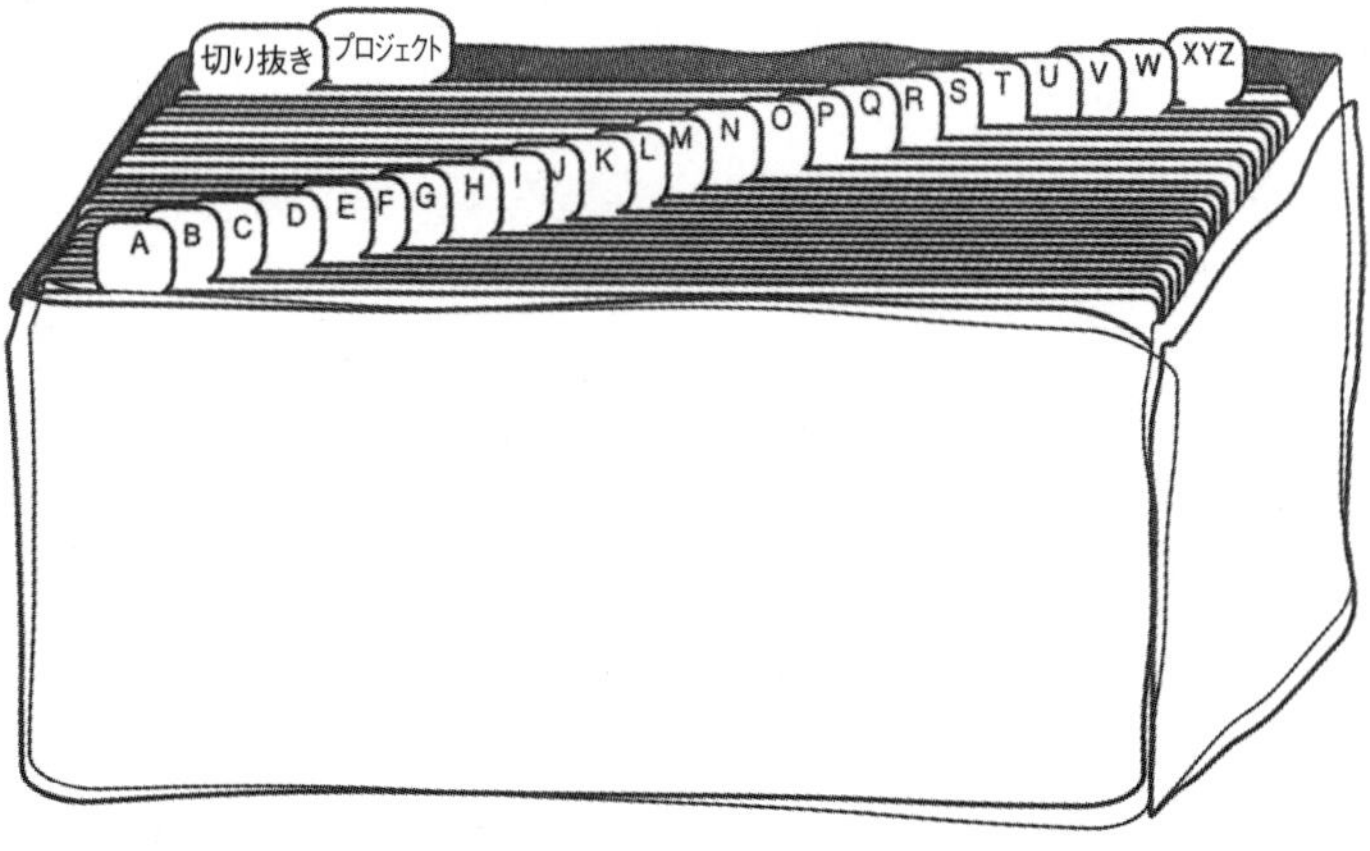

図5-3　要処理事項ファイル（A-Z）

うに書き込む。

スケジュール化：記入場所—月曜日のタスクリスト欄
記入内容—新規クライアントレポート（AF-C）

このメモは、「何を」行うべきかと、「どこに」その情報が保存されているか—要処理事項ファイルの「C」（「AF」はA-Zファイルの略で「C」はクライアント（Client）を表わす）—を示している。

このメモの処理は月曜日まで必要

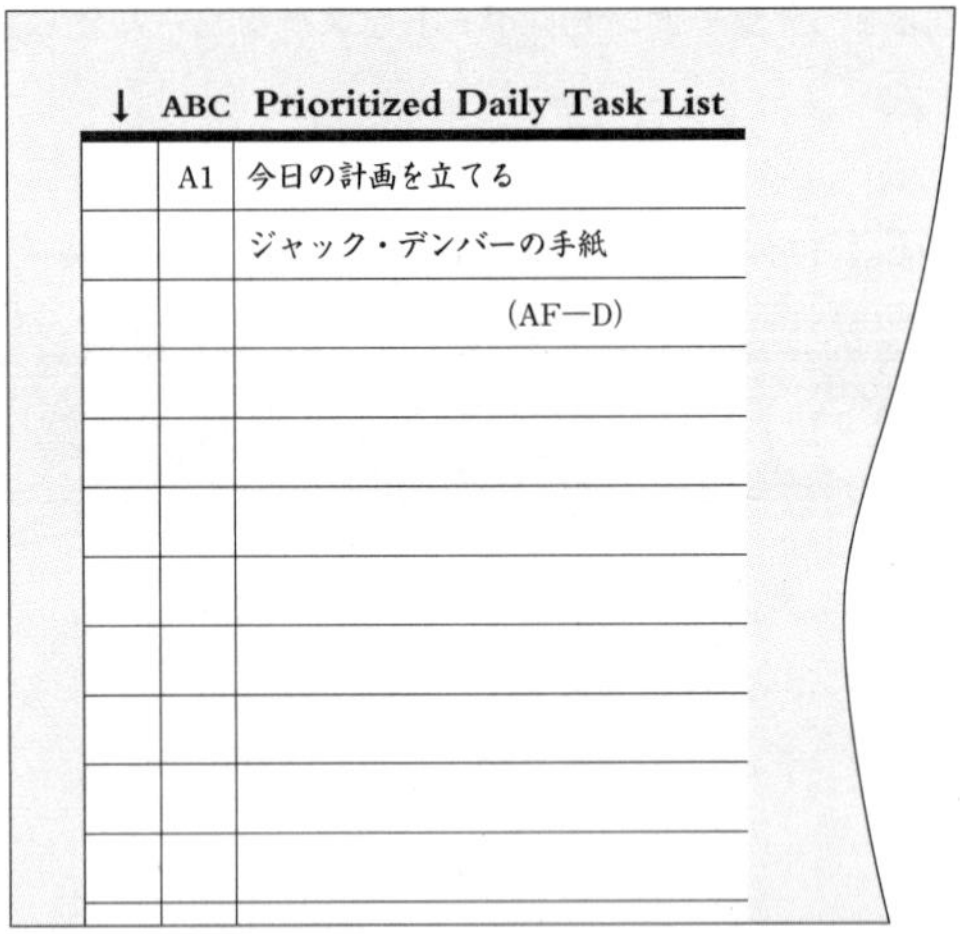

図5-4　「ジャック・デンバーの手紙」をスケジュール化した例

なく、その日のタスクリスト欄にしっかり記されているため、ファックスを「C」ファイルに入れて保管し、当面は忘れることができる――そうしないと、そこにいつまでも居座ることになる。あなたはデスク上の目障りなものを、視覚的だけでなく精神的にも取り除くことができたわけだ。

【アドバイス】

新聞や雑誌の記事を切り抜く道具をいつも手元に置いておくことをお奨めする。そして、興味を感じるものがあったら、切り取ってファイルに入れておこう。出張や病院などに

↓	ABC	Prioritized Daily Task List
	A1	今日の計画を立てる
		プランニング・アナリストに支払う
		(AF—I)

図5-5　「請求書」をスケジュール化した例

↓	ABC	Prioritized Daily Task List
	A1	今日の計画を立てる
		レポートを書く
		(AF—ソフトウェア)

図5-6　「レポート」をスケジュール化した例

行くときに持って行けば、暇な時間に読むことができる。

この方法は、要処理事項が記された書類すべてに応用できる。

カッコ内の「AF - D」は、スケジュール化の三つ目の要素、すなわち「どこに」その情報が保存されているかを示すものである。この例では、要処理事項ファイルの「D」(「D」は「デンバー(Denver)」を表わす)内ということだ。

次は、請求書の例だ。いつ支払うか決めたら、システム手帳のその日のページを開き、例えばこんなふうにメモする。

それから、請求書を「I」ファイルに入れる。カッコ内の参照記号は、その書類が要処理事項ファイル内の「I」(「I」は「請求書(Invoice)」を表わす)にあることを示している。

三つ目の例は、あなたが作成する必要のあるレポートだ。いつ書くか決めた後、システム手帳内のその日付のところに次のようにメモする。

このメモから、「ソフトウェア」というラベルが貼られた要処理事項ファイル用引き出しに最新のプロジェクトファイルが入っていることがわかる。そのファイルの中に、このレポートに関する情報があるわけだ。

ジョイス・ワイコフからの一言：私を紫色に染めて

電話や会議、その他の雑用に追われる、いつも通り多忙なある日、私は自分の要処理事項ファイル用引き出しを正午までに整えてもらった。その中に、フォルダ一式が入っている。A‐Zファイルが紫色（私の現在の色）、プロジェクトファイルが黄色、切り抜きファイルがオレンジ色と色分けされている。色は重要だ。もし私がこれをするのであれば、自分の好きな色を使うだろう。

三時には、私のデスク上とファイル内にあったものがそっくり消えてなくなり、タスクはすべて私のシステム手帳に収まった。仕事の合間にデスクの木目を眺めるのは気分転換になる。同じオフィスで働く同僚で、とても整理整頓の上手なマーサが、「果たしていつまで続くやら」とからかうので、二日以上持てば新記録だと私は答えた。

レイダー・オライリーの記憶法

「マッシュ（M.A.S.H.）」〔野戦病院を舞台にした軍隊コメディー〕の登場人物の一人、補給兵のレイダー・オライリーがある回に披露した記憶法は私たちにも参考になる。レイダーの上司の連隊長が、ジープの保守に関する書類を捜していた。二人の間でこんな会話が交わされる。

「レイダー、あの書類は、『ジープ（Jeep）』の『J』で保管されるのかな。それとも『保守（maintenance）』の『M』かな」と連隊長は尋ねた。

「どっちでもありません。『I』になります」。レイダーはファイルからその書類を得意げに引っ張り出しながら、そう答えた。

「レイダー、ジープの保守に関する文書が、どうして『I』の分類になるんだい」。連隊長が再び尋ねた。

「アイオワ（Iowa）の「I」です」。レイダーはそっけなく答えた。「アイオワにはジープが多いんです。それで、私はアイオワのことを考えるたびに、ジープが頭に浮かぶんです」

もっともレイダーのこの記憶法は、大勢が働くオフィスのファイリング方式としては適さないかもしれない。なぜなら、アイオワから連想するものが人によってバラバラの可能性があるからだ。だが、「絶対確実な検索法」を必要とする、あなた個人の要処理事項ファイルには完ぺきな方法だろう。このファイルに書類を入れるときは、「これから間違いなく連想される言葉は何か」と考え、その言葉の頭文字のところに入れるようにする。そうすると、その言葉でどの文字に分類されているかがわかり、書類がすぐに見つかるという寸法だ。レイダーの場合、「ジープ」という要処理事項を「I」に分類した。システム手帳に書き込む記号は、要処理事項ファイル「I」を表わす「AF‐I」となる。

分類記号はシステム手帳の絶対確実な検索法となる

二匹目の魔物を手なずける

デスク上と時間管理を混乱させる魔物は二匹いる。一匹は書類だ。だが、この魔物は上で説明したように、「シンプル・アズ1-2-3デスクシステム」を利用することで文書を管理することができる。さらに油断がならないもう一匹の魔物は、書類以外の形で洪水のように押し寄せてくる情報や活動だ。電話、留守電メッセージ、打ち合わせ、来客、ブレーンストーミング、会議、廊下での鉢合わせなどさまざまで、しかもその量は増える一方だ。

この魔物をコントロールするにはまず、それを紙に書き取ることだ。しかし、これは誰でも心得ていることで、その結果、デスクの上は付箋紙やメモ、紙切れなどで溢れかえる。やがてその多くが、宇宙のブラックホールにでも迷い込んだかのように二度と姿を見せなくなる。

インフォメーション・レコードが非公式な口頭情報を管理する

もっと良い方法がある。「インフォメーション・レコード」を活用することだ。システム手帳の未記入シートかインフォメーション・レコードというフォーム（図5‐7参照）に、紙以外の形で受け取った要処理事項の情報を記録していくのだ。システム手帳のタブ分類によって「絶対確実な検索法」が可能であり、要処理事項ファイルの小型版として機能する。具体例で見ていこう。

あなたが廊下を歩いていると上司から声をかけられ、新しいソフトウェアシステムの仕入先候補を木曜日の会議までにリストアップしてほしいと言われたとしよう。あなたは自分のデスクに戻ってインフォメーション・レコードを取り出し、上司の指示をすべてメモする。それから、この要処理事項をスケジュール化した後、このシートを「インフォメーション・レコード」のタブにはさむ。

リストアップの作業は、あなたがすでに持っている情報をまとめるだけなので、水曜日に数分でできそうだ。そうすると、あなたはタスクリストに、「水 ― 仕入先リスト（IR‐J）」などと記入することになる。このメモを見れば、「何を」（＝仕入先リスト）、「いつ」（＝水曜日）実行し、「どこに」（＝インフォメーション・レコードの「J」タブ ― 「J」は上司の名前「スティーブ・ジョーンズ」からとったもの）その情報が記録されているかがわかるわけだ。この上司とは頻繁に接触があるので、これは継続的な記録である（図5‐7参照）。

私はインフォメーション・レコードの中に、「人」、「テーマ」、それと私がつねに連絡をとっ

インフォメーション・レコード
Information Record

氏名 スティーブ・ジョーンズ　　会社/部署

住所

電話　　携帯

E-mail　　Webサイト

日付	*タイプ	記　録	フォロー
10/2	E	ロサンゼルスの会議	
		1) 服装：カジュアル	
		2) アクティビティの準備	
		3) 重要文章の取扱いについて検討	
		4) 情報システムをどのように利用するか	
10/22	E	私の提案は適切だったか。	
		ST：Yes	
11/10	T	クライアントからの商品提案を検討	11/15
		↓	
11/11	P	レニーとコリーンも一緒に来週話し合う	
11/17	P	スティブは来週火曜日のミーティング用に	11/18
		新ソフトの取扱い可能業者リストを希望	

* P=Personal（直接面会）T=Tel（電話）F=Fax（ファックス）M=Mail（郵便）E=E-mail（電子メール）

　Universal-COJ 52934

図5-7　インフォメーション・レコードの例

ている「グループ」のそれぞれについて専用ページを作っている。そして、それらに関係する電話や留守電メッセージを受け取ると、該当するページを開き、話した内容や要処理事項をすぐに記録する。デイリーノートページへの記入に比べると多少は時間がかかるかもしれないが、連絡の状況を確認できる上に、メモを書いた紙切れをなくす心配がないことを思えば、その効果は絶大と言える。

図5-7に示したようなインフォメーション・レコードは、上部の欄に人の名前、グループ名、テーマに電話番号や住所を添えて記入するようになっている。このフォームは、連絡相手の苗字、グループ名、テーマ名によってタブで分類し、整理していく。フォームに自分の発言と相手の発言を順に記入していく。そうすることで、自分が話し合うべきと思う情報だけでなく、相手の返事や結果も記録することができ、接触の全経過の一覧となる。場合に応じて、将来の確認が必要な旨をメモしておくことも可能だ。

インフォメーション・レコードは、最新のページだけをシステム手帳にはさんで携帯するようにする。はさみ切れない分については、インフォメーション・レコードと記した保管用バインダーにもA-Zタブを作り、そこに入れておけばよい。このバインダーはシステム手帳と同サイズのものにすると、完了したページを簡単に移せて便利だ。

ジョイス・ワイコフからの一言：これは何か?

今日、驚くべきことが起きた。このシステムを導入して五日目だが、私のデスクの上にはまだ、システム手帳と電話といくつかのおもちゃ以外何もない。だが、驚くべきことというのはそれではない。私は今日四時一五分にタスクリストを完了した。リストの項目すべてを処理し、さらに緊急の提案要請に回答したが、それでもまだ五時前だった。エンドルフィンの噴出し方は、それはもう並大抵ではなかった。

リンが引用した統計数値によれば、人は平均して一年のうち六週間を探し物に費やすという。もうじき、そうした期間がやって来るのかもしれない。何しろ、私はこの四日間、探し物をしていないのだから。だが、その時間が恐らく生産的な活動に使われてきたのだ。凄いことではないか。

電話、留守電メッセージ、電子メールへの対処法

もう一度確認するが、電話や留守電メッセージ、電子メールも保存情報か要処理事項のどちらかに分類することができる。こうした紙以外の形態をとる情報の処理方法について、具体的なヒントをいくつか紹介しよう。

インフォメーション・レコードかデイリーノートに簡単なメモを取る

電話と留守電メッセージ

どんなに記憶力が優れている方でも、電話で話した重要事項を、何日も、何週間も、さらには何カ月も経ってからすべて思い出すのは無理だろう。電話の生の声であれ留守電メッセージであれ、流れてくる音声の中には、記録する必要のある情報や処理すべき用件が含まれている可能性がある。そこで、そうした要点や重要情報をデイリーノートにメモしておくと、必要なときに検索できる。

私の場合、自分が常日頃連絡をとる人たちと話すとき、システム手帳のインフォメーション・レコードセクション内の該当ページを開いてメモを取るようにしている。その際、大事なのは迅速かつ簡潔であること、そして重要なポイントだけを記録することだ。メモ取りの技術は繰り返しているうちに上達していくものだから、気にするには及ばない。

省略して書くテクニックも非常に有効だ。しばらく続けていると、自分なりの略記法が身に付くだろう。私は留守電メッセージをメモするとき、「VM（ボイスメールの略）」という見出しと、電話機に表示されるメッセージ番号をつけるようにしている（「VM：10」など）。こうすると、その後のメモが留守電メッセージを書き留めたものであることがわかる。それに対して、電話の会話の場合はシャープ記号（#）などを記入すると、留守電メッセージと区別がついて便利だ。

電話で話したことで要処理事項が生まれたら、それを簡潔にまとめてタスクリストに直ちにメモするようにしよう。チェック欄に右向きの矢印を書くと、このタスクに必要な情報がディリーノートにも記されていることを示す（図5‐8参照）。

電子メール

電子メールも他のコミュニケーション手段と同様、ゴミ、保存情報、要処理事項に分類されるため、スケジュール化の手法がやはり有効だ。どんどんたまっていきがちだが、その大半は、ある程度興味はあっても保管や処理までは必要ない「ゴミ」だろう。こうしたものは即座に削除するようにしよう。そうすれば、残りは保存情報か要処理事項かのどちらかだ。そして、前者であれば保存手段を決めればよい。具体的には、ディレクトリーやファイルに内容のわかる名前を付けて保存する電子化の方法と、他の紙の情報と同じようにプリントアウトして保管する方法とがある。

電子メールは返事を出すのが手軽なため、簡単な用件のものにはすぐ対処するようにしよう。毎日時間を決めて処理している人もいることだろう。できるだけ簡潔な返事を素早く書いて送

	↓	ABC	**Prioritized Daily Task List**
	✓	A1	今日の計画を立てる
	✓	A2	留守電メッセージに返事をする
★		A3	スティーブに電話する
		B1	大雑把な営業レポート案
		B4	洗濯物をピックアップ
		B2	ビジネス誌の記事を読む
		A4	ファイル・フォルダを買う
		A5	準備の打ち合わせ
			プレゼン（AF—M）
		B3	アイリーンに電話する
		B5	メモ／リック・スタップ
			ジョン・パーカーの件
★		A3	ジョン・パーカーにマーケティング小包

図5-8　一日の途中における優先度の決定

り、片づけてしまうのがよい。時間と手間を要する要処理事項で、すぐに返事を出せないものについては、システム手帳にスケジュール化し、期限が来たらわかるようにしておく必要がある。また、要処理事項ファイルに保管したプリントアウトへの参照をつけるとさらにスムーズだ。

突発的な要処理事項の優先度を考える

朝の「今日の計画」の時間には思いもしなかった要処理事項が日中に発生する、というケースはよくあることだ。しかも、それが優先度の高い用件で、すでに出来上がっている今日の計画の中に割り込ませなければならない場合もある。平均的な一日の途中で発生した二つの項目を、システム手帳のデイリーノートページにメモした例を見てみよう。

●アイリーン：メッセージあり。セミナーで教える新しい情報検索法の件。なるべく今日中にTEL

●ジョン・パーカー：問い合わせ。先方での午後のトレーニングの件（住所&電話番号）今日こちらから情報を送り、向こうのローカルAE（リック・スタップ）に問い合わせ。

これらの項目は日中に飛び込んできたものであるため、その日に処理すべき他の用件と見比べて優先順位をつける必要がある。この追加項目のうち、「アイリーンに電話する」と「メモ／リック・スタッフ」はともに優先度がBとなる。なぜなら、二人への電話は翌日か翌々日でかまわないからだ。それに対して、マーケティング関連の小包をジョンに送る用件は非常に重要で、必ず今日処理しなければならない。

「A1 今日の計画を立てる」と「A2 留守電メッセージに返事をする」は、毎日 ― 少なくとも月曜日から金曜日まで ― 朝一番に行うべきことなので、この小包発送の用件は優先順位を「A3」とする。ところが、すでに今日の予定に「A3」の項目があるため、両方の頭に星印をつける（図5‐8参照）。この印によって、新しい「A3」を割り込ませて先に処理しなければならないことを表す。私はこのように、一日の途中でどんな用件が飛び込んできても、他の項目と調整するようにしている。私の一日はこのように進んで行き、その日のために朝立てた計画は、状況次第で変更されるのである。

ジョイス・ワイコフからの一言：整理整頓はまだ続いている

今日、実に愉快なことがあった。ある人から、私のデスク整理術を教えてくれと頼まれたのだ。私がスケジュール化の手法を始めて一カ月が経つ。デスクの上はまだ整理整頓ができていて、プロジェクトも管理され、未処理事項に気をもむことがなくなった—少なくとも以前に比べれば。探し物をすることもなく、仕事は大いにはかどっている。

たまたま整理術を導入した頃から近くにいて、私のデスクをずっと監視してきた友人がいる。いつ元のちらかった状態に戻るか、彼は楽しみにしていたに違いない。ところが、その友人が今日ついに、整理のコツを教えてくれないかと言って来たのだ。誰が教えるものか、と私は内心思っている。

あなたのデスクの上を流れていく時間や情報、活動を快適に管理する手法が出来上がったら、そのシステムにあなたのプロジェクトを組み込む準備が整ったということだ。次の第三部では、プロジェクトをより効果的に管理するためのプロセスについて説明する。

本章に関して多大なご協力をいただいたジェームズ・ヤング氏に対し、ここで謝意を述べさせていただく。

第三部　容易なプロジェクト管理を実現する

この章のポイント
- ●VPIC（ビジュアル化 - 計画 - 実行 - 評価）のあらまし
- ●さあ、始めよう

冷静な判断力を願うプロジェクト・マネージャーの祈り：他人に任せられない任務の優先度を判断する冷静さ、状況により「ノー」と言える勇気、帰宅すべき時を知る賢明さを私に与えたまえ。

ヴィンス・ファイヤードは、フリップチャート数枚をテープで貼り合わせたものを手に会議室に入ると、まだ何も書かれていないその大きな紙を正面の壁に張った。ブレーンストーミングが始まって数分も経たないうちに、彼はエンジニアたちに自由に発言させながらアイデアを引き出し、瞬く間に二五六もの製品改善案を集めた。

オレゴン州ポートランドの大手設備メーカーでトレーナーをしているヴィンスは、プロジェクト管理プロセスのエキスパートである。エンジニアリングの経験も、検討する製品の知識もほとんどない彼が、エンジニアたちにプロジェクト管理の第一歩を踏み出させることに成功したのだ。それは、可能性の発見とビジョンの創造である。この後、エンジニアたちはアイデアのふるい分けにかかり、最善と思われる案をいくつか選び出した。さらに、それらに磨きをかけて明確な改善プロジェクトに仕立て上げ、その結果を具体的かつ測定可能な形で予想した。二回目のブレーンストーミングの時には、エンジニアたちはいつでも実行可能なプロジェクト・ビジョンをすでに考え出していた。

プロジェクトは一つひとつ違うということを考えると、プロジェクト管理のエキスパートになるというのは並大抵のことではないように聞こえる。プロジェクトとはそもそも一時的なものであり、それぞれが他とは異なる限られた資源を割り当てられ、具体的目標も様々で、携わる人間、期限、環境も違っている。このようにプロジェクトは個々に特徴があるため、新しいプロジェクトを手がけるときは、一から始めるような気持ちになるものだ。毎回異なるものに熟達するにはどうしたらよいだろうか。

ヴィンス・ファイヤードが華々しく実証してみせたこと、それは、人はプロセス — あらかじめ定められた方法で繰り返し起きる事柄 — のエキスパートにはなれるということだ。プロジェクトはそれぞれ異なっていても、明確で反復可能なプロセスを用いると、どんなプロジェクトも管理できるのである。ビジュアル化—計画—実行—評価という必須手順を踏むことにより、プロジェクト管理のエキスパートになれるのだ。このシンプルなプロジェクト管理モデルは、単純であれ複雑であれ、専門的であれ個人的であれ、長期であれ短期であれ、どんなプロジェクトにも応用が可能である。

反復可能なプロセスが効果的なプロジェクト管理を実現する

このプロセスはその普遍性ゆえに、どんなプロジェクトにも応用が利き、誰でも成功を手にすることができる。プロジェクトのタイプは違っても管理のプロセスは同じで、それを当てはめればプロジェクトを見事完成させることができるのだ。使用するツールの数は、複雑なプロジェクトでは多く単純なものでは少ないというふうにケースによって異なるが、プロセスそのものは変わらないのだ。

ますます市場ニーズが多様化し、高いクオリティを求められる現代において、成功を手にするのは、挑戦的なプロジェクトを立ち上げ、管理し、そして完成させることのできる人だ。プロジェクトに関わる人間全員を引きつけるようなビジョンを創造する方法を知っている人だ。

期待される結果の明確化、扱いやすい規模へのプロジェクトの細分化、達成可能なスケジュールの策定、簡潔・明瞭・迅速なコミュニケーション、変化への素早い対応、進捗状況のモニタリング、あくなき成功の追求――こうしたことのできる人間なのだ。

VPIC：プロジェクトを成功させるシンプルなモデル

これから、プロジェクト管理を容易にするモデルの概略を紹介する。それは、ビジュアル化－計画－実行－評価という四つの段階から成る（各段階の詳しい説明は、この後の章で行う）。

ビジュアル化（Visualize）

プロジェクトが完了したとき、そこにはどんな状況が生まれるだろうか。また、そのプロジェクトを実施する理由は何だろう。プロジェクトは夢やアイデアから始まるが、その管理の第一歩は、最終結果がどうなるか、その姿をはっきり描くことだ。プロジェクトは何を達成しようとするものか。どう定義されるか。目標は明確になっているか、それとも漠然としたままか。

プロジェクトに従事する者の間で、思い描く結果や目標に対するビジョンがまったく異なるケースは珍しくない。「ビジュアル化」という段階を踏むことで、ビジョンを明確にし、関与者全員に目標と最終結果を徹底させることができる。

プロジェクトを開始するとなると、対象も不明確なまま計画や実行にいきなり飛びつきたがる人が多い。「正しく事を行う」のと、「正しい事を行う」のとは違うのだ。どこを目指し、何を実現したいかがはっきりしてはじめて、次の段の「計画」へと進むことができるのである。

計画（Plan）

この段階では、プロジェクトの目標を「どうやって」達成するか（＝どんな作業が必要か）、「誰が」どの作業を担当するか、「いつ」、「どこで」実行するか、コストは「どれ程か」を見きわめる。全体目標を取り上げ、それを扱いやすい大きさに分割していく。大きさに圧倒されるようなプロジェクトであっても、手ごろな規模に細分化すると、これならできそうだと思えてくるものだ。完了までの見通しが立てば、従事者たちに自信と意欲がわいてくる。そうすると、次の「実行」の段階が容易になる。

実行（Implement）

これは、夢を現実にする段階と言える。プロジェクトを軌道に載せて成功へと導くためには、この実行の段階でコミュニケーション、調整、モニタリング、コントロールといったことが必要になる。また、避けがたい変化に対応する調節も大切だ。この段階においては、そうした作業や詳細事項をすべて連動させ、予定通り進行させるためのツールとして、システム手帳が重要な役割を果たす。プロジェクトの目標が達成されたら、残るは「評価」の段階である。

評価（Close）

プロジェクトというのは本来、具体的な目標があり、それが達成されれば終了となる。プロジェクト管理におけるこの段階は、やりかけの仕事を片づけ、プロ

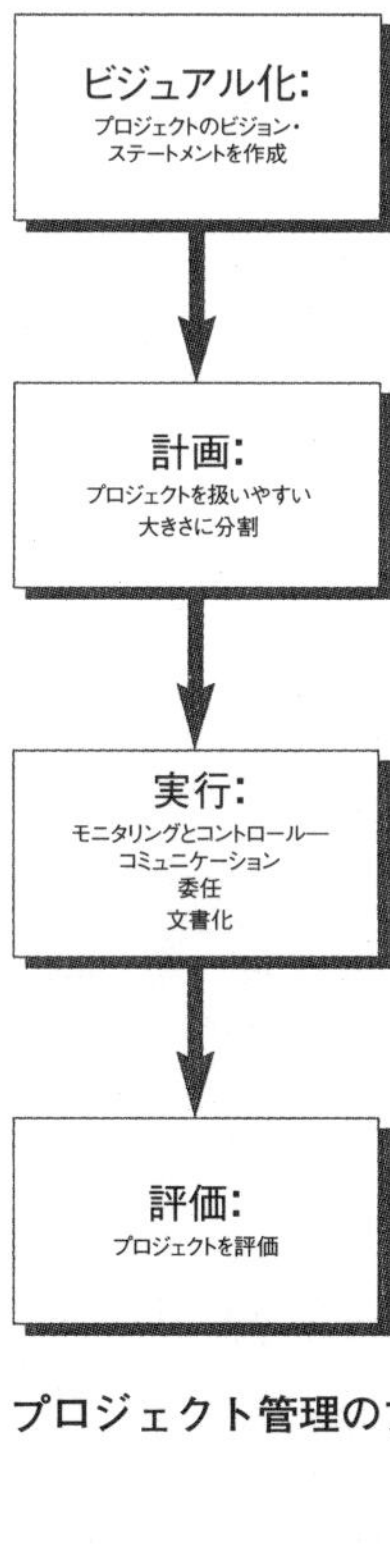

図Ⅲ-1　プロジェクト管理のプロセス

ジェクトの結果を意図した成果と比較し、関与者全員の労をねぎらい、彼らの努力に報いる時だ。プロジェクトの完成に必要なスキルを向上させる貴重な教訓が得られる、重要な学習機会でもある。また、将来のプロジェクトに向けて提携を強化することも可能だ。

今、私たち一人一人にとって、プロジェクト管理のエキスパートになることの重要性が増しつつある。ここまでざっと見てきたシンプルな四段階モデルは、どんなプロジェクトにも応用することができる。この後の章では、各段階でプロジェクト管理に役立つツールをいろいろ紹介していく。どのツールを用いるかはプロジェクトごとに異なる可能性があり、その状況に合わせて調整していただく必要があるだろうが、プロジェクト管理プロセスそのものはつねに変わることはない。

さあ、始めよう

この後、シンプルな四段階ＶＰＩＣモデルを詳しく見ていくが、その前に以下のものをそろえていただく必要がある。

●システム手帳（第四章参照）
●システム手帳用タブ（プロジェクトタブとして用いる）
●別のプロジェクト・バインダー（完了したプロジェクトを記入する）

複雑なプロジェクト（手順の概略をそのままシステム手帳に書き込めるほど単純ではないもの）を開始するときは、その都度システム手帳内にプロジェクトタブを作成することになる。VPICプロセスの段階を進んでいくにつれ、プロジェクトに関する書類やメモをすべてこのプロジェクトタブで分類して保管する。そうすると、プロジェクトの重要情報をいつでも取り出すことができるからだ。

また、完了したプロジェクト用に別のバインダーを用意し、プロジェクトが終了したら、書類やメモをすべてこのバインダーに移していくようにする。進行中のプロジェクトでも規模が大きいものや複雑なものについては、バインダーかファイルを別に作るとよいかもしれない。システム手帳には最新の情報やスケジュールだけをはさみ、たまった古い記録はプロジェクト・バインダーかファイルに移していくわけだ。

基本的な注意事項の説明は以上である。プロジェクト管理プロセスの最初の段階、「ビジュアル化」へと話を進めていこう。

第六章　ビジュアル化
——成功への第一歩

この章のポイント

- 最後から始める
- 全体的視点を問う
- 何をもってプロジェクトの成功とするか
- 「SMART」なビジョン・ステートメント
- もっともよく利用される言い訳に対処する

行動を伴わないビジョンは夢でしかない。ビジョンを伴わない行動は暇つぶしでしかない。行動を伴ったビジョンだけが世界を変えることができる。

——ジョエル・バーカー

三つの話：フィクション一つと実話二つ

話その一

昔、クルーソー夫妻の一人息子ロブが、富と名声をつかもうと見知らぬ土地を目指して航海に出た。ロブは頑丈な肉体と冒険心を備えた若者で、途中船は災難に見舞われたが、彼はある島にたどり着くことができた。そこは無人島だったが、まるで楽園のようだった。

ロブは自分の運命を嘆き悲しむどころか、すぐに行動に出た。あたりに茂る大きなヤシの木を使ってカヌーを作ろうと考えた。彼は、船から持ち出した斧を使い、何日もかけて木を切り倒し、何週間もかけて中をくり抜いた。やがてカヌーは完成した。これで海の中の刑務所から脱出できるぞ。ロブはそう思った。

ロブはカヌーを海に出そうと、強く引っ張った…びくともしない。押したり引いたり、ありったけの力を出したが動かなかった。彼のカヌーと、目の前に広がる海との間に横たわっているのは、わずか百メートル足らずの砂浜だったが、それがとてつもなく長い距離のように感じられた。

おわかりのことと思うが、ロブは非の打ち所のないビジョンを持っていた ― こと、カヌーの製作に関しては。彼に欠けていたのは、島から脱出する方法に対するビジョンだった。それにはカヌーだけでは不十分で、カヌーを波打ち際まで運ぶ方法が必要だったのである。

話その二

これは最近の話だ。ゴードン夫妻の夢のマイホームが田舎に完成した。白い大きな柱が目を引く、美しい煉瓦造りの家で、近くにガチョウの住む池があった。夫妻がそこに引っ越した後、夫の母親が彼の子供の頃の所持品を持ってその家を訪れた。箱の一つには、彼が子供時代に描いた絵が入っていた。見るとそこには何と、白い柱の家とガチョウが泳ぐ池が描かれていた。ゴードンは、その絵のことをずっと覚えていたわけではない。つまり、彼は子供の頃に強力なビジョンを生み出し、それが何年もの時を経た今、現実となったのである。

話その三

私は最近、息子セスと一緒に住まい捜しをしたが、そのとき、前の話の登場人物と似通った体験をした。私たちは売りに出ている物件をすべて見て回ったが、思うようなものがなく、自分たちで設計することにした。私は住宅設計ソフトを見つけて間取りの設計を始め、そこに主な希望を盛り込んでいった。キッチンとリビングがつながった間取りが私の望みであり、息子はビリヤード台が置ける広いリビングを別に欲しいと思っていた。私たちは大いに楽しみながら我が家の設計に取り組み、数週間後にはほぼ希望通りの図面が出来上がった。そこに私の母から電話があり、新聞に面白い物件が出ているとのことだった。セスと一緒にすぐにその家を見に行ってみると、何と驚いたことに、それはまさに「私たちの家」だった。二人で設計した間取りとそっくりだったのだ。飛び上がる思いですぐに購入の手続きをし、その家はあっという間に私たちのものになった。

マイホームの購入や無人島からの脱出にしろ、あるいは月面着陸、キャリアの選択、交響曲の作曲、今晩の献立にしろ、すべてはビジョン、思い付き、夢、アイデアから始まる。現実を創造するための第一歩は、自分が望む最終結果を思い描くことである。この段階を省略するということは、車のエンジンをかけ、行き先を決めないまま走り出すようなものだ。自分の目的地、そこに至る道順を知らなければ、どこかに着くことは間違いないとしても、それがどこかわかったものではない。残念ながら無人島から脱出できなかったロブのように、カヌーは手に入っても、波打ち際までは到達できないかもしれないのだ。児童文学の名作『不思議の国のアリス』の中に、そのあたりを的確に表わしているくだりがある。主人公アリスがチェシャ猫と会話をする場面だ。

「ねえ、教えてくださらない、ここからどっちへ行ったらいいのかしら?」

「それは、あんたがどこに行きたいかによってちがうさ」と猫がいいました。

「わたしは、どこでもかまいません」とアリス。

「それじゃあ、どっちへ行ったって、かまわないだろう」と猫がいいます。

(『不思議の国のアリス』ルイス・キャロル著、福島正実訳、角川文庫)

最後から始める

どんなプロジェクトでも、立ち上げ時に決まって直面する障害がある。限られた資源や時間、聖域の存在や政治的駆け引きなどがそれで、これらが地雷のようにどこかに埋められているのだ。プロジェクトを、こうした問題が横たわる真正面から眺めると、どうしようもないほど困難で、時間もかかりそうに感じるかもしれない。だが、そんなことで落ち込むことはない。奥の手がある。最後から始めるのだ。実現させたいと思う最終結果を最初に思い描くのだ。言うなれば「目標からの逆算」や「フューチャービジョン」であり、「・・・だったらいいね」と考えることでもある。

将来を見通すということは、自分と目標の間に横たわる地雷区域を飛び越えるということである。方法や技術、観念の違いには目をつぶり、求める結果に意識を集中するのだ。目指す目的地について意見が一致しさえすれば、方法については妥協し、新たな可能性を創造することはそれほど難しくはないだろう。結果に照準を合わせるとビジョンが共有されるため、活力や熱意、楽観論、献身的姿勢が生まれ、それが方法論に関して協力を見出そうとする気持ちを起こさせるのだ。

強力なビジョンが熱意や献身を生む

ビジョンを明確にすることのもう一つのメリットとして、恐怖心の軽減がある。恐怖心はプロジェクトの成功を阻むだけでなく、新たなプロジェクトを始めようとする意欲までも鈍らせる。プロジェクトに伴う問題や障害だけに目を奪われると、それを引き受けようという意欲がしぼんでしまうだろう。明確なビジョンは情熱を奮い立たせ、プロジェクトに挑み、完了するまで障害と闘い続ける勇気を与えてくれるのだ。

ただし、プロジェクトに関係するのが一人の人間のビジョンだけということはまずない。上司や教師から任務を与えられるときのように、他の人のビジョンを自分のビジョンとして実行しなければならない状況では、さらに別の課題に直面することになる。あるいは、自分の属するチームが、集団としてのビジョンを明確にしなければならないケースもあるだろう。このような場合は、自分だけビジョンを考えればすむというものではなく、プロジェクトによってどのような結果を得たいのか、共通のビジョンを生み出す方法を見つけなければならない。

全体的視点を問う

ビジョンを明確にする方法の一つに、全体的視点について尋ねるというのがある。この質問では、求める結果にたどり着くための方法よりも、求める結果そのものを問うことになる。次のような尋ね方が一般的だ。

「――（上司、顧客、クライアント、利害関係者など）さん、――（プロジェクト）に関してあなたがもっとも重視する点は何でしょうか」

具体例で考えてみよう。あなたは上司から、今年の戦略計画会議を企画するよう頼まれたとする。会議をどこで開くか（一流施設か割安な施設か）、時期はいつがよいか、綿密なプログラムにするか自由時間を多くとるか、司会者を使うかどうかなど、そこには多くの要素が含まれる。そこで、あなたは尋ねる。「部長、この戦略計画会議に関してあなたがもっとも重視する点は何でしょうか」

このような質問法は、「イエス」か「ノー」かを問うだけでなく、自由な返答が可能だ。ということは、目標やゴールについて話し合う余地が多く残されているわけで、プロジェクトの関与者全員がビジョンを明確にするのに有効である。

何をもってプロジェクトの成功とするか

時間をかけて共通のビジョンを生み出す主な目的は、何をもってプロジェクトの成功とするかを決めることにある。この手順を踏まないと、プロジェクトに関与する人間それぞれの基準に食い違いが生じる。財務部門は投資効率を重視するだろうし、マーケティングの人間は市場シェアを優先するかもしれない。製造部門では生産目標が頭にあるのに対し、顧客の側としては当然、具体的ニーズを満たし、かつ安価な商品を求めるだろう。

私はプロジェクト管理セミナーで受講者たちに、プロジェクトが失敗する理由を考えさせる。彼らの回答を整理すると、大概次のようになる。

- ゴールや目標が不明確である
- 仕様が変更される

●資源が不足している
●優先順位に一貫性がない
●知識や技術力が欠如している
●コミュニケーションが不十分である
●リーダーシップがない
●経営側のサポートがない
●チームワークや献身的姿勢が見られない
●無計画である
●チームの中心メンバーに変更や流出がある
●政治的駆け引きが行われる

プロジェクトが失敗する理由は様々あるが、そこには誰もが認める一つの共通点があるように思う。それは、プロジェクトが期待を満たさなかったということだ。その理由は何であれ、従事者たちの期待する結果が実現されなければ、そのプロジェクトは失敗ということになる。そう考えると、プロジェクトの成功も自ずと定義されるはずだ。

成功とは期待を満たすことである

そうだとすると、プロジェクトを成功させるためにはまず、期待を十分理解することが先決である。ただ、その際、チームのメンバー、上司、クライアントや顧客、株主など、誰の期待を判断基準にするかという問題が残る。この点がクリアされると、プロジェクトの利害関係者が特定され、それではじめて満たすべき期待も明確になる。

次の状況について考えてみてほしい。パーティーの幹事二人が、ある考えで一致したとする。その考えとは、「ご馳走を食べよう！」だ。ところが、一人の言うご馳走とはとは、大きなハンバーガーとフライドポテトで、もう一人にとっては豪華なフランス料理のフルコースだった。

この二人がそれぞれのビジョンを実行しようとしたら、どうなるだろうか。幹事のビジョンや期待が統一されていないと混乱やゴタゴタが起き、それが感情の傷付け合いや責任のなすり合いに発展し、最終的にはプロジェクトの失敗ということになりかねないのである。

【ちょっと一息】
あなたが今従事しているプロジェクトについて、利害関係者それぞれの期待をリストアップしてみよう。

ビジョン・ステートメント

プロジェクトチームの主要メンバーがどんなビジョンを描いているか、これを確認することは言うまでもなく重要である。それには、グループのマインドマップを作成して全員のアイデアを把握するのがよい。その際に尋ねるべき主な質問は、次の二つである。

一．プロジェクトはどのような結果をもたらすか?
二．誰の、どんな期待を成功の判断基準とするか?

ある具体例を仮定して考えてみよう。
あなたは家族と力を合わせて裏庭にプールを作ることにした。それで今、全員でキッチンのテーブルを囲み、このプロジェクトのマインドマップを作成している。「プール造りに関して、君たちがもっとも重視する点は何かな」と、あなたは各人に意見を求めたのだ。

サラ（一六歳）：「私の場合は、友達を全員呼んでプールパーティーをしたいのよ」
父親：「お父さんとしては、毎回掃除をしなくてもよいことかな」

母親：「ターンして泳げるだけの長さが欲しいわ」
ゲーリー（一二歳）：「僕は、飛び込み台があるといいなあ」
全員：夏までに完成させたいね。

このマインドマップをもとに作成するビジョン・ステートメントには、以下の二つの要素を盛り込むことができる。

ビジョン・ステートメントが含むべき二つの要素

●**プロジェクトの「定義」** ― プロジェクトの内容（共通のビジョン）を簡潔かつ明確に説明する。「何を」「いつ」「どこで」行うかという点を含める。
●**プロジェクトにより「期待される結果」** ― プロジェクトで実現したいことを簡潔に列挙する。

プール造りの例におけるプロジェクトの「定義」

バーベキュー設備を含むパーティースペースを周囲に配した、飛び込み台付き往復練習用プールを五月一日までに完成させる。

プロジェクトにより「期待される結果」

一．端を深くして飛び込み台を設置した、長さ一五メートルのプールを造る。
二．魅力的な煉瓦を使ったパーティースペースを周囲に配し、バーベキューコンロを設ける。
三．費用は二五、〇〇〇ドルを超えない。
四．自動清掃システムとプールカバーシートを含める。

「期待される結果」の並び順は重要な意味を持つ。右の例では、プールの質と周囲の設備を最初に挙げていることから、これらの期待を予算枠や清掃の容易さより重視しているものと思われる。後者はどうでもよいということではなく、妥協が必要な場合の優先度を前もって決めているわけである。

ここ数十年でもっとも有名なプロジェクトの一つは、アポロ宇宙計画だろう。一九六一年、ジョン・F・ケネディー大統領が、六〇年代のうちに月に人間を着陸させ、地球に無事帰還させると宣言したとき、彼はプロジェクトを定義したことになる。NASAがプログラムに着手した時点で、期待される結果として主なものが三つあった。

一．米国の威信とイメージを向上させる。
二．乗員の安全を確保する。
三．科学的データを収集する。

これらの期待される結果の順序に問題があることは一目でわかる。乗員の安全が最優先なはずだ。だが、考えてみれば、もし安全を優先したら、この計画が実施されることはなかっただろう。絶対的安全を保証する唯一の方法は、乗員たちを地球上にとどまらせることだからだ。もっとも優先されたのは、「米国の威信とイメージの向上」だった。そう、

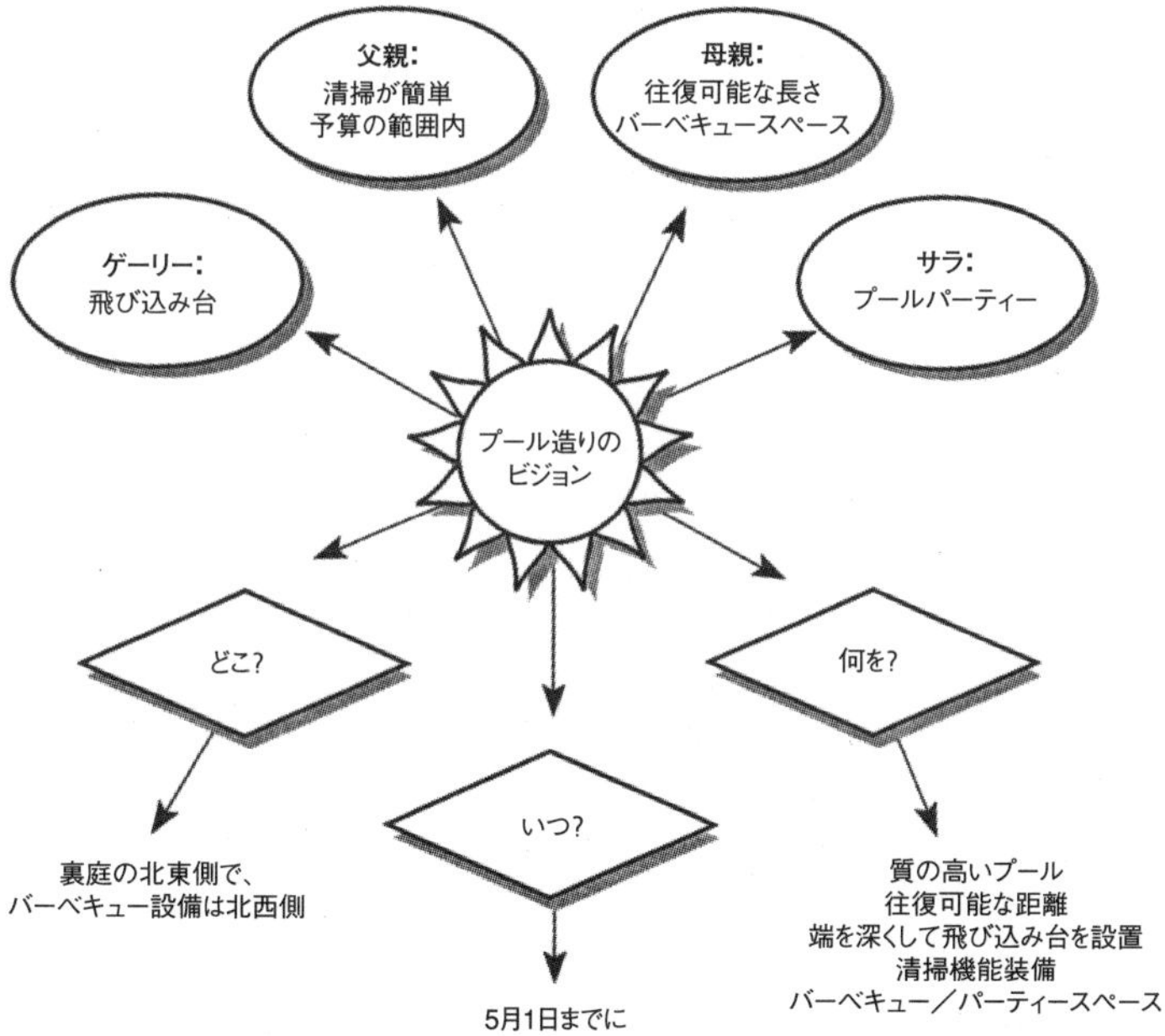

図6-3　プール造りプロジェクトのマインドマップ

この計画は、ソ連のスプートニクに先を超され、米国が面目を失った後のことだったのだ。そうでなければ、アポロ計画は必要なかっただろう。

次の計画段階に進む前に、プロジェクトの定義と期待される結果を明確にする必要がある。ところが、それがないまま、プロジェクトが私たちのデスクに放り投げられることが珍しくない。例えば、あなたが、「商品の即日配達システムの開発」という任務を上司から命じられたとする。だが、これでは期待される結果は示されていても、それを実現するプロジェクトがどんなものかはわからない。このプロジェクトには、コンピュータ管理の新しい注文処理システム、倉庫管理システム、スタッフの増員、配送センターの地域化プロジェクトなどが関係する可能性がある。上司の期待に沿う定義や期待される結果を作成するには、そうした点を検討しなければならず、それ自体が一つのプロジェクトとなる場合もある。

明確な定義と期待される結果のリストがプロジェクトの成功に欠かせない

もう一つ例を見てみよう。あなたは、会社が毎年実施している地域イベントの担当者に任命され、「チャリティー運動会を六月一七日に催し、一万ドルを集める」というプロジェクト定義を与えられたとする。

これはプロジェクトを簡潔かつ明確に述べてはいるが、予想される利害関係者や期待される結果すべてが明らかになってはいない。（利害関係者に何を重視するかと尋ねた結果）次のような期待があることがわかり、プロジェクトは困難なものに見えてくる。

●単なる金集めだけの慈善活動ではなく、地域社会の意識向上というねらいもある。
●経営側は全社員の半数以上の参加と、一人当たり平均二〇ドルの寄付を望んでいる。
●社員たちは、家族、とくに子供が楽しめるイベントを期待している。
●独自色と豪華さを持たせ、地域の著名人も参加するようなイベントであれば、地元メディアにも取り上げられる。
●集まった募金は、地域の保護施設に贈る食料品や衣類の購入に充てる。

定義だけ、あるいは期待される結果だけでは全体像はわからない。ビジョン・ステートメントが含むべき要素のどちらかが欠けているときは、利害関係者たちと協力してビジョンをもっと明確にする必要がある。簡単そうに聞こえるかもしれないが、人々にビジョンを意識させるのはなかなか難しいことだ。なぜなら、人はいきなり計画段階に入りたがるものだからである。

私は、チームでブレーンストーミングを実施してマインドマップを作成することを奨めている（その際は、メンバーの一人を進行係にするとよい）。チーム全員でアイデアをひねり出し、それをもとにマップを作っていくのだ。まず中心から三本の線を伸ばし、その先端に「何を」「いつ」「どこで」と書く。これら三点が特定されれば、プロジェクトの「定義」は完成である。次に「期待される結果」をマップ上に書き込み、優先順位を決める。完成までには、下書きを二、三回重ねる必要があるかもしれない。このような創造作業と編集作業を行っていくと、プロジェクト

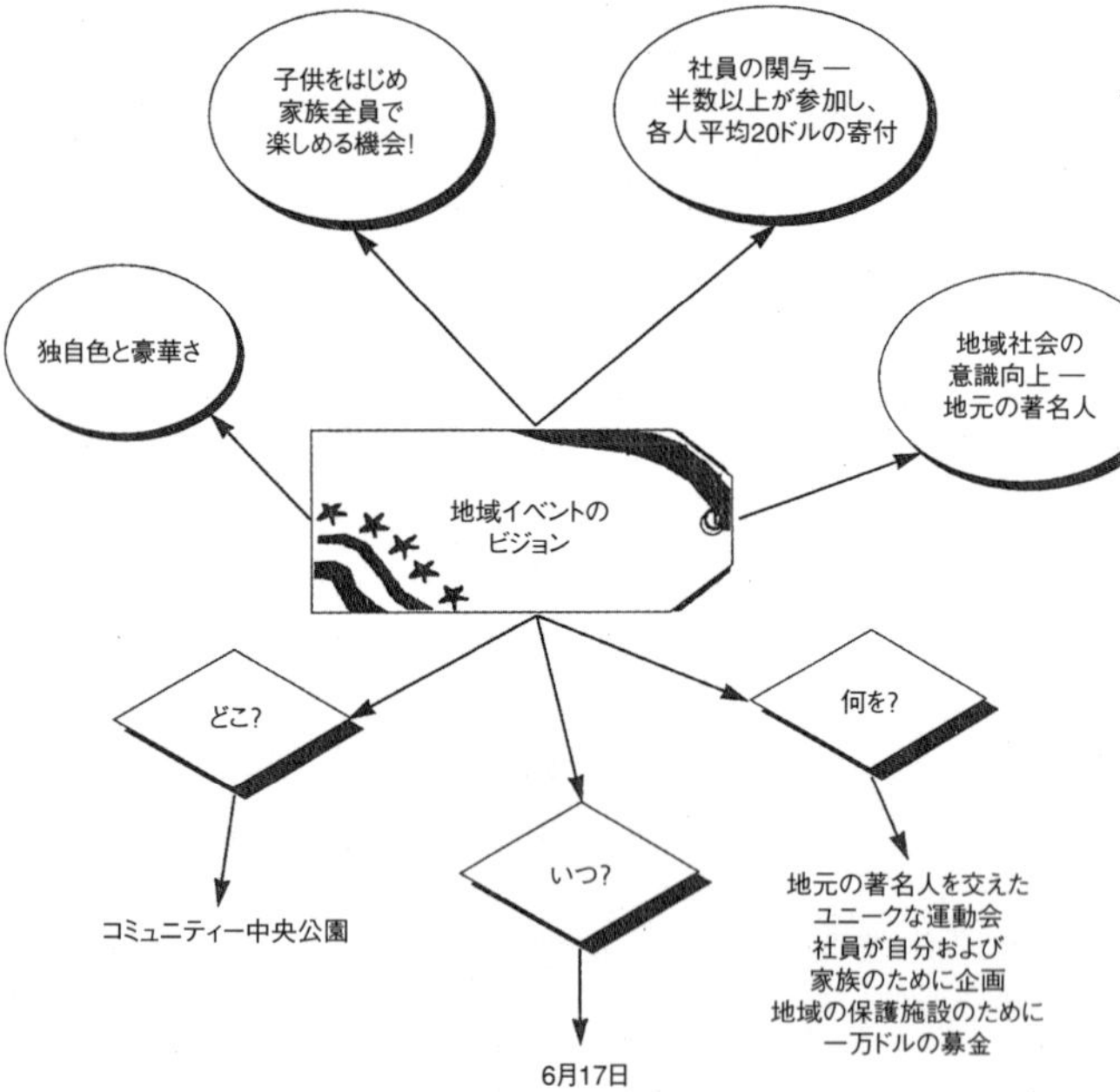

図6-4　「チャリティー運動会」のプランニング・マップ

がだんだん明確になってくる。

これはさほど時間のかかる作業ではない。一〇分か一五分もあれば、プロジェクトの期待される結果と定義をマインドマップに書き上げることができるはずだ。ただし、きわめて複雑なプロジェクトになれば、本番に着手する前に事前調査を行って可能性を見きわめなければならないケースもあるかもしれない。いずれにせよ、マインドマップの作成が終われば、「プロジェクト・タスク・マップ」（図6－5参照）の上の欄に定義を書き込むことができるが、これについては次の章で詳しく述べる。

「SMART」なビジョン・ステートメント

定義と期待される結果の下書きが出来上がったら、それがSMART基準（明確に表現されている／基準が客観的である／達成可能である／理念に焦点が合っている／期限が決まっている）を満たしているかチェックしよう。

明確に表現されている（Specific）

ビジョン・ステートメントで使用する表現は、明確で個別的でなければならない。例えば「ご馳走」といった曖昧な表現ではなく、「フルコースのフランス料理」などとする。

基準が客観的である（Measurable）

ビジョン・ステートメントは、可能な限り測定可能（そして実現可能）でなければならない。「募金」という目標は曖昧だが、「一万ドルの募金」とすれば測定可能になる。後者であれば、プロジェクトの終了時点で成果を評価して成否を判断できるが、前者ではそれができないからだ。

達成可能である（Achievable）

実現の可能性を事前にチェックする必要がある。与えられた時間、人材、資金からして、このプロジェクトは本当に実行できるだろうか。現実的で達成可能で、継続していくことができるか。ただし、この段階で計画の細部や問題の解決に首を突っ込んではいけない。詳細な計画は、プロジェクトが成功する可能性を見きわめるのにゆくゆく必要になるが、ここでは明らかに見込みのないプロジェクトを排除するだけでよい。成功に必要な条件を大まかでも現実的な目でチェックすることにより、この時点で除外されるプロジェクトがいくつかあるはずだ。いや、結構多いかもしれない。

私は以前、ワシントンD.C.で私のセミナーを受講した一人の女性から手紙をもらったことがある。その手紙はこんな書き出しだった。「先生のおかげで、私はセミナーで検討したプロジェクトを終えることはありませんでした。それどころか、始めることさえなかったのです」。さらにその文面によると、セミナーでプロジェクトについて考えているうちに、このプロジェクトには自分が想像した以上に多くのものが関係することに気づき、自分の人生のこの時期に手がけるべきではないと思ったということだった。

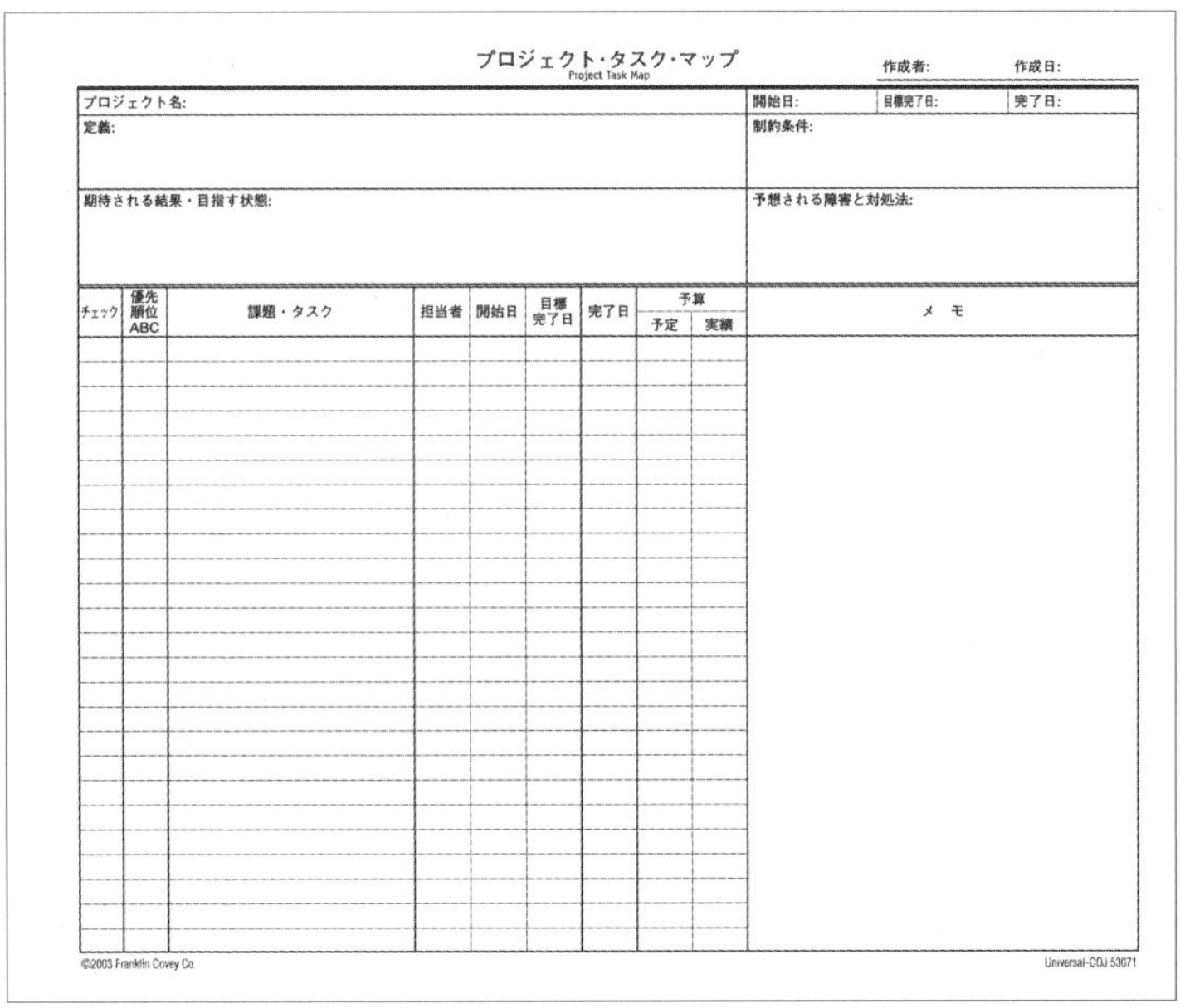
プロジェクト・タスク・マップ
Project Task Map
作成者:　作成日:

プロジェクト名:	開始日:	目標完了日:	完了日:
定義:	制約条件:		
期待される結果・目指す状態:	予想される障害と対処法:		

チェック	優先順位 ABC	課題・タスク	担当者	開始日	目標完了日	完了日	予算 予定	予算 実績	メモ

©2003 Franklin Covey Co.　Universal-COJ 53071

図6-5　プロジェクト・タスク・マップ

こうした結果は残念なようにも見えるが、どうせなら実行に移る前のこの段階でプロジェクトの無意味さに気づくほうがよい。没にすべきプロジェクトはできるだけ早く、ビジュアル化か計画の段階で排除すべきだ。プロジェクトが一旦始まってしまう（実行に移される）と、資源がそこに吸い込まれていく。だが、その資源に値するのは、完了までこぎつけたものだけだ。成功しそうもないプロジェクトは、早めに葬り去るべきである。

実行不可能なプロジェクトは早めに見切りをつける

理念に焦点が合っている（Relevant）

これは、判断基準の中でもっとも重要なものだろう。しばし立ち止まり、プロジェクトを自分の価値観と照らし合わせてみよう。そして、自分自身に問いかけるのだ。このプロジェクトは自分の価値観に根差しているか。この時期に行うのは妥当か。自分たちがしていること全体の中で意味を成すか、と。この基準を満たさないために除外されるプロジェクトも多いはずだ。

期限が決まっている（Time-Dimensioned）

プロジェクトが通常業務と異なる点の一つは、継続的ではなく一時的なものであるということとだ。もし期限がないとしたら、それはプロジェクトの名に値しない。時間があればやる、単なる暇つぶしになってしまうのだ。プロジェクトが優先事項であるなら、目標とする期限が必要である。計画段階がある程度進まないと、期限を最終決定することはできないだろうが、およその目標期日を設定することはできるはずだ。

あなたのビジョン・ステートメントをチェックしよう。期待される結果は、以下の基準を満たしているだろうか。

●明確に表現されているか？
●基準が客観的か？
●達成可能か？
●理念に焦点が合っているか？
●期限が決まっているか？

自分のビジョン・ステートメントをこれら五つの基準に照らしてチェックすると、プロジェクトの残りの段階に有益な指針が得られる。また、こうした共通のビジョンを創造する作業を行う中から、プロジェクトを献身的に実行するチームが生まれる。つまり、ビジョン・ステートメントにより、その後の計画、実行、評価の各段階の管理がずっと容易になるのである。

もっともよく利用される言い訳、「時間がない」に対処する

プロジェクトの定義と期待される結果を明確にすることは、プロジェクト管理の第一段階として当然のような気がするが、私のセミナー受講者たちに話を聞いてみると、これを実践していない人が大部分である。なぜかと尋ねると、「時間がない」という答えが返ってくる。こうした言い訳が出るのは、期待される結果のビジュアル化がもたらす、以下の莫大な効果のことを考えていないからだろう。

- どこへ向かおうとしているか（そして、どこへ向かうことはないか）が明確になる。
- プロジェクトで何をもっとも重視するか、優先順位が決まる。
- 自分の価値観とプロジェクトを結び付けることで、活力と意欲がわいてくる。

ここまで見てきた作業は、せいぜい一五分か三〇分もあれば済むことだ。この重要な段階を

無視する理由がどこにあるだろうか。

少し足を止めて地図を買うか、それとも地図なしで道に迷うか、早く目的地に着けるのはどちらだろう

ある人が家の近所にある書店に、道路地図を買いに行くとする。「どこの地図でしょうか」と店員に聞かれ、その人は答える。「さあ、どこにしよう。どこか暖かい所がいいかな。海か湖のそばで。まあ、どこでもいいから地図をもらえますか」。店員は、変な人だと思いつつ、目的地を決めてくれたら地図をご案内できると言う。

奇妙な話だと思うかもしれないが、私たちが普段プロジェクトに対処している仕方と大差ないのではないだろうか。

私は友人のジェリーから、会社の転勤で家族共々アメリカの中西部に引っ越したときの話を聞かされることがある。例年になく厳しい冬が過ぎ去った後、彼は妻が新しい土地に馴染めないでいることに気づいたという。ある日、朝食を食べながら話し込んでいるうちに、彼女はその町が好きになれない理由をあれこれ並べ立てたのだ。「じゃあ、どこに住みたいんだい」と尋ねると、彼女は一瞬考えてから答えたそうだ。「ここ以外だったらどこでもいいわ」、と。

ジェリーは私にこう言った。「リン、プロジェクトの始まりは大概こんなものさ。期待される結果（＝ここ以外だったらどこでもいいわ）はあっても、明確なビジョンがないんだよ」

ジェリー夫妻の場合、「ここ以外だったらどこでもいい」という曖昧な考えを捨て、どこだったら受け入れられるのかをはっきりさせるには、「明確化」の作業が大いに必要だった。彼らがこの作業を済ませた頃、米国南東部の温暖な町、アトランタでついに仕事が見つかった。そして、ここなら自分たちの期待通りだ、と二人の考えが一致したという。

期待が明確になると、ビジョン・ステートメントを「プロジェクト・タスク・マップ」（図6‐6参照）にはめ込むことができ、これが計画や管理のツールとして機能する。このマップは、作業のブレインストーミングから詳細化、さらには実行に至るまで、プロセス全体に効果を発揮するよう設計されている。これについては、次の第七章で詳しく述べる。

ビジュアル化の段階は多少の時間を要する。価値観や期待、目標を徹底的に明確にしようと思ったら、何日、何週間、何ヵ月、場合によっては何年もかかることがある。要するに、ビジョンを明らかにするこの段階が終了してはじめて、次の「計画」段階へと進むことができるわけである。

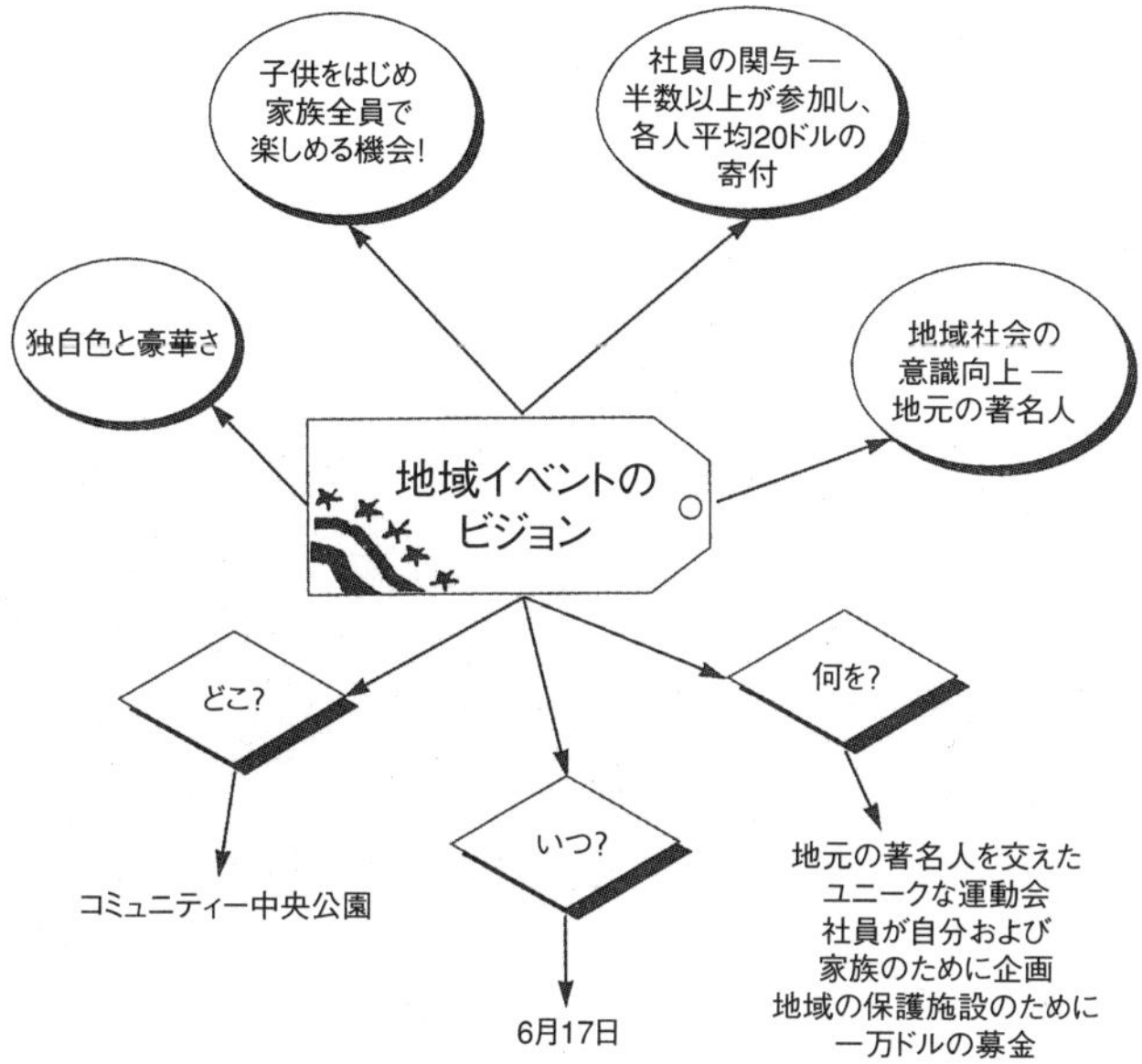

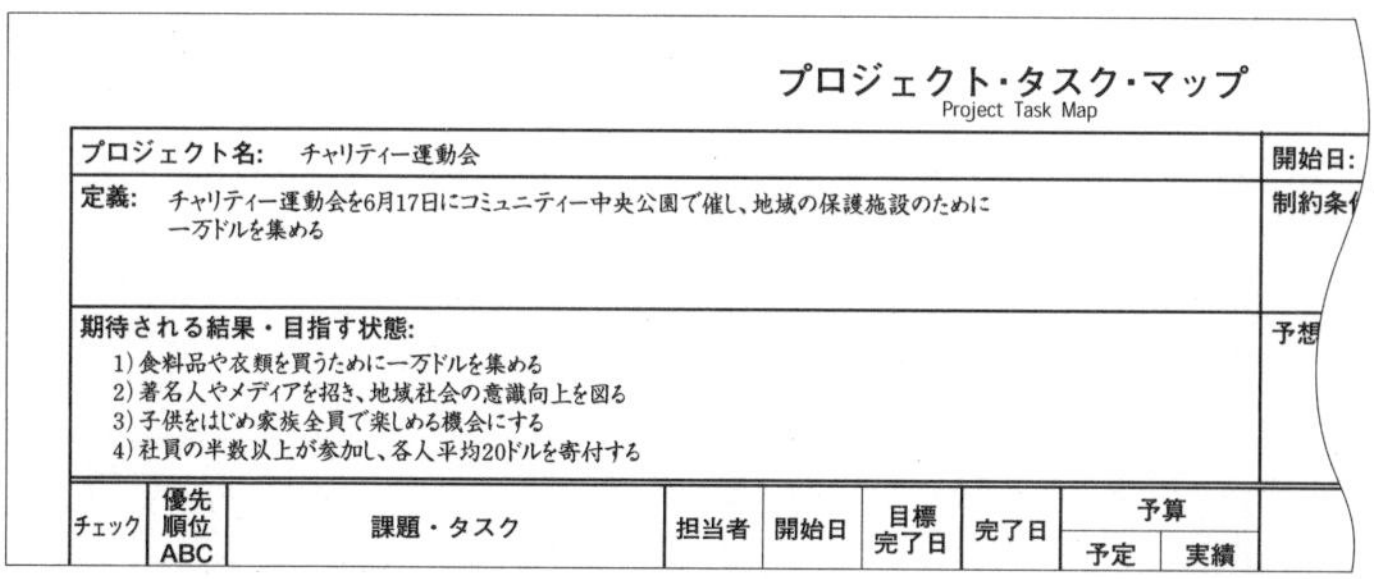

プロジェクト・タスク・マップ
Project Task Map

プロジェクト名:　チャリティー運動会　　**開始日:**

定義:　チャリティー運動会を6月17日にコミュニティー中央公園で催し、地域の保護施設のために一万ドルを集める　　**制約条**

期待される結果・目指す状態:　　**予想**
1) 食料品や衣類を買うために一万ドルを集める
2) 著名人やメディアを招き、地域社会の意識向上を図る
3) 子供をはじめ家族全員で楽しめる機会にする
4) 社員の半数以上が参加し、各人平均20ドルを寄付する

チェック	優先順位 ABC	課題・タスク	担当者	開始日	目標完了日	完了日	予算 予定	予算 実績

図6-6　タスクマップによるビジョン・ステートメントの明確化

第七章
計画──失敗を事前に回避する

この章のポイント
●プロジェクトへの抵抗を打ち破る
●七つの手順から成る計画モデル
●クエスチョンストーミング

自分の人生を掌握することだ。知的かつ有意義に行動するには、やはり計画が欠かせない。「千里の道も一歩から」という格言は、私に言わせれば「千里の道も一歩、そしてロードマップから」となる。

──セシール・M・スプリンガー

どこを目指すかはすでに決めた（ビジョン・ステートメント）。そして、なぜそこを目指すのかも（価値観）。次は、どうやってそこにたどり着くかを決める段階だ（計画）。

人は大概、複数のプロジェクトに同時に携わっている。その結果、時間や資源をめぐる争奪戦があちこちで繰り広げられることになる。「計画」の段階は、こうした要求の管理や、プロジェクトを無事完了させるための青写真を示すことにねらいがある。「計画に費やす一分一分が、実行に要する時間を三、四分短縮する」とは、デュポン社前社長クロフォード・グリーンウォルトの言葉だ。

慎重な計画をするかしないか、それが成否の分かれ道になる。そうすることで、先を予想して失敗を事前に回避することも可能になるのである。

プロジェクトへの抵抗を打ち破る

プロジェクトへの抵抗は、大概の人が経験していることだろう。長期のプロジェクトを早急に処理しなければならないといったときに垂れ込める、あの暗雲だ。そんなとき、私たちはそれについて考え、思い悩み、ハラハラしたりもするが、どうにもならない。雲はますます大きく、そしてどんどん黒さを増していき、そのうちに私たちは夜中に冷や汗をかいて飛び起きたりする。プロジェクトが意識の中でどんどん拡大して行き、もっともっと時間が欲しくなる。「時間がとれ次第、始める」と言っていたのが、「取り掛かるのに、少なくとも半日はかかる」

に変わる。あっという間にプロジェクトが大きな悪魔のように思えてきて、そのための時間を確保することは到底不可能になる。そして、先送りを続ける心の片隅で、罪悪感も膨らんでいく。

プロジェクトへの抵抗は恐怖心から生まれる

これから紹介するモデルは、プロジェクトを体系的にとらえ、扱いやすい大きさに分割する方法を示すものだ。これを利用すると、プロジェクトによるストレスを軽減する効果がある。

プロジェクト計画のモデル：七つの手順の概要

プロジェクトを計画するための七つの手順を以下に示す。詳細はこの章で順次説明していく。

プロジェクト計画の七つの手順

一．制約要因 ― プロジェクトの成果を左右する三つの要因に優先順位をつける。
二．危険エリア ― 予想される危険エリアを特定する。

三．細分化 — プロジェクトを扱いやすいサイズに分割する。
四．タスクの順序付け — タスクの順番を決めてプロジェクト管理フォームに記入し、プロセスの指針とする。
五．担当者 — プロジェクトの各部分の責任者を決める。
六．期限 — 各ピースおよびタスクに優先順位をつけ、スケジュールを組む。
七．費用 — プロジェクトの予算を決定する。

手順一：プロジェクトの成果を決める要因に優先順位をつける

プロジェクトに関してまず考えるべき点は、その成果の程度を決める要因だ。どんなプロジェクトでも、成果を左右する要因が三つある。それは、品質、納期、コストであり、「良く、速く、安く」などと表現されることもある。プロジェクトの利害関係者はこれらの要因が三つとも追求したがるものだが、現実はなかなかそうも行かない。直ちに品質を高めたければ、コスト高になる。できるだけ低コストの製品を今日中にそろえなければならないとしたら、品質には目をつぶるしかない。高品質かつ低コストの製品は概して、設計や開発、製造に時間がかかるものだ。そういうわけで、個々のプロジェクトについて現実的な妥協点を把握することが重要である。

すべてのプロジェクトに共通する制約要因は、品質、納期、コストの三つである

これら三つの制約要因を調和させること、それがプロジェクト・マネージャーの仕事となる。だが、中には判断が難しい場合もあり、そういうときは三つの要因のどれが最重要なのかを知る必要がある。それを知るには唯一、尋ねるしかない。

あなたが上司から新しいプロジェクトを命じられたとする。あなたはその上司に、「品質、納期、コストのうち、どれがもっとも重要ですか」と尋ねる。上司は（事も無げに）答えるだろう。「三つ全部だ」と。

これは日常的によくあるケースであり、こうした状況の中で真の優先事項を見つけ出す方法が一つある。

「部長。品質と納期とコストがこのプロジェクトに重要であるのはよくわかりますが、それが難しい局面になったときは、どう対処したらよいでしょうか。例えば、何か問題が発生して、プロジェクトが遅れそうな場合はどうしますか。資源（人員、設備、補給品）を追加投入してでも納期に間に合わせるか、それとも納期よりもコストのほうを重視すべきでしょうか。目下

の予算では所定の期間内に対象範囲や技術仕様（品質）を満たせそうにないときは、その変更も考慮に入れますか」

制約要因の優先度を理解すると意思決定が容易になる

プロジェクトを取り巻く状況に変化が見え始めたとき ― これはプロジェクトに付き物である ― 的確な質問をすることで制約要因の優先順位と対処法が理解できるようになる。品質、納期、コストすべてが重要だが、現実にはそのウエイトに差があり、それがプロジェクト管理に影響を及ぼすことになるのだ。

私は以前、トレーナー養成プログラムの作成に従事したことがある。そのプログラムは六週間後から実施する予定になっていた。この期限は絶対に動かせなかったため、何か問題が生じたときは、資源を追加投入するか対象範囲を狭めるしかなかった。

製造契約の中には、変更の利かない技術仕様を含んでいるものがある。そうしたケースでは、要求を満たせない状況が生じたとき、コストと納期のどちらをとるか、それとも両方とも妥協するか組織は決断を迫られる。また、コストの制約が厳しく、問題が起これば、品質か納期で折り合いをつけなければならないプロジェクトもあるだろう。

クエスチョンストーミング

トム・ウージェック著『5つの星の脳』の中に、オランダの画家レンブラントの有名な作品『夜警』にまつわる話が出てくる。それは、質問することの重要性をまざまざと示している。

レンブラントの有名な絵、『夜警』が修復されてもどってきたとき、アムステルダム国立美術館の学芸員たちは、単純だがすばらしい結果をもたらした実験をおこなった。彼らは来館者からその絵についての知りたいことをたずねた。そしてそれに、多かった順にランクをつけ、50以上の疑問に対する答えを用意したのだ。

そのなかには、普通なら学芸員が答える気をなくすような質問も混じっていた。その絵の値段は？　その絵の贋作がつくられたことは？　その絵に間違いはないのですか？　芸術に関する昔ながらの疑問もあった。レンブラントはどうしてこのテーマを選んだのですか？　描かれているのはどういう人びとなのですか？　この作品で、レンブラントはどのような手法の先駆者になったのですか？

学芸員たちは、それらの質問（および回答）を、『夜警』の展示室の隣の部屋の壁に掲示した。来館者は、展示室に入る前に、その部屋を通らなければならなかった。

興味深いことに、その結果、来館者が『夜警』を見る平均時間は6分から30分以上にのびた。人びとは、質問と答えを読んでから絵を見つめ、また質問と答えを読みにもどるようになったからだ。質問によって、人びとはより長い時間、よりじっくりと絵を鑑賞し、より多くのことを記憶するようになったのだ。彼らは、質問の助けによって、絵から豊かな洞察を得、新しい角度から鑑賞できるようになった。まるで一連の磁石のように、質問は来館者の思考を新鮮な概念に引きつけたのである。

（『5つの星の脳』トム・ウージェック著、金子浩訳、出版文化社）

プロジェクトでは、古い様式を打ち破る斬新なやり方を採り入れたり、データを総合して問題の解決策を見つけたり、資源の効果的な活用法考え出したりすることが多く、その意味では一つの学習プロセスと言える。ウージェックによると、人は質問をすることで「好奇心が刺激され、学習意欲が高まる」という。つまり、プロジェクトに対する学習意欲を生み出すには、質問するとよいということになる。

そういうわけで、ブレインストーミングならぬ「クエスチョンストーミング」を実行してみよう。チームのメンバーに、プロジェクトについて尋ねたい質問を付箋紙に一つずつ書き出させる。一〇分間時間を与えて、頭に浮かんだ質問をすべて書き留めてもらう。それから、その質問を読上げさせ、大きな紙に書き出していく。そうすると、それらの質問は以下の四つのケースに分類できるはずだ。

●自分が知っていることを、知っているということをわかっていて質問する。
●自分が知っていることを、知っているということに気づかずに質問する。
●自分が知らないことを、知らないということをわかっていて質問する。
●自分が知らないことを、知らないということに気づかずに質問する。

危険なのは言うまでもなく、「自分が知らないことを、知らないということに気づかずに質問する」という最後のケースだ。これは宇宙計画では「unk-unks（知られざる未知数）」と呼ばれ、命取りになると考えられていた。クエスチョンストーミングは、疑問点をすべて意識的に探究することにより、この「unk-unks」をあぶり出すのに役立つ。また、潜在的な障害を明らかにする効果もある。

危険な存在、unk-unksに気づかなければならない

手順二：予想される危険エリアについて検討する

新しいプロジェクトと聞くと、人は心浮き立つものだ。ビジョンが明確になった今、興奮があたりを支配し、熱気に包まれ、チーム全体が突撃態勢という雰囲気になる。この時点でもっとも難しいことの一つは、起こり得る問題や危険エリアについて冷静に考えてみることだ。華々しい成功に酔いしれるシーンなどが目の前にちらつき、失敗の可能性など目に入らなくなってしまうからである。

ジョイスは著書『Transformation Thinking』の中で、こうした心理状態を「運頼み」思考の落とし穴と呼んでいる。人は、あることがうまく行くようにと幸運の神に祈ることはよくあっても、うまく行かなかった場合の影響をあれこれ考え、代替策を立てるということはあまりしない。緊急時対策は一つの発想法であり、時間的余裕のある組織が行う暇つぶしなどではないのだ。人はどんなに自信のある事柄でも、そのすべてを知ることはできず、明日のことは誰にもわからない、という地に足の着いた考え方なのである。つまり、人は誰でも間違いを犯す可能性があるのだ。そして、そうであるなら、考えられる危険エリアを予想し、予備のプランを準備しておくことは「グッド・アイデア」どころか、このプロセスに欠かせない要素と言える。

かなり前の話になるが、一般用医薬品メーカーは当時、製品の包装が将来問題になるとは思ってもいなかった。ところが、ある解熱・鎮痛剤カプセルに青酸化合物が混入されて死者が出ると、これが緊急課題として取り上げられ、不正開封防止包装が義務づけられた。危険エリアをすべて察知するのは無理としても、それに絶えず注意を払っていると、道路のでこぼこを早めに見つけて対処することができる。そうすれば、プロジェクトが落とし穴にはまることはなくなるだろう。

こうした緊急時対策をプロセスに組み込むには、プロジェクトの開始時に正式なブレーンストーミングを行い、危険エリアの発見に努めるのがよいだろう。こうした機会を通じて何に気を配るべきかをチームの全員に徹底すれば、危険エリアを避ける努力が容易になるのだ。メンバーを集め、予想される問題や望ましくない可能性をすべてマインドマップに書き込んでみよう。

フリップチャートかホワイトボードの真ん中に「危険エリア」と記し、それを丸い枠で囲む。全員を周りに集め、各人に色のペンを配ったら、ブレーンストーミングのスタートだ。各人がそれぞれのアイデアを書くときは、全員にわかるように大きな声で読上げながら行うとよい。そうすると、さらに新たなアイデアが引き出されるからだ。別に難しいテクニックではないので、マインドマップ作成の訓練を受けていない者でもすぐにできるだろう。

発表者だけが立つよりも、メンバー全員が立ってやったほうが活気が出て、アイデアも豊富に生まれやすい。ただし、人数が多いときは、進行係兼記録係を置くとよいかもしれない。この係には、グループ思考や活力を促進させるのが上手い人が適している。

効果的なブレーンストーミングのために

ブレーンストーミングを効果的に行うには、メンバーたちの活力をうまく引き出すことが大切である。そのためのヒントをいくつか紹介しよう。

●全員立った状態で行う。
●全員にペンを配り、それぞれ自分のアイデアを書かせる。その際、全員にわかるように大きな声で読み上げさせる。
●紙は壁一面を覆うような、大きなサイズのものを用いる。
●マジックやペンはいろいろな色のものを使用する。
●紙の周囲に立つ位置を時々変えさせる。
●中央の枠から線を引っ張り、その先に記入することを各自に考えさせる。

潜在的な障害や危険の原因が出尽くしたら、ブレーンストーミングとマインドマップ作成のプロセスをさらに続けて、主な障害のいくつかについて代替的な解決策を考えさせる。

チームで危険エリアを検討するもう一つの理由は、メンバー全員に懸念を述べる機会を与えることだ。プロジェクトの終わり頃になって、「やっぱり私が思ったとおり、うまく行かなかったね。だって…」などという声が一部から聞こえてくるのは珍しいことではない。プロジェクトが失敗に終わった場合は、とくにそうだ。検討会議は、プロジェクトの開始時にこうした意見を引き出し、それを解決する機会となる。各人が気になる点を述べ、十分な説明を受けて納得するか、または取り組むべき課題として全員に認めさせるチャンスなのだ。これを経ることで、全員の参加意欲が強化されるのである。

危険エリアの検討会議は潜在的問題点を発見し、全員の参加意欲を高める

また、成功しそうもないプロジェクトは早めに葬り去るべきだ、ということは前で述べた。危険エリア検討会議では、障害や問題点を未然に回避する方法を見つけることができる。もっとも、どうにもならない障害が明らかになり、プロジェクトを中止せざるを得ない場合もある。だが、プロジェクトへの資源投入が始まった「実行」段階で気づくよりはましだろう。

とはいえ、危険エリアの大半は、事前に発見できれば手の打ちようがあるものだ。先を予想して失敗を事前に回避するのに計画が有効であることが、これからもわかるだろう。

【アドバイス】
危険エリアを検討する会議で使用したフリップチャートは、後で確認できるようすべて保管しておこう。問題が実際に発生するとしても、それは数週間、あるいは数カ月先のことだ。だが、記録が残っていれば、個々のケースへの対処が容易になるだろう。

手順三：プロジェクトを細分化する

プロジェクト管理に関する昔のジョークに、こんなのがある。「君は象をどうやって食べるかい？」と聞かれ、「一口ずつ食べるさ」と答える。この冗談は今では政治上問題があるかもしれないが、プロジェクト計画の核心を突いていると言える。すなわち、プロジェクトは扱いやすいサイズに分割して実行するということだ。そうすると、自分のビジョンを実現する方法が現実的に見えてくるため、ストレスにならず、自然と力もわいてくるのである。

このプロジェクトの細分化にも、マインドマップが有効だ。まずは全体像からスタートし、次に各人の責任（誰が何をするか？）を明確に特定できるレベルまでプロジェクトを分割していく。この手法を、まずは単純なプロジェクトに応用してみよう（複雑なプロジェクトについては後で触れる）。それには、以下のものを準備する必要がある。

●マインドマップを下書きする紙またはホワイトボード。アイデアや代替策をいくつか書き出し、その中で一番うまく行きそうなものを選ぶ（最終的な下書きを後でプロジェクトフォームに書き写すことになる）。フリップチャート、パソコン画面、包装紙、コピー用紙などを用いるが、できるだけ大きなものがよい。A4サイズの紙なら横向きにして使うと、斬新な気分になれるかもしれない。

●いろいろな色のマジック。色を思い切り使い分けよう。色は構成を示すのに有効である上に、参加者の意欲を刺激する効果があり、見た目にも楽しいだろう。

●「プロジェクト・タスク・マップ」このフォームは表計算ソフトで簡単に作成できる。フランクリン・プランナーのフォームを利用してもいい（付録A参照）。

「どんなに困難そうに見える仕事も、分割すれば大したことはなくなる」とは、かのヘンリー・フォードの言葉だ。そして、プロジェクト計画というのは簡単に言えば、プロジェクトを扱いやすいサイズに分割し、誰が何をするか、それぞれの作業をいつ、どこで行うかを決め、コストはいくらかかるか見きわめることなのだ。そのためにはまず、プロジェクトのメジャーピースを特定しなければならない。

メジャーピース（主要課題）

「メジャーピース」とは、プロジェクトを構成する大きな要素である。例えば、自宅リフォームのプロジェクトであれば、次のようなメジャーピースを含んでいるかもしれない。

●予算編成
●設計
●工事
●装飾

メジャーピースが特定されると、とくにプロジェクトの責任面が明確になり、管理しやすくなる。また、行うべき作業の概略もはっきりする。プロジェクトには付き物のメジャーピースというのがいくつかあり、その一つが予算である。予算はプロジェクトの開始時に決められる場合があり、プロジェクトを最初に割り当てる際に予算枠が含まれているときなどがそうだ。ただ、通常は予算全体が出来上がるのはもっと後で、詳細な内容や具体的作業が決定されるときになる。予算についてはこの後詳しく述べる。

プロジェクトで行われる作業はすべて、メジャーピースのどれかに含まれなければならない。どれにも属さない作業がもしあれば、それがどんなに些細なものであれ、メジャーピース全

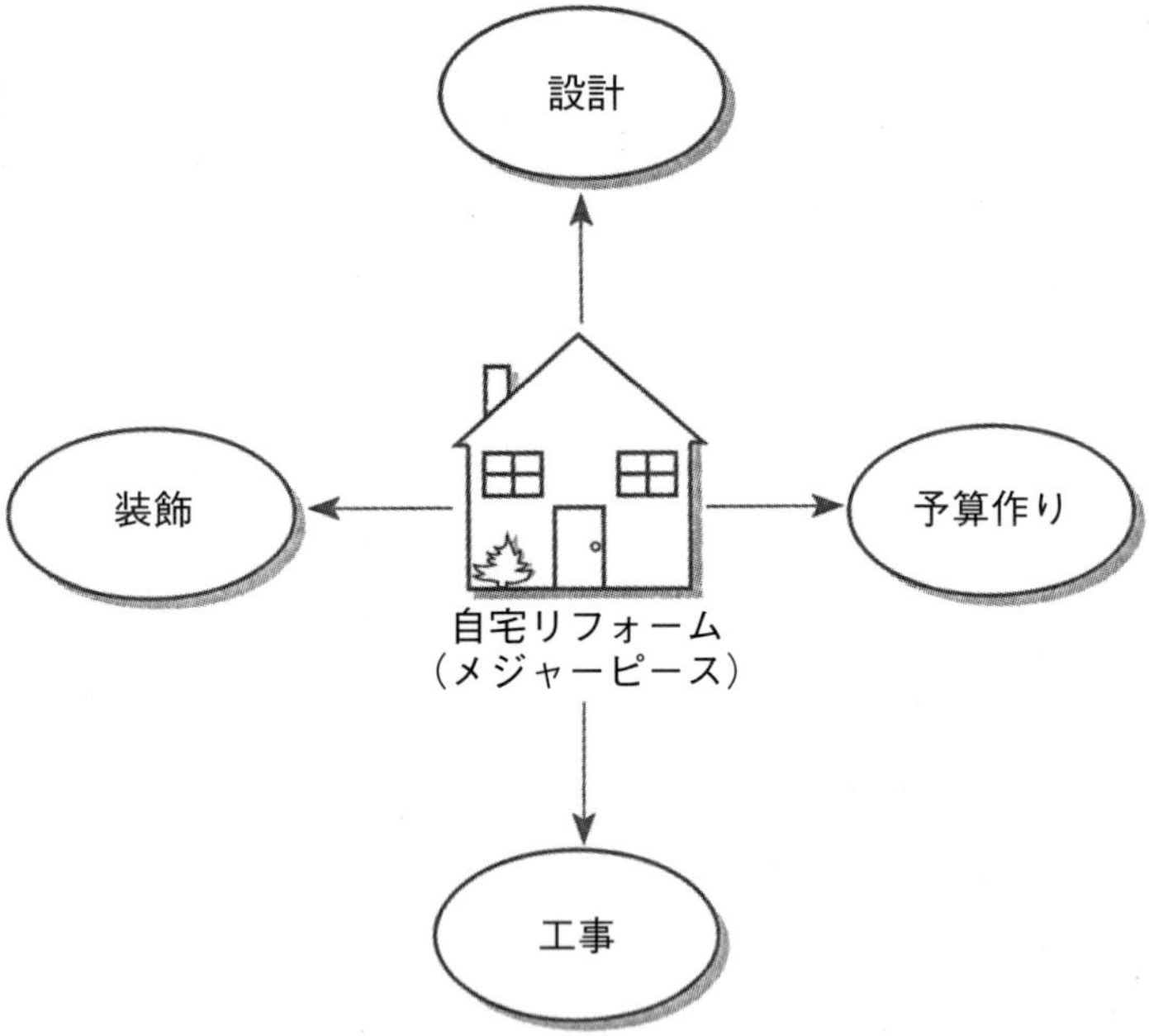

図7-1　自宅改築プロジェクトのプランニング・マップ―メジャーピースのみ

体がまだ確定していないということだ。プロジェクトをメジャーピースに分割した例をもう一つ紹介しよう。私がコヴィー社で、プロジェクト管理トレーナー養成セミナーの開発をしていたときのことだ。私はこのプロジェクトを、以下の四つのメジャーピースに分割した。

●受講者用テキスト
●セミナービデオ
●トレーナー用キット
●資料

マイナーピース

プロジェクトのメジャーピースは、さらに小さなピース、マイナーピースに分割できる場合が多い。「マイナーピース」とは、各人に作業を割り当てたり、そのスケジュールを決めたりすることのできるレベルまでプロジェクトを分割したものである。このような細分化により、やはりプロジェクトの責任面が明確になり、管理が容易になる。

例えば私のトレーナー養成プログラムでは、メジャーピースのうちの二つをさらに細分化する必要があった。その一つ「受講者用テキスト」は、次の三つのマイナーピースに分割された。

●文章執筆
●モデル図
●制作

別のメジャーピース「資料」は、以下の二つの扱いやすいピースに分割された。

●資料発注（本その他の必要な物を含む）
●資料発送（プログラム用資料をすべて会場に届ける）

タスク

プロジェクトがメジャー

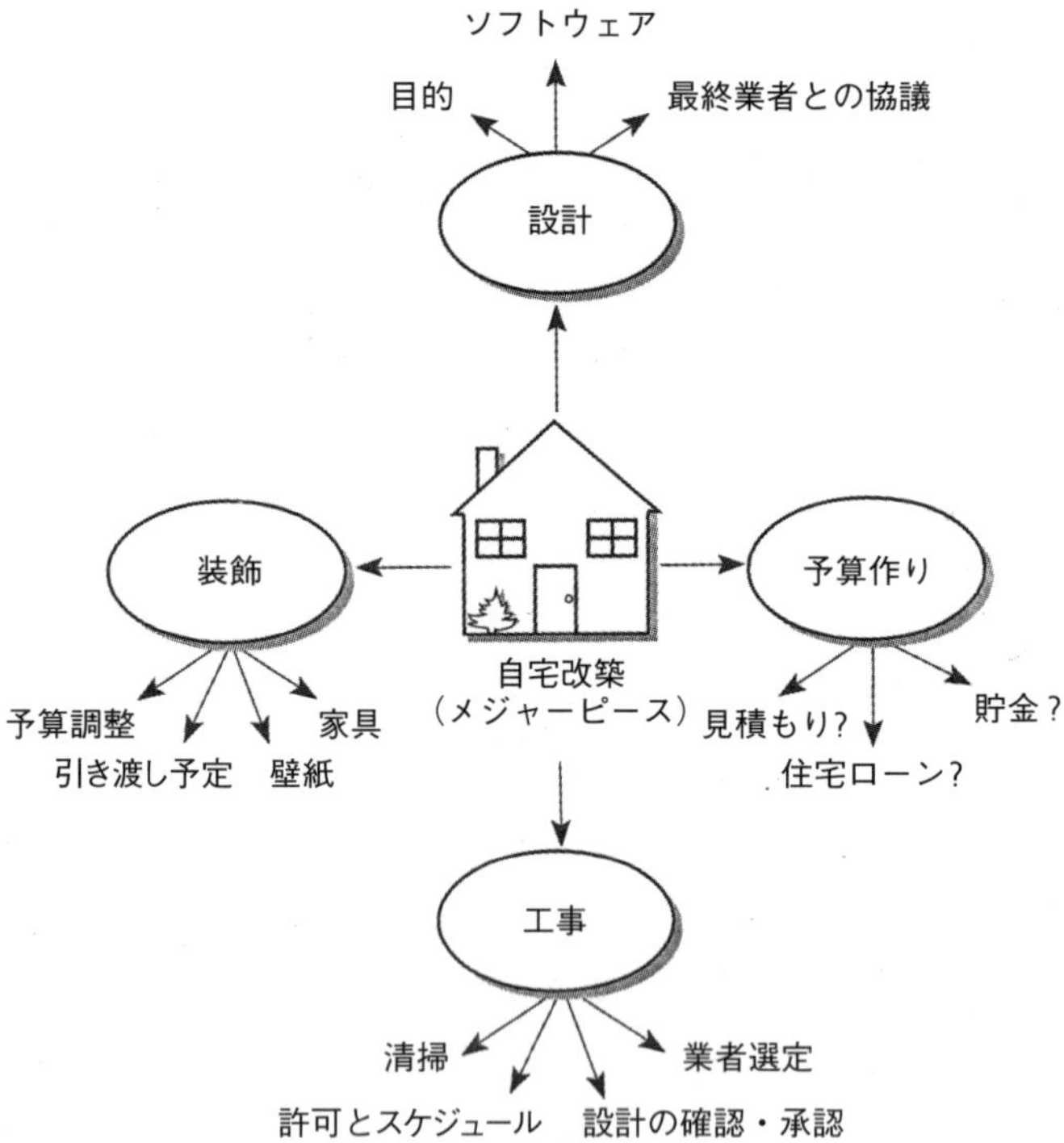

図7-2　自宅改築プロジェクトのマインドマップ―メジャーピースとマイナーピース

ピース、さらにはマイナーピースに分割されると、必要な個々のタスクが見えてくる。「タスク」とは、一人の人間が短期間で普通終えられるサイズの作業のことで、小さくて扱いやすく、これ以上細分化する必要はないものだ。システム手帳のタスクリストに記載され、一日の最後に処理済みや先送りにされる。

メジャーピースやマイナーピースをどこまで細分化するかを決める際は、個人の好みややり方の違いをあ

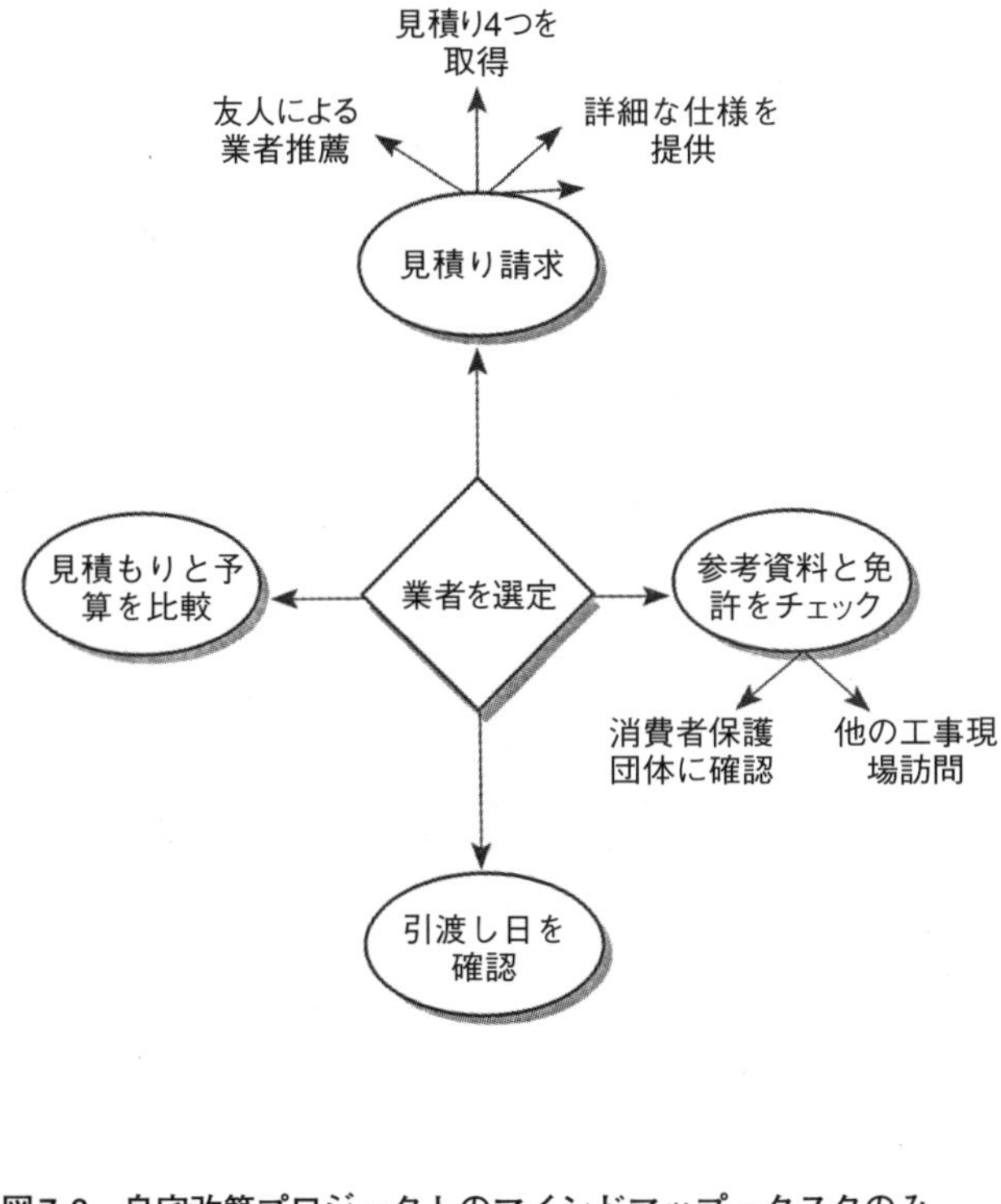

図7-3　自宅改築プロジェクトのマインドマップ—タスクのみ

る程度考慮に入れるようにしたい。どのレベルまで分割するかは、人によって考えが違うからだ。例えば、私は「受講者用テキストを編集」という程度で十分と感じるのに、「受講者用テキスト第一章を編集」などと細かく表記したいと思う人もいるかもしれない。タスクは一人一人に割り当てられるものなので、その効果的な表わし方はその人次第である。

【アドバイス】

タスクというのはプロジェクトの行動手順であるから、動詞を用いて表現するのがよい。それぞれのタスクは、終了したら処理済みにできるような作業でなければならない。マイナーピースやメジャーピースに含まれるタスクがすべて終われば、そのメジャーピースまたはマイナーピースが完了したということになる。

トレーナー養成プログラムの例では、私たちはセミナービデオを中間的なマイナーピースには分割せず、いきなりタスクに細分化した。そのタスクリストを以下に示す。

- プロデューサーと打ち合わせをし、コンセプトを開発
- 台本と絵コンテを作成

・ビデオを撮影
・ビデオを編集
・コピーを五部作成

自宅改築プロジェクトにおけるマイナーピースの一つ、「壁紙貼り」をタスクに分割するとこんな感じになるかもしれない。

壁紙貼り

・壁紙を選択・注文
・材料を購入（「購入」タスクリストに詳述）
・古い壁紙をはがす
・壁を準備
・新しい壁紙を貼る

手順四：タスクの順序を決めて計画表に記入する

何を行うべきかが決まったら、次はそのタスクを実行する順序について考える。つまり、どのメジャーピース、マイナーピース、タスクをどんな順番でやるかということだ。この順序付けはとても重要である。なぜなら、あるタスクを終了しないと次のタスクにかかれないという場合もあるからだ。順序付けを行う際、タスク間の関係には主に次の二種類が存在する。

●並行関係 ― あるタスクを一つまたは複数の他のタスクと同時に行える場合。
●依存関係 ― あるタスクが完了しないと別のタスクを始められない場合。

依存関係にないタスクは同時処理が可能なため、順序付けはさほど重要ではない。順序付けはそもそも、先行タスクと後続タスクを見きわめるために行うものだ。この種のタスクでは、前のタスクがうまく行かないと、その後に続く他のタスク、引いてはプロジェクト全体に悪影響を及ぼしかねない。

全体的なタイミングをつかむ意味で、まずはメジャーピースの順序を決めよう。その際はやはり、他のタスクが完了しないと始められないものと、並行処理できるものとがあることを承知していなければならない。プロジェクトのメジャーピースがすべて互いに独立している場合もあるが、依存関係にあるもののほうが多いため、慎重な順序付けが必要になる。次に、マイナーピースについても同じように順序を考え、さらにタスクリストについて検討する。

メジャーピースとマイナーピースで構成されたマインドマップを用いるときは、順序付けにさほど時間はかからないだろう。それぞれのメジャーピースに順番に

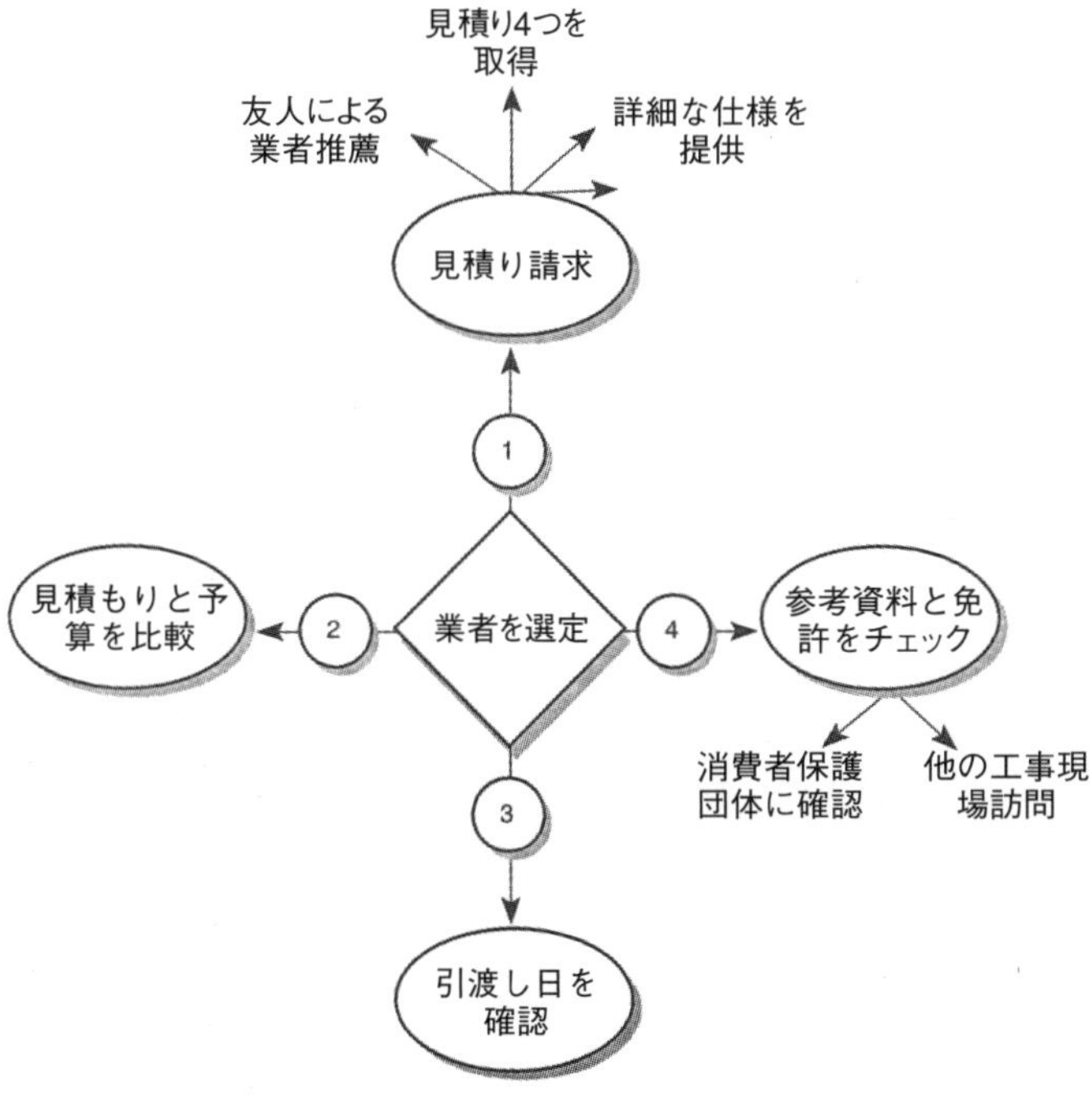

図7-4　順序付けを行った「タスクマップ」

番号（1、2、3など）をつけ、メジャーピース内のマイナーピース、そのマイナーピース内のタスクにもそれぞれ別の種類の番号をふっていく。

順序が決まれば、該当するプロジェクトフォームにタスクを順番に記入することができる。

手順五：担当者を決定する

「計画」段階の次の手順は、それぞれのタスクを誰が担当するか決めることだ。プロジェクトの各ピースやタスクについて、担当者を示すイニシャルをタスクマップに記入していく（図7－6参照）。

これは非常に重要な手順だ。私たちは、何を行うべきかを決めるのは割合得意だが、誰がそれを行うかという点は曖昧にしがちだ。これが明確になっていると、計画だけでなく伝達の際にもタスクマップが有効になる。全員がこの情報をもとに、自分の役割、スケジュール全般、さらにプロジェクトの全体像を知ることができる。そうすると、「何だ。それは君の担当だとばっかり思ってたよ」とか、「自分の受け持ち部分が今日までだったとは知らなかった」などというせりふは聞かれなくなるはずだ。

担当者が決まると、プロジェクトのどの部分に誰が責任を負うかがはっきりする。また、プロジェクトの一部または全体に関して、メンバー間での負担の偏りなど潜在的な資源の問題を指摘する際にも役立つ。さらには、資源の配分状況が明確になるため、人員確保のために時に必要な交渉にも便利なはずだ。

タスクマップの右端には、実際の完了日を書き込む。この欄はそれぞれのタスクが完了するたびに記入され、プロジェクトの評価（これについては第十二章「評価」の中で説明する）や自分の予測スキルの向上に役立つ重要情報を含むことになる。

タスクマップ上で、タスクの優先度を示す「ＡＢＣ」欄の左側に、もう一つ欄がある。ここはタスクの状態を確認するためのもので、次のような記号を用いる。

✔ ＝ 完了
➜ ＝ 先送り
✖ ＝ 削除
S○ ＝ 委任
● ＝ 進行中

図7-5　状態を示す記号

手順六：それぞれのタスクをいつ完了させるかを決める

メジャーピースとマイナーピース、それにタスクの詳細を決めたら、次はプロジェクトのスケジュールを作成する。その際、まず考えるべき重要な点の一つは、個々のタスクをいつ終えられそうかということだ。他人に何か仕事を頼むとき、「いつでも時間があるときで結構」という人はまずいないだろう。「Pretty Darn Soon（大至急）」という注文がつくのが普通だ。その頭文字「ＰＤＳ」は、プロジェクトのスケジュール作成を決定する際の三要素とちょうど一致するので、覚えるのに便利かもしれない。

- **優先順位付け** ― どのタスクがプロジェクトの成功に不可欠かを見きわめる。
- **所要期間** ― それぞれのタスクが時間をどれ程必要とするか予想する。
- **スケジュール** ― メジャーピース、マイナーピース、タスクのそれぞれについて、開始日と目標完了日を設定する。

優先順位付け

「計画」段階ではプロジェクトを、実際に生じさせたいと願う理想的な姿へと組み立てていく。だが、現実には妥協を強いられるのが常だ。絶対に不可欠なものとそうでないものの区別はプロジェクトの開始時点につけておくべきで、途中まで進行し、資源の大半を使い果たした後では遅すぎる。だから、すべてのタスクに、「A」「B」「C」と優先順位を付ける必要がある。

A：プロジェクトの成功に不可欠で、何が何でも達成しなければならない、優先度のもっとも高いタスク。プロジェクトのピースやタスクは、大部分がこれに分類される。
B：プロジェクトの質を上げるには必要だが、絶対に欠かせないという程ではないタスク。
C：資源に余裕があれば行いたいタスク。

「B」と「C」のタスクは、達成できれば素晴らしいが、プロジェクトの完了に必ずしも必要ではない。つまり、品質の向上に貢献するものの、やらなかったとしてもプロジェクトの実施に支障は生じないタスクだ。それに対して「A」のタスクは、プロジェクトを成功させる上で絶対に避けては通れない。先ほどの自宅改築プロジェクトの例で言えば、床張り作業は「A」だが、カーペットを敷く作業は、重要ではあるが後でもできるので「B」である。一方、部屋の装飾の目玉にするグリーンの購入は恐らく「C」に分類されるだろう。

タスクの優先度は、タスクマップの左から二番目の欄に記入する。

所要期間

「作業にどの位の時間が必要か、なかなか見当がつけられない」と、嘆く人がいる。予想法には、主なものが二つある。経験法と有効予測法だ。もちろん、後者でも経験をもとにするが、見た目ほど循環的ではない。

最初はうまく予測できなくても、経験を積んでいくうちに、さまざまなタスクについて所要期間を正確に見積もることができるようになる。第十二章のプロジェクトのクロージングと評価に関するセクションで、見積りと実績値の比較を通じて時間予測スキルを向上させる方法を詳しく説明する。そうすると、単なる推測ではなく、しっかりした予測が可能になる。このスキルを短期間で改善するには、過去の経験の助けを借りるとよい。つまり、過去のプロジェクトで何か類似したタスクを手がけた人から具体的な情報を得るのだ。

過去の経験の助けを借りる：エキスパートを見つけよう

過去にプロジェクトに携わった人が、たとえそれが自分の取り組んでいるプロジェクトとは異なるものであっても、類似したタスクを行っている可能性は十分ある。そういう人は、あるタスクがどれ位の時間を要するか、どんな資源が必要か、そしてどんな落とし穴が予想されるかを知る上で大いに助けになる。その人たちに尋ねるべき質問を以下に列挙する。

●そのタスクは時間がどれ位かかりましたか？
●どのような障害にぶつかりましたか？
●今のあなたの知識でも

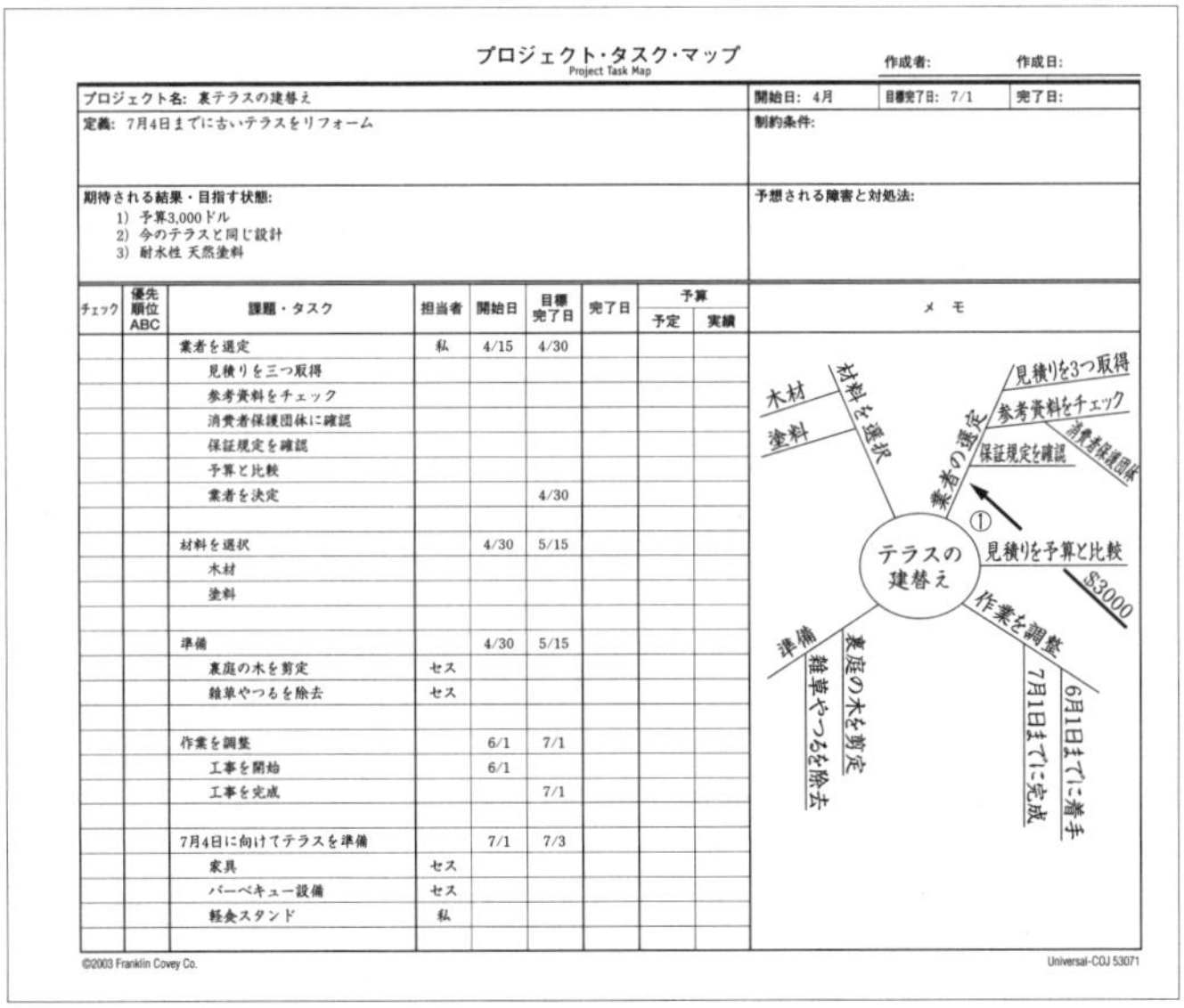

プロジェクト・タスク・マップ
Project Task Map

作成者:　作成日:

プロジェクト名: 裏テラスの建替え	開始日: 4月	目標完了日: 7/1	完了日:
定義: 7月4日までに古いテラスをリフォーム	制約条件:		
期待される結果・目指す状態: 1) 予算3,000ドル 2) 今のテラスと同じ設計 3) 耐水性 天然塗料	予想される障害と対処法:		

チェック	優先順位ABC	課題・タスク	担当者	開始日	目標完了日	完了日	予算 予定	予算 実績
		業者を選定	私	4/15	4/30			
		見積りを三つ取得						
		参考資料をチェック						
		消費者保護団体に確認						
		保証規定を確認						
		予算と比較						
		業者を決定			4/30			
		材料を選択		4/30	5/15			
		木材						
		塗料						
		準備		4/30	5/15			
		裏庭の木を剪定	セス					
		雑草やつるを除去	セス					
		作業を調整		6/1	7/1			
		工事を開始		6/1				
		工事を完成			7/1			
		7月4日に向けてテラスを準備		7/1	7/3			
		家具	セス					
		バーベキュー設備	セス					
		軽食スタンド	私					

メモ

Universal-COJ 53071

図7-5　プロジェクト・タスク・マップ：テラスの建替えの例

う一度そのタスクをするとしたら、どこかやり方を変えたい部分がありますか?

●結果はあなたが意図したものと違っていましたか?

●共通する問題で、避けられるはずと思うものが何かありますか? もしあれば、それはどのような問題ですか? その問題を回避するにはどうしたらよいでしょうか?

警告:この先、数式あり!

数学嫌いの方はスキップしてください。

計算によって予想所要期間を算出する(興味のある方のみ対象)

タスクの所要期間は、いろいろな予想が可能だろう。プロジェクトの予算が予想所要期間に基づいて立てられるのであれば、予想時間を正確に見積ることが必要になる。数学的に時間を推測する手法は数々あるが、一番わかりやすく、使いやすいのは恐らく、マリオン・ヘインズが著書『Project Management: From Idea to Implementation』の中で紹介しているものだと思う。彼が提唱する式は、次のようなものである。

Tm = 一般的に予想される所要期間

To ＝楽天的予想による所要期間（最短）。類似プロジェクトのわずか一％がこの時間内に完了。

Tp ＝悲観的予想による所要期間（最長）。類似プロジェクトの九九％がこの時間内に完了。

Te ＝算出された予想所要期間

Te ＝ To ＋ 4Tm ＋ Tp／6

この計算を行うと、もっとも確率の高い所要期間が算出される。

各タスクの所要期間が予想されたら、それをもとに開始日を割り出し、そのデータをタスクマップに記入する。

例えば、あなたが家を建てるとする。一年はかかると見る人が多い中、半年で終えるという業者もあれば、完成までに三年かかったという友人もいる。あなたは次のように計算する。

Te ＝ 6カ月＋4×1年＋3年／6＝7・5年／6＝1・25年

スケジュール作成：フォワード・プランニングとバックワード・プランニング

プロジェクトのスケジュールを考える際、期限が決められているかいないかで二通りの方法がある。

フォワード・プランニング

フォワード・プランニングは、期限が設定されていない場合の計画法だ。プロジェクトのタスクすべてを検討し、それぞれがどれ位の時間を要するか決める。次にそれを合計し、目標期限を設定する。その際、タスクの中には先のタスクが終了するまで着手できないものがあることを忘れてはいけない。

先ほどの自宅改築の例では、プロジェクトの各要素に必要な時間を見積もり、それを合算して期限を定める。こうして算出した期限に問題があるときは、制約要因のバランスを検討する必要がある。投入する資源をもっと増やすか。範囲や品質で妥協するか。それとも、画期的な作業方法を編み出してタスクの所要期間を短縮するか。

このようにスケジュールを決めることで、プロジェクトが適当な期間内に完了しそうかどうかがはっきりする。完了しそうもなければ、もう一度見直して修正を行う必要があることに気づくだろう。タスクの優先順位付けはすでに終わっているので、「B」と「C」のタスクをすべて検討し、延期もしくは削除できるものがないか考える。

バックワード・プランニング

バックワード・プランニングは、期限がすでに決まっている場合に用いられる計画法だ。期限として考えられるものには、会議や結婚式などの特別なイベントの実施日のほか、予算案の提出日などプロジェクトで割り当てられる日付がある。

バックワード・プランニングでは、最終期限から一歩ずつ逆算しながら、一つ一つのタスクの期限を決めていく必要がある。

例えば、前で触れたトレーナー養成プログラムは最終期限が決まっていた。この期限に間に合わせるには、出来上がったトレーニング教材すべてがセミナー実施日の少なくとも二日前にその場に届くようにする必要があった。それで私たちは、適当な輸送期間を見越して発送日を決めた。それから、教材の出荷準備に要する日数を見積もった。これにより、ガイドブックやビデオをはじめとするトレーニング教材すべての作成期限が設定された。私たちはこのようにして、重要なタスクそれぞれの期限を決めていった。そうすると、後は個々のタスクの所要期間を見積りさえすれば、開始日も決定することができた。

手順七：プロジェクトの予算を決定する

ここまで一つ一つ処理してきた手順は、予算編成に向けた重要な準備である。プロジェクトで何を行うべきか、また各部分を終えるのにどれ程の時間を要するかがすでに明らかになっている。次は、プロジェクトの各タスクに予算を割り当てる作業だ。過去に類似プロジェクトをした経験がなければ推測するしかないが、そうした経験があれば正確なコスト情報がわかり、それを組み込めばよい。こうしてプロジェクトのスケジュールと予算が決まったら、残るは必要な承認を得ることだ。

プロジェクトの承認と採用

プロジェクトの「計画」段階が終了して「実行」段階へと進む前に、計画をもとにプロジェクトを見直し、その採否を判断することが求められる。計画の変更、とくに資源面での修正が採用前に必要な場合があるからだ。その判断を行うために、どんなプロジェクトでもこの段階で注意深くチェックするのが望ましい。成功の見込みの低いプロジェクトであれば、さらに資金がつぎ込まれる「実行」段階前のこの時期が、不採用を決める最後のチャンスだ。また、資源が不足しているようであれば、適当な時期まで延期するという手もある。

プロジェクトの中には非常に複雑なものもあり、そうした場合は、数多くのタスク、資源、従事者を管理できる高度な手法が必要になる。次の第八章では、そうした大型プロジェクトの管理に威力を発揮する強力なツールを紹介する。

第八章　計画——複雑なプロジェクトの管理

この章のポイント
- ●複雑なプロジェクトの指針
- ●プロジェクト・タイムライン
- ●クリティカル・パス

一本の木を切り倒すのに八時間与えられるとしたら、私はそのうちの六時間を斧を研ぐのに費やすだろう。

——エイブラハム・リンカーン

どんなに大規模な、あるいは複雑なプロジェクトであっても、幸い、その管理プロセスが変わることは決してない。「ビジュアル化—計画—実行—評価」のＶＰＩＣプロセスは、どんな規模のプロジェクトにも通用するのだ。

もっとも、プロジェクト管理に用いるツールは同じというわけにはいかず、複雑なプロジェクトになると別のツールが必要になる。この章では、ここまで取り上げなかった強力なツールを紹介する。ただし、その前に、「複雑なプロジェクト」とはどういうものか定義しておこう。私は普段、含まれるタスクの数によってプロジェクトの難易度を四段階に分けている。それを簡単に表わすと、次のようになる。

レベル	タスク数	主な管理ツール
1	2～9	システム手帳
2	10～34	タスクマップ
3	35～149	プロジェクト・タイムライン
4	150以上	コンピュータ・システム

●**「レベル1」**は一言で言えば、朝飯前のプロジェクトだ。タスクが単純で数も少なく、順序もはっきりしていて、システム手帳に書き込めばそれで計画は終わりとなる。

●**「レベル2」**のプロジェクトは、一〇～三四個のタスクが関係するものだ。さほど困難ではないが、タスクの内容を分類し、順序を決め、担当者を定めるのに多少の手助けが必要になる。この種のプロジェクトには、第七章で述べたタスクマップが最適である。

●**「レベル3」**から困難なものになっていく。このレベルのプロジェクトでは、何とか先送りできないものかと思い悩み、真夜中に冷や汗をかいて飛び起きるなどということも起こり得る。だが、ＶＰＩＣプロセスと効果的な管理ツールさえあれば大丈夫だ。ただ、タスクの数が増え、依存関係にあるものも多く、通常は他の人間も数人関与するため、この種のプロジェクトを組織するにはある程度の協力が必要になる。

●**「レベル4」**は、スペースシャトルの製造、ビルの建築、新製品の立ち上げ、オリンピックの主催など、非常に大規模で、きわめて高度なプロジェクトに限られる。この種のものは本書の主旨を越えるが、その効果的管理にはやはり、「ビジュアル化―計画―実行―評価」モデルと、他の三つのレベルのツールが利用される。

プロジェクトが複雑かどうかは、その所要期間よりも、含まれるタスクの数、それらの依存度、従事する人間の数に関係する。期間は六週間でも何百というタスクを伴うプロジェクトは、二年間という長期にわたってもタスク数がわずか数個のプロジェクトよりずっと管理が難しいはずだ。とはいえ、所要期間がプロジェクトを複雑にする一つの重要な要素であることは間違いない。

プロジェクト・タイムライン（ガントチャート）

複雑なプロジェクトを管理するには、それなりのツールが必要になる。その一つがプロジェクト・タイムライン、通称「ガントチャート」で、タスクを時間の長さで表すものだ。二〇世紀初期、当時の産業プロジェクトの管理を目的として、ヘンリー・ガントによって考案された。ずいぶん昔の発明品であるにもかかわらず、プロジェクトに携わる者にとって理解しやすく、かつ効果的なツールとして今なお広く利用されている。

プロジェクト・タイムラインは、所要期間というプロジェクトの重要情報を、誰にもわかりやすいグラフの形で示してくれる。プロジェクトの従事者がタスクの期限、相互関係や依存関係を把握するのにとても便利である。

この他にもパート（Program Evaluation Review Technique = PERT）図など、より高度なツールもあるが、なかなか難解で、専門的訓練を受けないと使いにくい。非常に大規模で高度なプロジェクトには必要かもしれないが、使用がチーム内でも訓練を受けた一部の人間に限られることから、メンバー間のコミュニケーションという点ではプロジェクト・タイムラインに劣る。したがって、パート図は高度なプロジェクト管理を扱う書物に委ね、本書ではプロジェクト・タイムラインに絞って説明する。

プロジェクト・タイムラインはタスクと時間の関係をわかりやすく図示する

ガントチャートの非常に便利なところは、個々のタスクやマイナーピースの所要期間を図示することで、プロジェクトに要する大まかな合計時間が一目でわかるという点だ。プロジェクト全体をこの方法で配置すると、資源や手法の変更によって所要期間を短縮できる箇所が見つかることがよくある。依存関係がなく、並行処理の可能なタスクを発見できれば、全体の時間を減らせる可能性があるわけだ。その場合、コストか時間のどちらか、またはその両方が節約されることになる。

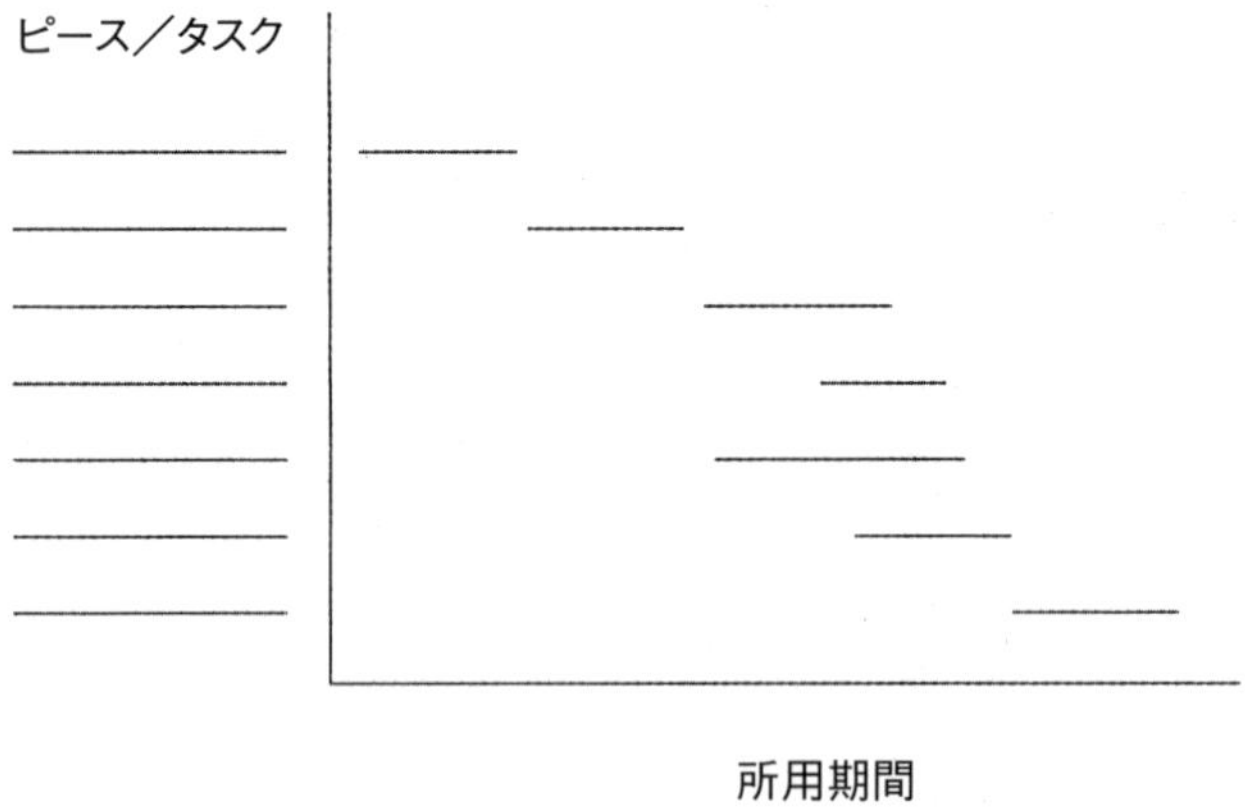

図8-1　ガントチャート例

私は、プロジェクト一件当たりの平均所要期間が一四年にも及ぶ業界に大口クライアントを二つ持っている。彼らはこの期間を一日短縮するたびに、何と五万ドル余の節約が可能となる。プロジェクトの時間数を減らしたところで大したことはない、とお思いの方もおられるかもしれないが、顧客満足、貴重な資源の節約、あるいはコスト削減に与える効果は決して小さくない。

ガントチャートはまた、わずかの遅れでもプロジェクトの期限に大きく影響しかねない重大なボトルネックの場所も教えてくれる。タスクの詳細な状況とプロジェクトの全体像が示されるからだ。各メンバーが、自分の担当部分に遅延が生じるとどういう結果になるかを知る上で、これは不可欠な情報と言える。プロジェクト・レビュー会議（これについては第九章で述べる）では、プロジェクト・タイムラインを毎回提出すべきである。

ガントチャートの作成法は、紙と鉛筆を使ってやる以外に、コンピュータの表計算ソフトやプロジェクト管理ソフトを用いる方法などいくつかある。これからガントチャートの作り方を詳しく見ていくが、その前に利用できるソフトウェアについて確認しておこう。

プロジェクト管理ソフト

ここ数年で、プロジェクト管理ソフトはさまざま開発された。だが、その多くは、一般的なプロジェクト・マネージャーには高度すぎる内容になっている。非常に強力だが、あまり使いやすくはないのだ。大金をはたいて購入してはみたものの、使いこなせずに放置してある、という話を私はよく耳にする。

ソフトウェアというのはいろいろな作業に威力を発揮するが、どう見ても自分には役立ちそうもないというものもたくさんある。ソフトは、プロジェクトの出発点となるビジョンを明確に示してくれるわけではない。人間に代わってメジャーピースやマイナーピースに分割したり、タスクの詳細を示したりすることもないだろう。依存関係にあるタスクや並行処理できるタスクを教えてくれたりもしないのだ。

「人間」がそうした情報をもれなくプログラム化してコンピュータに正確に入力してはじめて、そのプロジェクトが図示され、（プリントアウト、メール、ネットワークなどを通じて）他人と情報を共有したり、容易に原案を変更して「What-If分析」（いろいろなケースを想定して、その結果について検討する手法）をしたりすることが可能になる。だが、どんなソフトを使うにしても、あるいは手作業でやるにせよ、まずはプロジェクトやタスク同士の関係をはっきり把握することが先決である。

こうしたことが理解できていれば、ソフトウェアは大型プロジェクト（タスク数百以上）に不可欠なツールになり得る。私の経験からすると、小さなプロジェクトでは、プロジェクトの管理よりソフトの管理のほうに時間がかかってしまう傾向がある。

プロジェクト管理ソフトの活用をあきらめている方は、管理のプロセスがわかった今、捜し出してほこりを払い、もう一度試してみてほしい。これからソフトを購入しようと思っておられる方は、慎重に比較検討することをお奨めする。本書ではとても取り上げられない程数多くの種類が出回っており、その特徴と価格は実に幅広い。初歩的なものから、専門業種対応のものまで多種多様だ。自分のニーズを見きわめた上で、同じ業界の知人にアドバイスを求めよう。できればいきなり購入しないで、まずは体験版を手に入れることだ。そして、いざ購入するときは、使ってみて気に入らなかったときや、自分の求めるものとは違っていた場合に返品を受け付けてくれる、信用力のある会社を選ぶようにしたい。

紙と鉛筆を使ってやる、簡単で確実に安上がりな方法を好む方もいるかもしれない。だが、ソフトウェアを使おうが紙でやろうが、プロジェクト・タイムラインの作成方法は同じだ。そのフォームは自分で作るのもよし、フランクリン・プランナーのフォームを活用するのもよしだ。（付録A参照）。

プロジェクト・タイムラインの作成

表計算ソフトを使って自分で作ったフォーム、もしくは図8‐2に示したような既製品のフォームを使用して「プロジェクト・タイムライン」または「タイムテーブル」を作成する手順をこれから説明する。そこで使われる語句の定義と記号を以下に示す。

プロジェクト・タイムラインの用語

先行タスク：他のタスクを始めるために、先に完了しなければならないタスク。
後続タスク：先行タスクが完了するまで着手できないタスク。
所要期間：タスクを完了するのに要する時間。
並行タスク：他の一つまたは複数のタスクと同時に行うことのできるタスク。
安全（フロートまたはスラック）時間：後続タスクを遅らせることなくタスクの開始を遅らせることができる期間。
クリティカル・パス：プロジェクトの開始から終了までの所要期間が最長になるタスクを結んだ経路。この経路に含まれるタスクには安全時間はなく、遅れるとそのままプロジェクト全体の遅延につながる。

手順一：フォームの「ピース／タスク」と書かれた欄に、プランニング・マップにメモしたメジャーピースとマイナーピース、およびそれぞれのタスクを「順番通り」書き込む。個々のピースやタスクの担当者名、または必要な設備機器や資源を「資源／担当者」欄に記入する。

手順二：ピースやタスクに以下の基準で優先順位を付ける。

Ａ：プロジェクトの成功に不可欠。

Ｂ：重要ではあるが任意。プロジェクトの成功に必ずしも必要ではない。

Ｃ：任意。時間と資源に余裕があれば行うとよい。

手順三：「所要期間」の欄に、「6週間」「2日」「4カ月」などと期間を記入する。短期プロジェクトは時間数や日数で表わし、長期プロジェクトは週や月の数を用いるとよいだろう。

手順四：プロジェクト管理を適切に行うには、フォワード・プランニングとバックワード・プランニングのどちらが適しているか見きわめる（第七章参照）。つまり、プロジェクトの最終期限から逆算していくか、それとも最初から進めていくかを決める。タスクの実行時期は、所要期間（「所要期間」欄参照）と依存関係（「先行タスク」欄参照）を表わす横線で示される。例えば、２番のタ

プロジェクト・タイムテーブル
Project Timetable
作成者:　更新日:

プロジェクト名: 高度セキュリティシステム　開始日:　目標完了日: 3月　完了日:
定義:　制約条件:
期待される結果・目指す状態:　予想される障害と対処法:

チェック	優先順位ABC	課題・タスク	担当者	開始日	目標完了日	完了日	予算 予定	予算 実績	1ヶ月め	2ヶ月め	3ヶ月め	現在起きている問題
	A	1.0 製品開発研究										
		1.1 技術仕様を定義										
	A	2.0 製品開発										
		2.1 設計										
		2.2 試験／修正										
		2.3 最終開発およびリリース										
	A	3.0 マーケティング										
		3.1 包装										
		3.2 カタログ										
		3.3 パンフレット										
		3.4 製品発表										
	A	4.0 研修										
		4.1 販売										
		4.2 技術サポート										

©2003 Franklin Covey Co.　Universal-COJ 53070

図8-2　メジャーピースとマイナーピースを記入したプロジェクト・タイムテーブル

スクが1番のタスクに依存していて、1番のタスクが四週間を要するなら、2番のタスクは第5週に開始されることになる（「期間の単位」は「週」を使用）。タイムラインに横線を書き入れ、各タスクに割り当てる時間の長さを示す（メジャーピースとマイナーピースは、そのピースに含まれるすべてのタスクの合計時間数で長さが決まる点に注意してほしい）。縦方向に結ぶ線は、依存関係を示すのに便利かもしれない。タイムライン（ガントチャート）でよく使われる記号を以下にまとめる。

手順五：タイムラインの情報をもとに、それぞれのタスクやピースの開始日と目標完了日を記入する。プロジェクト評価の際に役立つよう、実際の完了日を追跡記録する。

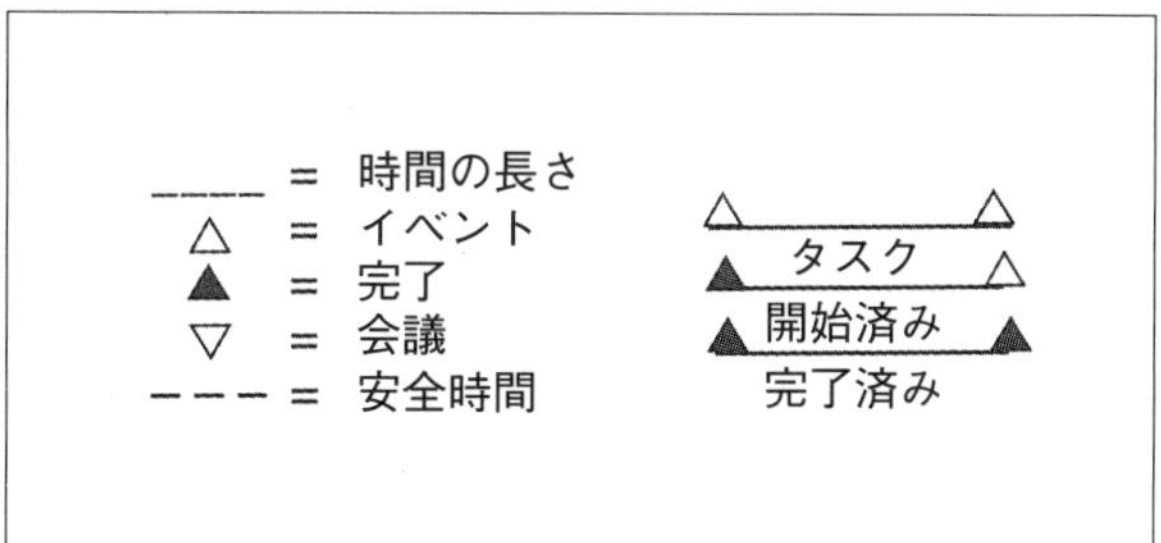

図8-3　ガントチャートの記号

プロジェクト・タイムテーブル
Project Timetable

作成者:　　　　更新日:

プロジェクト名: 高度セキュリティシステム		開始日:	目標完了日: 3月	完了日:
定義:	制約条件:		
期待される結果・目指す状態:	予想される障害と対処法:		

チェック	優先順位 ABC	課題・タスク	担当者	開始日	目標完了日	完了日	予算 予定	予算 実績	1ヶ月め	2ヶ月め	3ヶ月め	現在起きている問題
	A	1.0 製品開発研究	ジェリー									
		1.1 技術仕様を定義	／R&D									
	A	2.0 製品開発	ヤナ B.									
		2.1 設計										
		2.2 試験／修正										
		2.3 最終開発およびリリース										
	A	3.0 マーケティング	ウィンH.									
		3.1 包装										
		3.2 カタログ										
		3.3 パンフレット										
		3.4 製品発表										
	A	4.0 研修	スティーブE.									
		4.1 販売										
		4.2 技術サポート										
	A	5.0 出荷	デニスW.									

Universal-COJ 53070

図8-4　プロジェクト・タイムテーブルの記入例

手順六：プロジェクト予算を決める。ピースおよびタスクそれぞれの費用を適宜見積もる。必要なら、表計算ソフトを使用する。

クリティカル・パスを強調表示する

ガントチャートが完成したら、プロジェクトのクリティカル・パスを理解する必要がある。クリティカル・パスを強調表示すると、プロジェクトチームのメンバー全員にとって役立つ。クリティカル・パス以外のタスクには安全時間がある。つまり、その所要期間にいくらか柔軟性があるということだ。一方、クリティカル・パス内のタスクについては、もしそれらのうちのどれか一つでも遅れれば後続タスクにも遅延が生じ、結果的にプロジェクトの完了が遅れることになる。有能なプロジェクト・マネージャーはタイムラインに注目し、クリティカル・パスを注意深く監視する。

図８－５で具体的に見てみよう。例えば３番のタスクが一カ月遅れた場合、プロジェクトにどんな影響が生じるだろうか。五カ月遅れたらどうだろう。安全時間がどれ位あろうが、すべてのタスクがクリティカル・パス上にある可能性があることを忘れてはならない。

1．1番のタスクを見てほしい。このタスクが一カ月遅れたら、どうなるだろうか。この遅れがプロジェクトの初期に発生したとしても、このタスクはクリティカル・パス上にあるため、もっと大きな支障が生じるだろう。少なくともこうしたことがわかっていれば、それなりの方法で管理ができるのだ。優先順位の変更や資源の調整の交渉に役立つ可能性がある。また、参加者や利害関係者たちにも、こうした遅れがもたらす結果を知らせることができる。

私がプロジェクト・タイムラインの活用法を学んだのは、あるエンジニアリング会社でプロジェクト管理を担当していたときのことだった。プロジェクトチームの会議でこの手法が非常に有効なことに私たちは気づいた。壁にプロジェクト・タイムラインを張り出し、黄色の蛍光ペンで各タスクの進捗状況を示した。こうすると、状況を視覚的に確認するのにとても効果的だった。グループの中に仕事を先送りしたがる人たちがいたが、そうした行為を防ぐのにも役立った。エンジニアたちも最後には理解してくれた。プロジェクト戦略室にやって来て、自分たちの仕事が周囲の足手まといになっていることを知らされるのはさすがに忍びなかったのだろう。先送りの習癖を打ち破る、穏やかながら有効な方法だった。

強調表示が出来上がり、必要な承認がすべて得られたら、次はいよいよ「実行」段階へと進んでいくことになる。

プロジェクト・タイムテーブル
Project Timetable

作成者:　更新日:

プロジェクト名: 高度セキュリティシステム		開始日:	目標完了日: 3月	完了日:	
定義:		制約条件:			
期待される結果・目指す状態:		予想される障害と対処法:			

チェック	優先順位 ABC	課題・タスク	担当者	開始日	目標完了日	完了日	予算 予定	予算 実績	1ヶ月め	2ヶ月め	3ヶ月め	現在起きている問題
	A	1.0 製品開発研究	ジェリー									
		1.1 技術仕様を定義	／R&D									
	A	2.0 製品開発	ヤナ B.									
		2.1 設計										
		2.2 試験／修正										
		2.3 最終開発およびリリース										
	A	3.0 マーケティング	ウィンH.									
		3.1 包装										
		3.2 カタログ										
		3.3 パンフレット										
		3.4 製品発表										
	A	4.0 研修	スティーブE.									
		4.1 販売										
		4.2 技術サポート										
	A	5.0 出荷	デニスW.									

Universal-COJ 53070

図8-5　クリティカル・パスを強調表示したタイムテーブル

第九章　実行――システム手帳で調整する

この章のポイント
- ●プロジェクトのスケジュール化
- ●突発用件への対応
- ●プロジェクト「上司」

昨日のことばかり考えていては、より良き明日はやって来ない。
ゼネラル・モーターズ社元取締役、発明家
――チャールズ・F・ケタリング

世間ではよく最初に取り上げられるテーマにようやくたどり着いた。プロジェクトの「実行」である。実行とは、適切なツールを使って進捗状況をモニターしながら計画を進めていくことだ。自分の価値観に根差したプロジェクトが選択され、それが慎重に計画されていれば、実行はそれだけ容易になるはずである。とはいえ、まだプロジェクトの成功が確定しているわけではない。要求事項、資源の入手可能性、予想所要期間などの変更に対応しつつ、プロジェクトを軌道上に保つことができるかどうかは、実行のためのツールや戦略を使いこなす能力にかかっているのだ。

実行段階には、次の二つの主要な戦略が含まれる。

●システム手帳による調整
●周囲の人々との調整とコミュニケーション

この章では、システム手帳を使ってプロジェクトの調整と管理を行う方法について説明する。「周囲の人々との調整とコミュニケーション」は、次の第十章のテーマとなる。

スケジュール化：システム手帳によるプロジェクトの調整

システム手帳はプロジェクト管理にとって基本的なツールだ。どんなシステム手帳を使うにせよ、ある時点に自分はどこにいて、何をすべきかがはっきりわかるようなものでなければならない。私たちはこれを、「スケジュール化」と呼んでいる。情報をスケジュール化するということは、プロジェクトに含まれるタスクを実行する適切な日時を決めるということだ。要するにスケジュール化とは、次の三点を明確にすることなのだ。

一．「何」を行う必要があるか？
二．「いつ」それをする必要があるか？
三．「どこに」その情報は記録されているか？

プロジェクトのスケジュール化手順

- システム手帳にプロジェクトタブを作成する。
- プロジェクトをタスクリストにスケジュール化する。
- プロジェクトのアポイントメントを設定する。

手順一：システム手帳にプロジェクトタブを作成する

新しいプロジェクトを開始する際は、まずシステム手帳にプロジェクトタブのページを作る。プロジェクト管理に関する文書は、すべてこのタブで分類して保存することになる。ただし、これはかなり規模の大きなプロジェクトの場合で、タスクをシステム手帳に直接書き込めば済むような単純なプロジェクトでは必要ない。プロジェクトの多くはこうした単純なものだが、大規模プロジェクトであればプロジェクトタブの作成が作業の第一歩だ。このタブの中に、「プロジェクト・タスク・マップ」や「タイムテーブル」その他のフォームを入れることになる。

二度手間を避けるため、プロジェクトのタスクをタスクリストに詳細に記入するのではなく、次に示すように、プロジェクトをただデイリーページのタスクリストにスケジュール化すればよい。

手順二：プロジェクトをデイリーページのタスクリストにスケジュール化する

準備が整ったら、プロジェクトをデイリーページのタスクリストにスケジュール化する。そのためには、以下の三つの要点が一目見てわかるようなリストとして記入する。

要点
一．何を行う必要があるか？
二．いつ次の手順を行うべきか？
三．どこに情報は記録されているか？

例えば「自宅改築プロジェクト」という「何を」をシステム手帳のデイリーページに「いつ」を記入することになる。そのときに、「3番のプロジェクト・タブ」で管理されているなら、記入例は、「自宅改築ＰＴ３」となる。だが、これではまだ十分ではない。

ＴＡＦ：プロジェクト・タスクの予告

プロジェクトのタスクは通常の仕事とは異なり、それだけやれば完了するというものではない。覚えておられるだろうか。プロジェクトの場合は、全体が終わるまで完了しないのだ。六月十二日に予定されている「改築」タスクを実行するのも重要だが、次のタスクをいつにするか決めることも劣らず大切なのだ。これをしておかないと、その日に予定されたタスクを終えるとプロジェクトのことなど忘れてしまい、そのうちにどこかからか悲鳴が上がるまで気づかないということになる。この予告作業を「タイム・アクティベーション・フォワード」の頭文字をとって「ＴＡＦ」と呼ぶ。そういうわけで、スケジュール化参照メモにはもう一つ必要な要素が存在し、それがこのＴＡＦなのだ。全部の要素がそろうと、リストの内容は次のようになる。

（プロジェクト名）　（情報記録場所）／ＴＡＦ

六月二日の例では、「自宅改築（ＰＴ３）／ＴＡＦ」と記入すると、「プロジェクト」タブ３（私が自宅改築プロジェクトを割り振ったタブ）を見ればよいということだ。私の「タスクマップ」または「タイムテーブル」から、今日すべきタスクが二つあることがわかる。その二つを処理すると、七月一日までこのプロジェクトに関してはやることがないため、その日の「タスクリスト」にスケジュール化参照メモを記入する。そうすると、システム手帳の今日の項目は「完了」とすることができる。これでエンドルフィンの放出となるわけだ。

「情報記録場所」参照メモは、そのプロジェクトを効果的に管理するのに必要な最新情報がどの「プロジェクト」タブに含まれているかを示す。同じセクションにある「タスクマップ」や「タイムテーブル」には、その日にどのタスクを処理すべきかが記されている。だから、日付欄を見て、今日すべきことを確認するだけでよいのだ。各タスクが終わったら、その都度このフォームに「完了」マークを付ける。各作業の終了時、次は何をいつ行う必要があるか、このフォームを見て判断する。そうしたら、システム手帳で、次に作業をすべき日のページを開き、前とまったく同じようにそのプロジェクトをスケジュール化する。タスクリストに「プロジェクト名」「データの保管場所」にタイム・アクティベーション・フォワード（TAF）を記入することにより、仕事の見落としがないようにするわけである。

この簡単な作業には、二つのメリットがある。一つは、完了した作業を処理済みにすることによってエンドルフィンの放出を体験できることだ。そして、もう一つ、適切な時期にタスクリストに現われるように先の予定を組んであるので、そのプロジェクトのことは一時忘れても問題ない。これによって、ストレスは随分軽減されるはずだ。スケジュールは気にかけなくてよい。予定日になったらちゃんと現われるので、気持ちを楽にして次の優先事項にとりかかることができる。

他のプロジェクトファイルの参照

この方式では、カッコ内の記載がファイルや情報ソースを表わすようになっている。「プロジェクト」タブには、プロジェクト管理に関して必要な情報などを入れておくと、特定のプロジェクトを効果的に管理するのに役立つ。だが、プロジェクトによっては、他のファイルを設定している場合もあるかもしれない。デイリーページのタスクリストやプロジェクトフォームでは、参照すべき特定のファイルをカッコの中に記入する。本書を執筆していた頃の私のタスクリストは大概、次のような感じだった。

Ａ１．今日の計画
Ａ２．本（実行）／ＴＡＦ

この参照メモは、私が今日処理すべき二番目の優先事項が、本の実行の章の執筆であることを示す。カッコ内の「実行」という記載は、そういうタイトルのコンピュータファイルを表している。また、このメモは、プロジェクトのどの部分を処理する必要があるかという点も具体的に教えてくれる。大規模プロジェクトに携わっている方であれば、特定のメジャーピースやマイナーピース、ファイル名、記録場所を参照する際、このカッコが大いに威力を発揮するはずだ。

手順三：プロジェクトの作業をアポイントメントとして設定する

プロジェクトというのは長期的に意義があるものであり、差し迫ってどうこうというものではない。プロジェクトを遂行する際は普通、それとは無関係な定期的作業よりも集中力や努力が求められる。そして、大概の人は、毎日やるべき定期的な仕事をどっさり抱えていて、プロジェクトまで気が回らないものだ。それで、デイリーページのタスクリストにプロジェクトをメモするだけでは、たとえその優先度を「A」にしたとしてもなかなか実行に結びつきにくい。プロジェクトのための時間を確保するには、アポイントメントを実際に設定してしまうとよい。プロジェクトの作業に必要な時間を見積もり、その日のスケジュールの該当部分にアポイントメントが入っているようにしておくわけだ（図9‐1参照）。

ある作業に二時間必要だとしたら、なるべく適切な時間帯を見つけ、「スケジュール」のその部分を、あたかも会議の約束でもあるかのように埋めてしまおう。私的なプロジェクトの場合は、勤務時間以外で同じようにやればよい。

かつて私のセミナーを受講した一人の女性が、びっくりした目で私を見ながら言った。「そんなこと、できるかしら」と。いや、それができるのだ。それどころか、プロジェクトの仕事を他の通常業務とともにその日にうまくはめ込むには、そうするしかないのだ。そうしないと、一日中目先の急用に追われ、プロジェクトはいつまで経っても片付かないだろう。さもなければ、夜や週末の時間を使うことになるが、それでは他の価値観や、バランスのある生活をしたいという希望がないがしろにされる。

アポイントメントとして設定したプロジェクト作業をやり抜く

アポイントメントとして設定したプロジェクト作業は、他の約束と同様に重視しなければいけない。私は出張が多いため、オフィスにいるのは月にほんの数日で、そういう日は大概、朝八時までに出勤する。そのうちに電話が鳴り出し、八時五分頃には私の部屋の入り口に人が来ている。私は今日の計画を自宅でやるようにしている。オフィスではとてもできないからだ。また、もし計画を立てないとしたら、一日の仕事が終わったとき、必要な仕事をすべて完了できたのかどうかもわからないまま、疲れ果てて帰宅することになる。

だが、私が今日の計画を立て、一〇時から一二時まであるプロジェクトの仕事をすると決めていたら、次のような場面が予想される。上司が私のところにやって来て、こう言う。「リン、君が帰ってきてくれて助かるなあ。君の不在中、いろいろなことがあってね。今日時間をとって話しておいたほうがよさそうだな。いつがいいかい？」

私はシステム手帳を見て、答える。「九時から一〇時まで会議で、一〇時から一二時までアポ

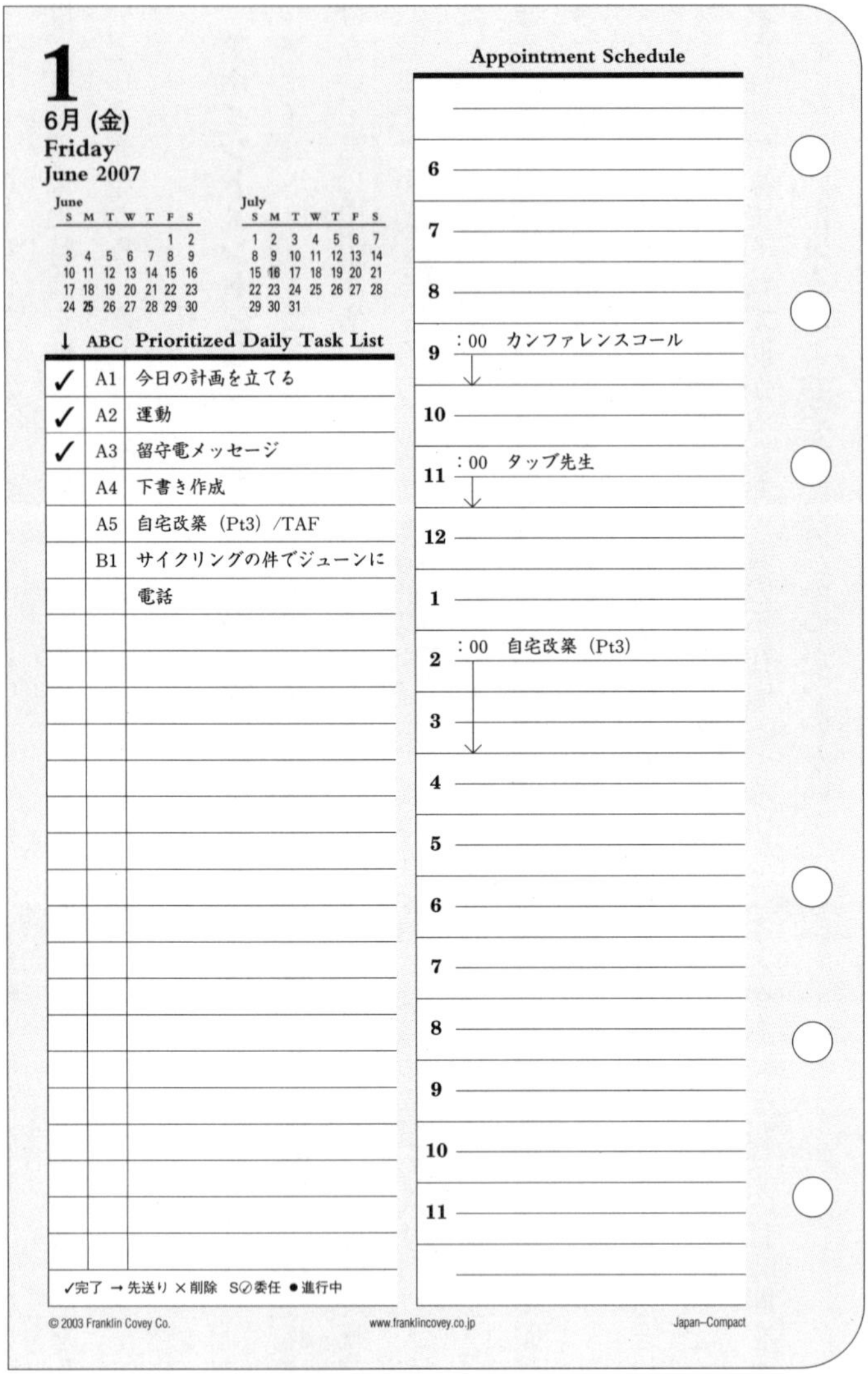
1
6月 (金)
Friday
June 2007

June

S	M	T	W	T	F	S
					1	2
3	4	5	6	7	8	9
10	11	12	13	14	15	16
17	18	19	20	21	22	23
24	25	26	27	28	29	30

July

S	M	T	W	T	F	S
1	2	3	4	5	6	7
8	9	10	11	12	13	14
15	16	17	18	19	20	21
22	23	24	25	26	27	28
29	30	31				

↓ ABC Prioritized Daily Task List

↓	ABC	Task
✓	A1	今日の計画を立てる
✓	A2	運動
✓	A3	留守電メッセージ
	A4	下書き作成
	A5	自宅改築（Pt3）/TAF
	B1	サイクリングの件でジューンに電話

✓完了 →先送り ×削除 S⊘委任 ●進行中

Appointment Schedule

6	
7	
8	
9	:00 カンファレンスコール
10	
11	:00 タップ先生
12	
1	
2	:00 自宅改築（Pt3）
3	
4	
5	
6	
7	
8	
9	
10	
11	

© 2003 Franklin Covey Co. www.franklincovey.co.jp Japan–Compact

図9-1 プロジェクトの作業時間をアポイントメントとして確保したスケジュール

イントメント、そして二時にまた会議です。それ以外でご都合はどうですか?」ここで注意してほしい。私は、「一〇時から一二時までプロジェクトの仕事がある」とは言わなかった。もしそう言っていたら、「プロジェクトは後回しにして、一〇時にしてくれないか」と上司が言うのは目に見えている。私は、アポイントメントがあると言ったのだ。確かにそうなのである。私のプロジェクト、私の仕事、そして私自身へのアポイントメントなのだ。このような対処法を、私は別に悪いことだとは思わない。

それで、上司が次のように言ったら、私はどうするだろうか。「リン。すまないが、今日は忙しくてね。空いているのは一〇時だけなんだよ」と。システム手帳は柔軟性に富むことを忘れないでほしい。人間がシステム手帳を使うのであり、システム手帳に使われてはいけない。私は自分の手帳を見て、そのプロジェクト作業を三時に移し、一〇時のところに上司の名前を書き込む。私はスケジュールを変更して上司の都合に合わせたが、自分のプロジェクトに二時間確保することは何とかできたわけである。

突発用件への対応

毎日必ず起きるのが不意の用件だ。こうした突発用件にうまく対処することは、プロジェクト・マネージャーの仕事の中でもっとも難しい部分と言えるだろう。何百回にも及ぶプロジェクト管理セミナーから拾い集めた助言のいくつかを、以下に紹介する。

一．突発用件に優先順位を付ける

プロジェクト作業に従事している間に計画外の用件が突然生じたからといって、即、優先度「A」というわけではない。電話や来客があって何か用事ができたら、少し間をとってその用件の重要度を考えてみよう。その日のタスクリストに書き込み、優先順位をつけるのだ。もしそれが「B」か「C」であれば、プロジェクトの仕事に戻り、その件はいつか適当な時期に対処すればよい。それが間違いなく「A」である場合は、他は一切後回しにしてでも即座に着手しなければならない「A」なのか、それとも、その日のうちに処理すべき他の「A」の事項と一緒に予定に組み込めばよい「A」なのか見きわめる必要がある。そして、後者であれば、プロジェクトのために予定していた時間を割く必要はない。

二．誰かと仕事場を交換する

プロジェクトの仕事を数時間する必要のある人が他にいたら、その人とオフィスを交換してみよう。その人の部屋に来る客は、あなたが目的ではない。本来の主がいないとわかったら、すぐに退散するだろう。電話に対する対応の仕方は二つある。自分で電話に出て用件を簡単にメモして仕事に戻るか、留守番電話やアシスタントに伝言を受けさせるかだ。

交換を終えて元のオフィスに戻ったら、電話のメッセージを手早く処理し、その日の予定をこなしていけばよい。

三、会議室を借りる

電話などのない特別室を数時間借り切って仕事をすると、能率が上がるかもしれない。この種の部屋は普通、直接出向くか、事前に申し込むことによって利用できる。

四、社外で仕事をする

できれば会社から出るのが一番いいかもしれない。私がセミナー用テキストの開発に携わっていたとき、オフィスでは仕事がほとんどできないという人間が私を含めて三人いた。三人のうちの何人かがつねに社内の誰かの用事でつかまっていたので、突発用件に奪われる時間は三倍になった。それで仕方なく、私たちは二、三時間の打ち合わせを近くのコーヒーショップで行うようになった。そこは仕事場として完ぺきだった。テキストの構想のほとんどは、コーヒーショップ「ソルトレーク・ロースティング・カンパニー」で練られたものである。

また、本書の執筆をしていたときも、ジョイスと私はその初期作業の多くを、オレゴン州ポートランド随一のコーヒーショップで行った。コーヒーをすすりながらブレインストーミングを行い、アイデアに詰まると近くの本屋や文房具店をぶらついて頭をリフレッシュさせたものだ。そこからさらに別のコーヒーショップに場所を移し、アイデアを記録したりした。また、ユタ州のブライトン・スキー場のロッジにノートパソコンを持ち込んだこともあったが、そこでの仕事はとても実り多いものだった。能率が上がり、質も良ければ、こうした素敵な場所で仕事をするのも悪くはないだろう。

五、自宅をオフィスにする

会社勤めの人であっても、「自分自身が会社」という考え方をしてみよう。これはデニス・ウェイトリーという米国の能力開発研究家の素晴らしいアイデアである。自分が自分の会社に雇われていると考えると、その会社の最重要資産、すなわちあなた自身への投資はビジネス上有意義であることに気づくはずだ。この考え方に基づけば、あなたは今、会社にサービスを提供しているが、雇い主はいつか将来変わるかもしれないし、独立する可能性もある。だから、あなた自身の正味価値を引き上げるため、知識、スキル、素質、能力の継続的発展や開発に投資することは意味のあることなのだ。ベンジャミン・フランクリンは言っている。「財布の中のお金をいつもあなたの知性に費やしていれば、お金がどんどん知性に変わっていくはずだ」

こうした自分自身への投資の効果を信じている私は、自宅の部屋にデスク、ファイリング・システム、パソコン、プリンタ、ファックス、電話を備え付け、仕事場にしている。

実際のところ、会社より自宅のほうがオフィスとしてずっと快適であり、質の良い仕事ができる。また、私の場合、常識外れの時間帯に仕事をしたがる傾向があるが、それも自宅オフィスなら許される。ただし、家で仕事をするとなると、勤務意欲や自制心を自分で管理しなければならず、家族や友人たちのサポートも必要になる。でないと、雑用をしたり、わざわざ仕事の手を止めてわずかな量の洗濯をしたりと、つねに家事中心の生活形態になりかねないからだ。また、自宅がオフィスだと、とくに仕事中毒気味の方は、私生活との切り替えが難しいことも心得ておいてほしい。こうした難点をうまくコントロールできれば、そのメリットは計り知れないものがある。仕事の質が向上すれば、成長、能力開発、そして昇進を実現するチャンスなのだ。

六、「起こさないでください」の札を活用する

仕事場にこもらなければならないときは、ホテルによくある、あの「起こさないでください」の札を使うとよい。これを自分で作り、オフィスのドアにぶら下げるのだ。年がら年中ぶら下げっぱなしではまずいが、そうでなければそれなりの効果を発揮するものと思われる。メッセージはできるだけ具体的に書き、その下に連絡用のメモ用紙をテープで貼り付け、鉛筆をぶら下げておくのもよいだろう。「期限近し。緊急な用件以外、入室お断り。メッセージのある方はどうぞ。なるべく早く連絡します」。さらに、「ご協力に感謝し

ます」と大きな字で添えておこう。

プロジェクトに時間を効果的に費やすにはどうしたらよいか、あなたの組織の中でブレーンストーミングをしてみよう。ただし、三、四時間プロジェクトに専念できる機会をじっと待つような真似は間違ってもしてはいけない。不可能とは言い切れないが、まずあり得ないからだ。プロジェクトを扱いやすいサイズに分割しておいて、二、三〇分でも暇があったら取りかかるようにしよう。一〇時に約束した人が一〇時半になっても現われない、といった場合の時間を無駄にすることはない。

プロジェクトを二、三〇分でできるマイナーピースに分割する

タスクの見落としに後で気づいたときは

プロジェクトの「計画」段階で見落としていた作業に「実行」段階で気づく、というのはよくあることだ。そのようなタスクは、「プロジェクト・タスク・マップ」の一番下に書き加えればよい。開始日と目標完了日を記入し、もしその日付が次に予定されている作業より前であれば、プロジェクト参照メモをシステム手帳にスケジュール化する。そうでないときは、すぐにスケジュール化する必要はなく、次の作業を行う時でよい。

最初プロジェクト・タスク・マップやタイムテーブルにタスクを順番に列挙するようにしたが、タスクがいつ完了するかは、リスト内の位置ではなく開始日で決まることを忘れないでほしい。順番に列挙すると、イベントの流れがわかりやすくなり、もっと複雑なプロジェクトでは順序付けが非常に重要な意味を持ち、かつ有効である。だが、フォームの開始日の欄を注意深く監視していさえすれば、リストの一番下に二、三項目を加えても別に問題はないはずだ。

プロジェクトを月間カレンダーとリンクさせる

プロジェクトを調整してシステム手帳に再び記入する場合、最後の手順としてその重要情報を月間カレンダーに記載する必要がある。このページはプロジェクトだけでなく、あなたの生活全体を確認するのに役立つ。あるプロジェクトをせっかくうまく計画しても、それが他のプロジェクトや生活の中の出来事の障害になるとしたら、意味がない。全体像を把握することが必要なのだ。

重要な約束のある日や期限を月間カレンダーに記入しよう。また、プロジェクト・レビュー

日 Sunday	月 Monday	火 Tuesday	水 Wednesday
3 先負	4 仏滅 10-11： レビュー会議(Pt6) 1-3： トレーニング会議	5 大安 3：タップ先生	6 赤口 2-4：ドンと打ち合わせ
10 仏滅	11 大安 10-11： レビュー会議(Pt6) 3-5：(Pt6)	12 赤口 2-5：(Pt5)	13 先勝 ABCプロジェクト -主要イベント(Pt5)
17 先勝 セスと乗馬	18 友引 10-11： レビュー会議(Pt6)	19 先負 9：DCへフライト ↓	20 仏滅 ボルティモア ↓
24 友引	25 先負 9-3 (Pt6) ↓	26 仏滅 10-4 (Pt6) ↓	27 大安 XYZプロジェクト 期限(Pt6)

© 2003 Franklin Covey Co. www.franklincovey.co.jp Japan–Compact

図9-2 プロジェクトを「月間カレンダー」とリンクさせる

会議の予定も書き込む。月間カレンダーの活用は、月の管理のカギとなる。その月にプロジェクトの期限が到来し、その準備の仕事が数日分あるとわかっていれば、カレンダーのその部分を前もって確保しておくとよい。

この作業は、今日までの私にとってとても重要だった。何年も前の話だが、私は明らかに仕事中毒になっていた時期があった。仕事を家に持ち帰り、夜や週末に処理することが次第に増えていったのだ。そんな時突然、私は自分の生活が大きく偏っていることに気づいた。母子家庭だったため、生活費の稼ぎ手と親という二つの役割を私は担っていた。また、息子のセスを見て、彼がどんどん大人になっていることも実感させられた。彼が大学に入り、家に一人取り残された自分が、「何てことよ。もっとあの子にかまってやるべきだった」などと一人つぶやく姿が突然脳裏をよぎったりした。

私は、仕事をする時間と息子と過ごす時間の両方を何とかして確保しなければならなかった。そんな時、私の生活にバランスを取り戻してくれたのが他でもない、月間カレンダーである。それはちょうど効果的な予算のように、生活行動の中で私の価値体系にとって重要でないものをいくつか見つけ出し、排除するのに役立った。自分の価値観と家計のバランスをとるため、出張や講義のスケジュールを削るようになり、やがてその成果が現実のものとなった。それができたのも、自分のプロジェクトを慎重に計画し、その作業を月の中に一貫性を持って配置することによって時間を生み出し、能率を高めるということをしたからだった。しばらくすると、毎週末プロジェクトを家に持ち帰らなくても片付けられるようになっていた。

月間カレンダーの素晴らしい点は、月ごとに、そして日々、自分がどんな生活をしているかを教えてくれることだ。カレンダーを眺めてみて、自分の価値観に根差したプロジェクトや活動が定期的に現われないようであれば、まだその威力を発揮しているとはいえない。このページは、単なるプロジェクト管理にとどまらず、あなたの生活のために存在するのだ。バランスある生活を作り出せているか、このページを見れば一目瞭然である。

余談になるが、本書が発行される頃には、私の息子は大学生になっているはずだ。私たちが築き上げてきた関係と、共に過ごしてきた充実した時間を私は誇りに思っているが、それもこれも、このシステムによって能率を高めることができたお陰である。

プロジェクト「上司」

「プロジェクト」という語の定義から少し外れるかもしれないが、私は自分の上司を一つのプロジェクトと考えている。セミナーでこの話をすると、「なるほど」という感じのクスクス笑いが起こり、反論を受けることは稀だ。あなたも、上司用のプロジェクトタブを作ってみてはいかがだろうか。そして、そこに、上司との会話や与えられた任務、約束などをずっと記録していくのだ。出席した会議、その年に割り当てられ、達成した目標や職務などの記録が残っていると便利であり、評価の時期などはとくに威力を発揮するだろう。

私の上司はある日、私のセミナーに出席した後、スタッフ会議に現れたが、そのとき彼は自分のプロジェクト管理ノートを私たちに見せてくれた。そこには、会議に出ていた面々のタブが作られていた。上司の説明によると、私たちは彼のプロジェクトであり、各人をタブに割り振ることで、プロジェクト、私たちとの会話や打ち合わせをフォローできるということだった。

この方式のメリット

システム手帳を使ってプロジェクトを調整するこの方式には、いくつかメリットがある。その最大のものは、プロジェクトを遂行するたびにその日の予定と、さらには全体像を把握できることだろう。その時点までに起きた事柄をさっと理解することができるのだ。すべて順調に進んでいるか。この先、どういう展開になるか。将来起こることに対する備えは万全か。変更や修正が必要か。

この方式のもう一つのメリットは、複数のプロジェクトを同時に手がけている人が多い中、一度に数多くのプロジェクトに対処できることだ。プロジェクトの難しい点は、一日で完了する必要のある、プロジェクトとは無関係な仕事はもちろんのこと、同時にいくつものプロジェクトに従事しなければならないところにあるように思われる。正規の仕事を八時間した後、さらにプロジェクト関連の作業が待っている、という愚痴をよく耳にする。ということは、プロジェクトの仕事が生活の他の部分、つまりはプライベートな時間にまで入り込んでいるということだ。この方式は、このようなプロジェクトをすべて毎日の生活の中にはめ込み、自分の価値観と目標に基づいて優先順位を付けるのに役立つ。

この方式によって生み出される文書も、一つの利点と言えるだろう。情報や内容がすべてプロジェクト別に保存されるため、完了したプロジェクトについて、あることがどのようになされたか、特定のタスクを誰が担当したか、ある作業がどれ程のコストや期間を要したか、といったことを容易に把握できるのだ。これがいかに重要か、つい先ごろ私の上司が変わったとき、私は身をもって体験した。私たちはある早朝会議で、部署内の製品コストを削減する方法を検討していた。経理部が上司に示した数字をチェックしていた私は、それが正確でないことにすぐ気づいた。三年前、初代製品設計チームの一員だった私の目には、彼が持っていた数字では私たちのコストが随分多めに計算されているように見えたのだ。「ちょっと待ってもらえますか。取って来たいものがあるので」と私は言い残して、彼のオフィスを後にした。

私のオフィスに戻り、本棚から該当するプロジェクト保管用バインダーを取り出し、プロジェクトタブを捜し出した。その後、ミーティング・プランナーの中で、私たちが製品の見積依頼を受けた三年前のチーム会議について記したページを見つけるの簡単だった。上司の部屋に戻るまでに要した時間は、ものの二、三分だった。私はそのページを開いて彼の前に置いた。こんな細かなデータをあっという間に捜し出してきた私を、上司は驚嘆の目で眺めていた。

私のメモを根拠に、私たちは経理部にこのかなり重大なミスを訂正させることができた。（上司は、私が教えていた方式を身につけようと、私の次の公開セミナーに参加した。彼がスタッフやプロジェクト用にプロジェクト・バインダーを使うようになったのはこれがきっかけだった）

次の第十章では、プロジェクトの成功に欠かせない人たちとの調整やコミュニケーションの仕方について説明する。

第十章　実行 ―― 周囲の人間との調整とコミュニケーション

この章のポイント
- ARC委任
- プロジェクト・レビュー会議
- TULE会議

運命は偶然に訪れるものではなく、選択の問題である。待つのではなく、実現させるものなのだ。

―ウィリアム・ジェニングス・ブライアン

プロジェクトは、一人の人間の力で成し得るものではない。「計画」段階では、他の人たちに分担してもらわなければならないタスクが数多く発見されるのが普通だ。だが、そうした人たちは計画プロセスに加わっていない場合が多く、だとすると、彼らはプロジェクトチームのビジョンを共有していない。また、彼らはあなたから追加の仕事を頼まれなくても、すでに目一杯のスケジュールを抱えているかもしれない。とはいえ、委任の重要性は口を酸っぱくして言われてきたことであり、図らずもプロジェクトではそれを実践することになる。

従来の委任方法

計画作業が終わると、仕事に対する意欲がふつふつと湧き上がり、さあ行動に移るぞという気持ちになる。タスクを実行してもらう適任者を見つけ、その内容を説明し、月曜日までに終えてほしいなどと頼む。さらに別の人のところに行き、次のタスクについて説明する。こうしてプロジェクトは順調に滑り出す。なぜなら、すべてのタスクを委任したのだから。そうしておいて、自分の仕事に取りかかる。ところが、月曜の会議でタスクが終わっていないことがわかり、翌朝、頼んだ人のところに行くと、まだ出来ていないという返事が返ってくる。材料全部の取り寄せが済んでいないのだという。これが完了しないと他のものに手がつけられず、突如としてプロジェクト全体に狂いが生じ始める。それで、その人に対して腹立たしさを感じ、落胆する。その気持ちは、プロジェクト管理という仕事全般にも向けられていく。

いや、待ってほしい。問題はどこにあるだろうか。頼まれたタスクを終えなかった人にあるわけではない。プロジェクト管理でもない。「任せ切り」の委任の仕方にあるのだ。このやり方でうまく行った例はまずない。スタッフの反発を受けるか、自分でその仕事をやる羽目になるのが関の山で、その両方というケースもあるだろう。他人に委任する場合は、期限までにきちんと完了してもらわないと意味がないのだ。

ＡＲＣ：効果的な委任方法

効果的な委任とは、双方向のやり取りである。それはタスクに対する責任の輪（ＡＲＣ）であり、二人の人間を結ぶコミュニケーションの架け橋なのだ。委任というのは、あるタスクの責任を他の人に託すだけではない。その人はそのタスクを引き受け、それを完了するのに必要な権限を与えられ、必要な方法と期間の中でタスクを実現する義務を負う。こうした両者による合意を、次の三つの語の頭文字をとって「ＡＲＣ委任」と呼ぶ。

権限（Authority）：タスクを担当する者は、それを達成する上で必要な権限を持たなければならない。資源の追加や時間の優先順位の見直しが必要な場合はとくにそうである。

責任（Responsibility）：最終結果に対する責任は双方が負う。

義務（Commitment）：タスクを引き受けた者は、合意した期限までに最終結果を実現する義務を負う。

これらの要素のうちのどれか一つでも欠けると、委任は失敗に終わるだろう。先ほどの例では、特定のタスクを受け持つ担当者が特定された。また、タスクの担当者それぞれが必要な資源（その人自身の時間を含む）を動員する権限を持つことが前提条件とされた。ただ、義務が抜け落ちていた。委任は一方通行の行為ではない。一方が他方に委任して終わるというものではない。相手にタスクを委任することを双方で同意するのだ。タスクを引き受けた者が、決められた期間内に希望する方法で完了する義務は、その人にタスクを託す行為に劣らず重要なのである。

では、この義務の意識を形作るにはどうしたらよいだろうか。最初にプロジェクトチームで義務感や熱意を生み出したのと同じ方法でやればよい。すなわち、個人の価値観を土台にし、最終結果をはっきり描くのだ。タスクの担当者一人一人を計画作業に参加させなくても、プロジェクトの概略と全体の中での各タスクの位置付けを示す完ぺきなツールがある。そう、「プロジェクト・タスク・マップ」あるいは「ガントチャート」だ。

これらのフォームのどちらかを共有すると、その人は期待される結果とプロジェクトの全体像を知ることができる。タスクを引き受ける者は、少なくとも自分の担当部分に関係する範囲でプロジェクトのビジョンを知らなければならない。実行する必要のあるタスクと、その完了を判断する基準となる期待される結果を明確に説明してもらう必要があるのだ。簡単なタスクが一つだけ、などという場合はいいにしても、委任する作業についてはプロジェクト・タスク・マップを確認させるのがよい。

タスクを他人に委任したとしても、その完了に対する責任は双方で負わなければならない。だとすると、フォローの方法について合意しておく必要がある。どんなに明確に委任したつもりでも、状況は変化するため、モニタリングやフォローがつねに不可欠なのだ。どんなプロジェクトにも変更は付き物という考え方に立てば、失敗の犯人探しをするのではなく、メンバー全員で新しい解決策や機会を模索することができるだろう。プロジェクトの最初にフォロー方法も決めておくと、変更は不可避なものと受け入れ、協力してそれに対応しようという認識が生まれるはずだ。

システム手帳が作業の円滑な委任を実現する

システム手帳は、委任したタスクの調整を行うのに非常に有効だ。委任したタスクが確実に実行されるようにするため、システム手帳では二つの記号を用いる。一つは委任を示す印、もう一つは誰かとフォローを行うのを予告する印だ。これらの記号を、毎日の「タスクリスト」やプロジェクト・タスク関連のフォームに使用する。

具体例で見てみよう。「今日の計画」を考えていた私は、サラが特別な営業レポートを作成できることに気づいたとする。私はその作業を「プロジェクト・タスク・マップ」（それがプロジェクトのタスクでない場合は、その日の「タスクリスト」）に書き込み、その隣にサラのイニシャルである「S」を記入する。その後、私はサラに会い、プロジェクトとタスク、期待される結果、それに期限をはっきりと説明する。サラはそのタスクを完了することに同意したので、私は委任されたことを示す意味から、状態を表す欄に「○」印をつける。

次に、確実な実行を保証する手はずとして、サラと私はフォローについて相談する。例えば私が

Prioritized Daily Task List

	↓	ABC	
	✓	A1	今日の計画を立てる
		A2	運動
		A3	留守電メッセージ
S	○	A4	コピーの問題の件で
			ジーンに電話する
		A5	下書きを完成
		B1	クライアント・プロジェクト
			(PT2) ／TAF

図10-1　委任記号

こんなふうに言う。「サラ、このレポートは次の月曜日の会議で必要なのよ。手落ちがあるといけないから打ち合わせをしたいんだけど、いつがいいかしら?」

「印刷までこぎつけられるか、木曜の晩にはわかると思います。ですから、金曜の朝に電話をもらえますか?」と、サラは答える。

「じゃあ、一〇時に電話を入れるから、よろしくね」そう言って、私はそれをシステム手帳にスケジュール化する。

私たちは仕事をしていく過程で、過度の統制や「行き過ぎた管理」を経験させられるものだ。それで、そうした不愉快な思いを他人にはさせたくないという気持ちから、委任したタスクのフォローに対して遠慮しがちなところがある。

ARCに基づく委任方法は、従来のやり方に比べ二つの重要な違いがある。第一は、サラにプロジェクトのビジョンを示し、タスクマップを見せ、プロジェクト内でのタスクの役割を指摘し、期限に関する時間的制約について説明したことで、私たちはビジョンを共有することができたことだ。第二は、サポートをしつつサラに仕事を任せている点である。何か問題があれば、いつでも補助する用意があることを知らせるとともに、フォローのための最適な時間を決めるよう彼女に求めたのだ。

図10-2は、「スケジュール」の記入例を示したものだ。「F:」はフォローを意味し、「SD」

はタスクがサラ・ダンヴァーズ（Sara Danvers）に委任されたことを表す。

この委任方法を一貫して導入すれば、配慮の行き届いたプロジェクト・マネージャーとしての評価が一気に高まること請け合いだ。因みに、私のアシスタントのサンディー・ダーリントンは、私がこれまで仕事を共にしてきた人たちの中でもっとも才能豊かな人材の一人である。その彼女から、私は委任というものについて多くのことを学んだ。タスクの委任を彼女がそつなく処理してくれるお陰で、フォローのアポイントメントの前に進捗状況レポートが私の手元に届くようになっている。また、そのタスクが完了すると、すぐに私に連絡してくれる。

仕事を委任するにしても、このようなちょっとした気配りによって、嘆き悲しんだり、あれこれ

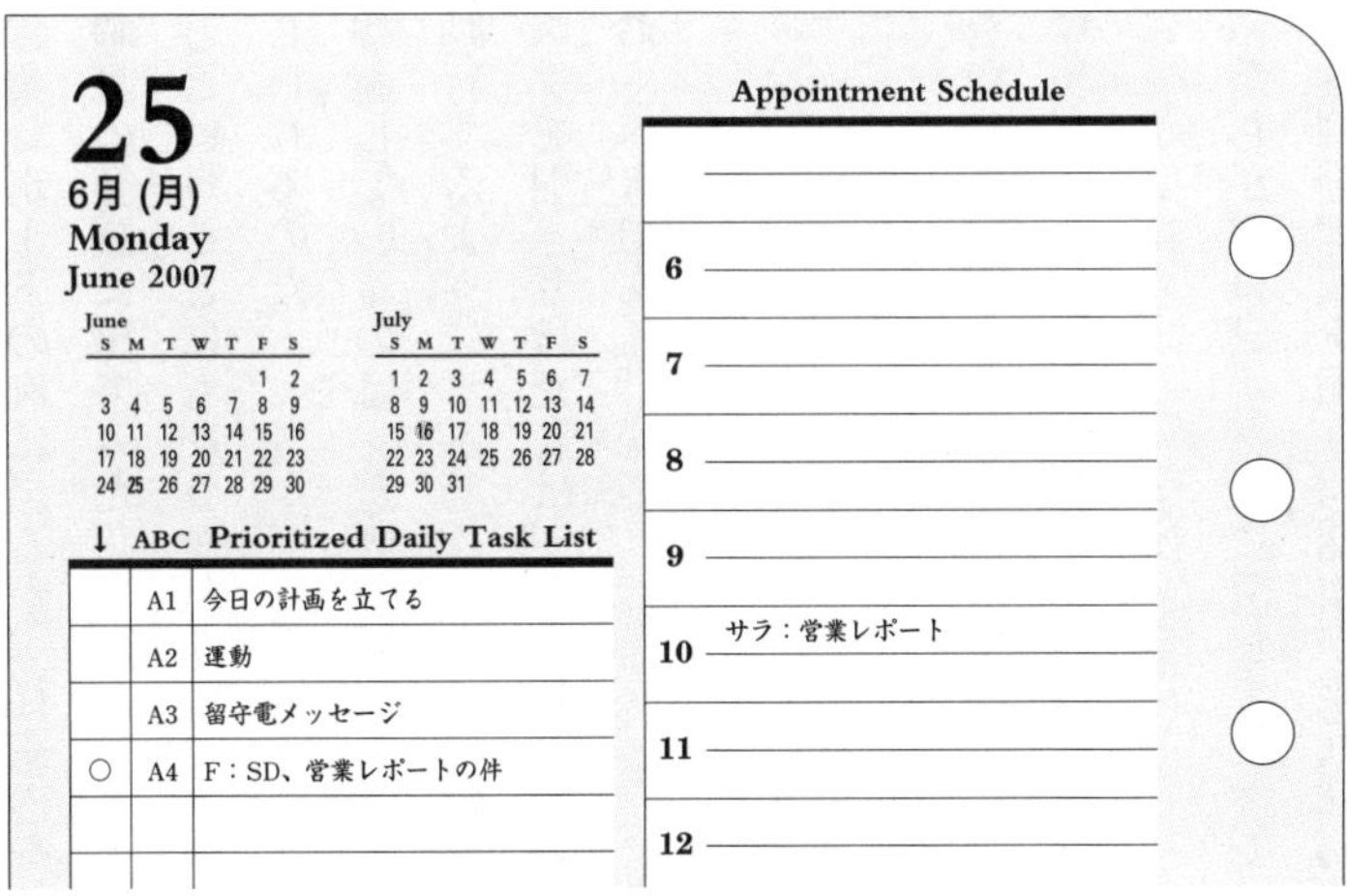

25
6月 (月)
Monday
June 2007
June
S M T W T F S
1 2
3 4 5 6 7 8 9
10 11 12 13 14 15 16
17 18 19 20 21 22 23
24 25 26 27 28 29 30
July
S M T W T F S
1 2 3 4 5 6 7
8 9 10 11 12 13 14
15 16 17 18 19 20 21
22 23 24 25 26 27 28
29 30 31
ABC Prioritized Daily Task List
A1 今日の計画を立てる
A2 運動
A3 留守電メッセージ
○ A4 F：SD、営業レポートの件
Appointment Schedule
6
7
8
9
10 サラ：営業レポート
11
12

図10-2　フォローの記号

気をもんだりすることが随分減るはずだ。先ほどの営業レポートの例に戻るが、従来のやり方だと、レポートが出来上がっているものと思って月曜日の会議に出てみたら、コンピュータがダウンしてプリントアウトができていなかった、などということにもなりかねない。木曜日の時点で問題に気づいていれば、会議までに対策を講じられるのだ。

ただし、委任タスクのフォローを行う場として一番適しているのは、定例のプロジェクト・レビュー会議だろう。このような機会にフォローを励行するようにすると、スタッフ同士の電話や行き来をかなり減らすことができるはずだ。タスクを引き受けた者は、こうした会議ではこの種のフォローが必ず実施されることを承知しておくべきである。

プロジェクト・レビュー会議

次のような状況を想像してほしい。ある病院で、たった今医師が患者の手術を終えた。医師は患者に付き添って、手術室から病院の玄関口まで行く。そこで患者に薬を手渡し、「数日間静養すれば大丈夫でしょう」と送り出す。

くだらない話だとお思いかもしれないが、これは私たちがプロジェクトに関してやっていることとさほど変わらないのだ。私たちは計画を立て、役割分担表を配り、期限が来れば期待される結果が実現するものと信じ込んで事を進めている。だが、これは間違いだ。

外科医が手術後の患者を病院にとどまらせ、血圧や心拍数などの生命徴候をモニターしながら数日間じっくり観察するように、私たちもプロジェクトの生命徴候を監視しなければならない。これを怠るのは、明らかなミスと言える。プロジェクトのモニター方法で一番簡単なのはプロジェクト・レビュー会議だろう。だが、プロジェクトに携わっている人たちに、この種の会議をどの位の頻度で行っているか尋ねると、「何のレビュー会議ですって?」と聞き返されたり、「必要が生じたときですね」などという返事が多かったりする。ということは、問題が発生しないと腰を上げないということだ。危機管理の分野で意識の甘さを指摘するときと同じような感じになるが、「問題を未然に防ぐため、できることはすべてやろう」ではなく、「問題が起きていないうちは必要ない。起きてから対策を講じればよい」という考え方なのである。

「ビジュアル化」と「計画」の段階が効果的に実行されていることが前提となるが、プロジェクト・レビュー会議もプロジェクトの成否を左右する大きなカギとなる。慎重かつ詳細な計画が出来上がっていれば、メンバー全員が集まってその計画と実績を比較し、新しい情報や変化について話し合う場、それがレビュー会議なのだ。そこでは、必要な議題が三つある。

一．その時点までに何が完了しているか?

二.　これから行うべき事項は何か?

三.　問題が生じるとしたら、どのようなものが考えられるか?

チームの中心メンバーたちと定期的にレビュー会議を行うようにすると、問題を未然に防ぐことができ、仮に起きたとしても早めに可決してプロジェクトをスムーズに進行させることが可能になる。プロジェクトを成功させようと思ったら、これは欠かせないことだ。プロジェクト・レビュー会議を定期的に開くことで、変化や問題を完全に排除するのは無理としても、問題を予期し、そうした状況を回避できる場合が多い。「実行」段階において変更や調整を行うときは、計画や資源を更新・修正し、その変更をプロジェクト従事者全員に伝達するのを忘れてはいけない。

大陸間の航空路線は、わずかコンマ何%でもコースをそれれば目標地点には到達できないはずなのに、針路をそれて飛行するケースが九〇%を超えるという。それでも飛行機が意図した目的地に着けるのは、パイロットが絶えずコースの修正を行っているからである。細かな修正を頻繁に行うことにより、大掛かりな修正や、目標地点に到達できないという事態が避けられるわけだ。週に一度のプロジェクト・レビュー会議は、手遅れになる前にわずかの針路変更を行ったり、問題を発見したりするチャンスなのである。

会議を効率的に行う

「組織を有効に機能させる上で会議は不可欠だ」と言う人もいるかと思えば、「会議は時間の浪費であり、組織の有効性を低下させる」と主張する人もいる。果たして、どちらの言い分が正しいのだろう。

会議は必要悪だ、とする見方が大方ではなかろうか。ただし、問題は会議の管理の仕方にあるのであって、会議そのものにあるのではない。あの非生産的で退屈な時間は誰もが経験しているところであり、また会議があると思っただけでぞっとする人も多いだろう。だが、会議すべてがそうとは限らない。アイデアや才能の共有、新しいプロジェクトや情報の伝達、意思決定などを行う、刺激的で興味深い機会にもなり得るのだ。

効果的な会議を実現するためには、慎重な企画はもとより、以下の事項を出席者全員に伝えることが必要である。

●主旨と求める成果：新しい情報の共有、プロジェクトのチェック、意思決定、イベントのスケジュール設定、行動計画の策定、プロジェクトに対する承認の獲得など、どの会議でも主旨と求める成果が明確にされなければならない。

●**出席者**：会議の成果に貢献する能力と意志のある者、あるいはその影響を受けることになる者だけを招くようにする。策略的な参加要請は慎むこと。決定をややこしくし、泥沼にはまり込むのが関の山だ。

●**議題**：出席者が情報や案を準備し、狙いを明確にして臨むことができるよう、議題を文書化する。討議する主要な問題や決議事項をそこに含める。

●**日時と場所**：会議の開始時刻、所要時間、場所を明記する。出席者や目的に適した時間と場所を選ぶようにしよう。暑苦しい部屋での夕方の会議などは生産的でなく、斬新なアイデアや問題の解決は期待できない。

システム手帳を使った会議の企画：ミーティング・プランナー

どのようなシステム手帳を選ぶにしろ、実際に使用する際は、管理すべきプロジェクト、情報やタスクの性質によって、自分独自のニーズに合わせた使い方になるものだ。その意味で、本書で取り上げているフォームやプロセスのうち、あなたのお役に立つものはごく一部かもしれない。だが、これから紹介する「ミーティング・プランナー」は、私がセミナー受講者（参加者か進行係かを問わない）に継続的使用を薦めているものだ。このフォームは、会議の質を向上させるとともに、会議の重要情報を文書化する際にも威力を発揮するからである。

会議は、その最中だけが重要なのではない。会議を成功させる上で欠かせない要素が二つある。会議の前の準備と、会議の後のフォローアップだ。「ミーティング・プランナー」に必要事項を記入することにより、この準備とフォローアップだけでなく、実際のディスカッションも容易になる。会議の能率を即効的かつ飛躍的に高めるための指針となるからだ。その秘密はフォームそのものではなく、プロセスにある。フォームはただ、そのプロセスを進めるためのガイドにすぎない。デザインはパソコンの表計算ソフトやフォーム設計プログラムを使って自分用にカスタマイズすることも可能だし、フランクリン・コヴィー社から販売されているフォーム（私はこれを使用している）を使ってもよい。私が使っているフォームをもとに、各部分を説明していこう。

「主旨」と「求める成果」

この二つの欄を埋めることによって、会議の主旨を事前に明確にすることができる。そうすると焦点がはっきりし、脱線するような結果にはならないだろう。この情報は進行係にとっても、参加者にとっても不可欠なものだ。もしこれを知らされていなければ、尋ねるようにしよう。誰が何と言おうと、あなたの貴重な時間を会議に注ぎ込んでいることを忘れてはならない。

【アドバイス】

あなたが会議の進行係でありながら、この欄に記入することができないとしたら、早速会議をキャンセルすべきだ。

ミーティング・プランナー
Meeting Planner

日付：

会議名：

目的：

達成事項：

場所：

形式：　　書記：

ファシリテーター：　　タイムキーパー：

責任者：

予定時間			実際の時間			会議費用
開始	終了	所要時間	開始	終了	所要時間	

出席者：			合計
1			
2			
3			
4			
5			
6			
7			

課題		
1		
2		
3		
4		
5		
6		
7		
8		
9		
10		
11		
12		
13		

　Universal-COJ 53066

図10-3　ミーティング・プランナー

予定所要時間と実際の所要時間

この二つの欄は、組織内に根付いている会議文化を絶えず思い起こさせてくれる。会議は遅れて始まり、延長されるのが常だろうか。もし会議の開始も終了も予定通りであれば、組織の文化に規範が確立されているということだ。文化というのは一朝一夕に変えられるものではないが、自ら率先して少しずつ改善していくことは可能である。

討議方法

この欄は、議論の進め方を記入するところだ。会議で方向性のある議論を行うには議題の設定が必要であり、会議の主催者が出席者を召集し、各議題について報告を求めるのが普通だ。この方式はスタッフ会議、週ごとの営業会議、プロジェクト会議、大規模な委員会の会議などで広く見られる。

一方、自由討論形式の会議では、出席者が思いついた案について随時討論を行う。この手法は品質管理サークル、小規模の委員会会議、その他三～五人程度の会議でよく利用される。

目的

この欄は、それがどんな会議であるのかを示すものである。会議の目的としては以下のようなものが考えられる。

- ●目標や目的の設定
- ●情報収集
- ●計画立案
- ●意思決定
- ●調整
- ●評価

目的を決定することで、会議のねらいが明確になる。何の意思決定もなされず、肩透かしな感じで会議室を後にしたとしたら、それは意思決定の会議ではなく、情報収集を目的とした会議だろう。会議の目的を理解すると、より効果的な準備や参加が可能になる。

会議での役割

一般的な会議では、役割は二つしかない。主催者と参加者であり、主催者も参加者の一人として出席するケースも多い。ただし、これら以外にも、会議の効果を高めるのに有効な役割がいくつかある。そうした役割を以下に紹介する。

●**「進行係」**は討議には加わらず、中立な立場で会議の進行をコントロールし、目的の達成へと誘導する役目を担う。トラブルの解決を主な目的とする会議では、この役割がとくに威力を発揮する。

●**「記録係」**は、議題、委任タスク、決定事項を配布するため重要な情報を記録する。

●**「グループリーダー」**は、求める成果を実現するために会議を計画して実施する。担当者が割り振られていない役割があるとき、それを兼ねることもよくある。

●**「タイムキーパー」**は、会議を時間通り進行させる重要な役目を果たす。討議が横道にそれたときなど、その議題の残り時間を知らせるだけで、話を元に戻す効果がある。時間の調節が必要なときは、グループリーダーに適切な措置を講じさせることもできる。タイムキーパーがいるかいないかで、会議の成否が大きく分かれる可能性がある。

フランクリン・コヴィー社のコンサルタントたちが一堂に会する年次会議において、このおしゃべりな連中を相手に議題をすべて消化する唯一の方法が、このタイムキーパーの利用である。会議の主旨と議題が明確になっている上にこの役割を果たす者がいると、成功がぐっと近づく。グループのリーダーである私は、チームの中でもっとも時間に厳しく、自己主張できる人間をこの役割に当てている。進行中の会話に割って入り、参加者に時間を意識させるには、神経が図太い位の人でないと務まらないからだ。

出席者

ここは要するに、会議に出席する人を列挙する欄だ。明確な記録を残す意味から、実際に出席した人は、名前の前にチェックをつけておくとよい。あなたが進行係か主催者である場合、後で誰と情報を共有すべきか知るのに役立つはずだ。

価値／時間と合計

この欄に記入する数値をもとに、会議で消費される価値を計算する。会議というのは、貴重な資源を大量に束縛する可能性がある。備品一〇〇ドルの購入を承認する権限すらない人でも、会議を召集すれば数千ドルにも相当する時間を拘束することもあるのだ。会議のたびでなくてもよいが、進行係や主催者はこの欄の計算を折に触れて行うことをお奨めする。

参加者の時給額がわからないときは、人事部に電話しよう。出席者の肩書きを告げて平均値を教えてもらうようにすれば、プライバシーの侵害にはならないだろう。

会議というのは、リターン、それも好ましい成果を得るための投資だと言える。だが、最初の投資額がわからなければ、リターンを計測しようがない。この欄に記入した参加者の時間給（給料＋各種手当）に会議の時間数を乗じて各参加者の総額を算出し、それを合計した額を「会議費用」の欄に記入する。

何かの目的で会議を召集しようと思ったら、自問してみよう。会議を開くだけの価値のある問題か、費用に見合う成果が得られそうか、と。こうしたことを事前に考えることで、とくに所要時間の予定と実際の比較など、会議をより批判的な眼で眺められるようになるはずだ。時間厳守の文化を構築する必要性を組織に認識させるには、私の経験からしてこれがもっとも効果的な手法である。重要な人物が遅れて一五分も待たされたりするとどれだけの損失が生じるか、計算してみるとよい。こんなことは二度と御免だ、という気持ちになるだろう。

議題

この欄に、会議で取り上げるテーマを書き込む。システム手帳のこのページを利用すると、思いついたアイデアを書き留めておき、早めに準備をすることができる。

会議があると聞いたら、すぐに「ミーティング・プランナー」の新しい用紙を取り出そう。日付、時刻、場所など、その時に得た情報を記入し、会議の日付のページのところにはさむ。例えば、今日は六月七日で、会議が二週間後、すなわち六月二一日にあるとすれば、六月二一日にシステム手帳に現われるようにするわけだ。会議の議題は、いつ、どこで思い付くかわからない。別の会議に出席しているときかもしれないし、電話で話しているとき、デスクで仕事をしているとき、食料品店で買い物をしているとき、シャワーを浴びているときかもしれない。システム手帳のそのページを開き（もちろん会議の予定は「月間カレンダー」にも記入してあるので、どのページを見るかはこのカレンダーでわかる）、議題をリストに追加するだけでいいのだ（この時までにシャワーを終え、体を拭いてあるといいが）。さらに、会議の直前になって自分の準備をするときは、必要に応じて項目を並べ替え、それぞれに制限時間を設定すれば、会議の準備は完了となる。

議題のリストは、会議の前に他の出席者にも配布するようにしよう。そうすると、彼らも準備ができるし、彼らから追加の議題を提案されることもあるかもしれない。

用意するもの

この欄（図10－4参照）には、フリップチャート、ペン、プロジェクターなど、会議で用いる道具を列挙する。その際、それぞれを誰が準備するかもはっきり決めておくようにしよう。ここまでは会議の準備に使用する欄について説明してきたが、この後のセクションは会議中に書き込むものになる。

委任タスク

この欄は、委任タスクに関する説明と、委任する相手を記録するのに用いる。あなたがあるタスクを委任されたら、その項目に星印をつけ、所要時間とともに「プロジェクト・タスク・マップ」か「タスクリスト」に転記するのを忘れてはいけない。

メモ

この欄には、会議中に提起された重要項目、決議事項、討議内容などを記録する。欄がいっぱいになったら、「メモ ― 続き」と書いた白紙の「デイリーノート」を必要な数だけ後ろに挿入すればよい。もっとも、ポイントだけを書き留めるようにすれば、スペースがなくなるということはまずないだろう。

TULE討議

プロジェクト・レビュー会議の一つの手法として、とくにプロジェクトの終わり頃になって

準備事項

委任事項　　担当者

メモ　　担当者

©2003 Franklin Covey Co.　　Universal-COJ 53066

図10-4　「ミーティング・プランナー」フォーム — 裏側

威力を発揮するものがある。それは「未処理事項を片付ける（= Tie Up Loose Ends）」討議、略して「TULE」討議だ。プロジェクトが進むにつれ、未処理事項が発生するものである。どんなに緻密に計画したつもりでも見落としは避けられず、それがやがて顔を覗かせるのだ。プロジェクトの進行に合わせて定期的に組まれているプロジェクト・レビュー会議の議題に、「TULE」討議を加えるとよいだろう。

マインドマップの作成は、この「TULE」討議のテーマを考える際にも役立つ。マップの中央に「未処理事項」と書き、チームのメンバーたちとブレーンストーミングを始めよう。私たちの頭の中の編集者が大活躍するのは、まさにこのような場面だ。あの小さな声が時々こうささやく。「あれ。あのタスクの担当者は誰だったかな？」そう思ったら、それをマップに書き込もう。そのうちに誰かがこう言うかもしれない。「いや、それなら大丈夫。私がやっておいたから」。だが、もし処理されていなかった場合は、それを誰がいつまでにやるかを、まさにこのマップ上で特定することができるのだ。

会議への出席

あなたは、最近決まったプロジェクトのマネージャーに任命されたとする。だが、管理の仕事に不慣れなため、会議に全員出席させるのに一苦労している。新規のプロジェクトで、まだ誰も本腰を入れていないせいだろうか。そんな状況下で出席を促す、効果的な方法を四つ紹介しよう。

一．立ち上げ会議で、今後の会議の開催頻度と時期をメンバー全員の合意の下に決定する。

二．同じく立ち上げ会議の席で、会議は毎回短時間で終え、議題を明確に設定することを全員に確約する。会議を開く目的は、計画と各人の作業の進捗状況をチェックし、必要に応じて変更や修正を行うことにある。メンバーが計画の内容とプロジェクトの仕組みを理解するためには、会議に欠かさず出席することが不可欠なのだ。

三．会議の日時、場所、議題などを再確認させる意味で、事前に「ミーティング・プランナー」をコピーして出席者に配り、それぞれのシステム手帳のデイリーページに転記させる。こうすれば、「会議があるなんて知らなかった」などというお決まりの台詞を聞かされずにすむ。

四．メンバーの誰かが欠席したら、会議後すぐに電話をして様子を尋ねる。皆が心配していたことを伝え、会議で行うはずだった進捗状況の報告を求める。そうすれば、会議をもっと重視し、必ず参加しなければいけないという気持ちになるだろう。

チームのメンバーは、プロジェクトにおける各人の担当部分、さらにはプロジェクト全体を理解する上で、会議での情報共有が欠かせないことをすぐに理解するはずだ。プロジェクト・マネージャーとしては、会議を建設的な雰囲気に保ち、情報や創造的な問題解決手法が活発に行き交うように努力しさえすれば、出席を促すのに十分だろう。そこで提供される情報をみすみす逃すことを望む人などいないはずだ。忘れないでほしい。会議は短く、そして的を射たものであることが大切だということを。

会議と人間関係

会議というのは、人が顔と顔を直接つき合わせる中で人間関係が育まれる場だと言えるだろう。電子メールや留守番電話が幅を利かせている今日、私たちはどうしてもそうした道具に頼り切りになりがちだ。そして、プロジェクトの成功は、その価値を信じ、それを成功させようという意志のある人によって達成されるということを忘れている。電子通信はあくまでコミュニケーションの補助手段であり、それだけで人間関係が生まれることはないのだ。

最近のマトリックス的（アメーバ的）組織においては、プロジェクトに従事するスタッフがプロジェクト・マネージャーに直属しないケースが多い。だが、情報共有を目的とした建設的な会議は、プロジェクトの成功に不可欠な人間関係を育てるのに有効であり、出席者がアイデアや情報を探究する創造的活動の場となる。そこに参加する者は、自分たちが歓迎されていると感じるとともに、プロジェクト・マネージャーはメンバーを必要に応じてサポートする、言わばコーチとして出席しているのだということを知るべきである。

プロジェクトを他の人々に伝達し、調整を行うことは、重要なプロジェクト管理スキルである。だが、今日のプロジェクトはますます複雑化しているため、各種の職能、場所、勤務シフト、職務レベルを幅広く横断するような連携が求められる。プロジェクトは、正式に任命されたチームによって遂行されるものは少なく、むしろ非公式な連携関係の中で展開されるのが普通だ。では、生産的な連携を実現するにはどうしたらよいだろうか。それが次の第十一章のテーマである。

第十一章　実行——創造的な連携関係を実現する

この章のポイント
- ●連携の障害
- ●連携の促進剤
- ●コラボレーション・ルーム
- ●あなたの組織のCQ（連携指数）は？

本当に興味深いものは、連携なしには生まれない。
——ジェームズ・ワトソン

薪一本では火が起きないように、人間一人では大したことはできない。といって、チームワークはチームから生まれるものではない。

相互依存関係の強い、今日の複雑な社会では、一人だけ努力してもなかなか成果は得られず、どんな組織でもチームワークが不可欠とされる。だが、そのチームワークは、組織化された正式なチームで生まれることはまずない。チームワークと一般に呼ばれるものの多くは、実は別物なのだ。

私たちがプロジェクトに従事するとき、作業を共にする相手というのは得てして、自分と正式な関係のない人、そのプロジェクトに対して権限を持たない人、プロジェクトの成果から間接的にしか利益を得ない人、自分のプロジェクトをすでに完了している人などである。しかも、その相手は、プロジェクトごとに変わる可能性がある。さらに、正式なチームリーダーも、承認されたチーム目標も、進行係やコーチも、プロジェクトの完了時に全員で行う祝賀会もないかもしれない。なぜなら、「チーム」自体が存在しないからだ。では、幅広い人々の資源を動員して何かの目的を達成しようとするとき、そこでは何が起きているのだろうか。それをもっとも的確に表現するとしたら、「創造的連携」となるだろう。

創造的連携とは、二人またはそれ以上の人間の「創造的貢献」によって成果を実現しようとする行為である。創造的連携は、プロジェクトの責任者が一人いて、その人が単にタスクを他の人々に委任するという形態とは異なる。創造的連携においては、責任の分担、プロジェクトの設計と期待される結果の共同創造、当初のビジョンを強化・発展させるギブ・アンド・テイクが行われる。こう言うと、不可思議でコントロールできないもののように聞こえるかもしれない。だが、実際そうなのだ。ただし、厳密な意味での制御は無理だとしても、創造的連携を育み、発展させていくことは可能である。

創造的連携の基礎になる原則は、思いのほか単純で、数も少ない。それらの原則は、正式なチームワークと同様に、非公式な連携もより効果的なものにしてくれる。だが、その原則へと話を進める前に、組織内でしばしば連携を阻む障害について理解しておく必要がある。

連携の障害

連携というのは、強制によって生まれるものではない。妨害を受けさえしなければ自然と芽生えるものであり、人間の置かれた状況がもたらす結果と言える。現実の組織も大部分が、表には現われない、高度な秘密の連携や物々交換の恩恵にあずかっているのだ。

仮にこうした連携を阻むとしたら、方法は二つある。情報の流れを寸断するか、組織のメンバー間の交わりを妨害するかだ。情報の共有や人的交流を制限するようなものであれば、すべて連携の障害になる。組織によく見られる障害には、次のようなものがある。

●必要な人にしか伝えないという考え方

- ●厳格な階級組織
- ●指揮命令系統の制限
- ●利用しやすい会議スペースの欠如
- ●こまかい職務定義
- ●組織の分断
- ●個人または部署の目標の偏重
- ●個人のインセンティブのみ重視する報酬規定
- ●喫茶室、カフェテリア、などの交流スペースの欠如
- ●交代勤務制
- ●通信設備の欠如

こうした障害を取り除く中から連携は生まれる。創造的連携を阻む障害が排除されたら、どうなるだろう。これは、年商一〇億ドルの電子機器部品流通会社、マーシャル・インダストリーズ社で実際にあった話だ。目標管理の重要性を痛感していた同社では、従業員のほぼ全員に対して厳格な個人目標が設定されていた。だが、CEOのロブ・ローディンは、品質管理の権威、W・エドワード・デミング博士から組織システムについて学んだのを機に、社内の様子を

つぶさに観察し始めた。そして、ほとんどの部署に同様の歪みが存在することに気づいた。課せられた数値目標を達成するため、従業員たちの間では次のような行為が日常化していたのだ。

- ●納期が守られない。
- ●経費の配分をめぐって激しく対立する。
- ●予算要件を歪める。
- ●顧客からの返品や顧客への与信を報告しない。
- ●不利な取引でも応じる。
- ●レポートを粉飾する。
- ●社内で縄張り争いをする。
- ●顧客のニーズよりも内部の駆け引きを優先する。
- ●月末になるとあわてて出荷や販売、製造に奔走する。
- ●目先にとらわれた意思決定を行う。
- ●在庫水準を不正に操作する。

マーシャル社はローディンCEOの指揮の下、こうした悪弊を断ち切る方法を発見した。それは、彼らの業界および事業全体の常識を根底から覆すものだった。同社では従業員の半数以上が営業マンで、仕入先メーカー一四〇社余の製品の販売が彼らの手に委ねられている格好だった。それで、一般的な歩合制度の他に、メーカー側の提供する販売奨励手当やコンテストも設けられていたが、これが複雑で矛盾することも珍しくなかった。マーシャル社の経営陣は、このシステムが従業員同士の協力を阻む障害になっていることに気づくと、販売手数料、奨励手当、コンテスト、目標管理報酬制度などを徐々に廃止していった。

マーシャル社のこの方向転換は、電子機器部品販売業界を土台から揺さぶった。反応はさまざまで、「時代の流れだ」という声もあれば、「これではまるで共産主義じゃないか」と手厳しい批判も聞かれた。業界メディアはこの話題に飛びつき、その判断についてあれこれ論じた。さらに、マーシャル社はインセンティブ制度や営業マンの動機付けがわかっていないと経営学者たちが主張し、顧客や納入業者、優秀な営業マンを失うことになると産業アナリストたちは予測した。

では、実際はどうだっただろうか。連携の障害がいくつか取り除かれ、その成果は実に劇的だった。年間売上が六億ドルから一〇億ドル余に急増し、利益が二倍、株価が三倍、各人の生産性が二倍に跳ね上がったのだ。また、個人の報酬が大幅に下がるケースが二、三あったものの、優秀な営業マンは誰一人として会社を去ることはなかった。

報酬制度に関するマーシャル社の手法がどの会社にも当てはまるとは限らないが、組織に潜む連携の障害を取り去ることのメリットの大きさを示したことは間違いないだろう。マーシャル社の場合、その障害は、個人のインセンティブ、コンテスト、昇進という寄せ集めシステムにあったが、組織によってはまったく別の障害が、従業員たちによる共通のビジョンの下での連携を阻んでいるかもしれない。

連携における「ニワトリと卵」の関係

従業員同士の連携を促すためには、彼らが一緒に取り組むプロジェクト、課題、あるいは機会が存在しなければならない。プロジェクトと同様に、連携というのは一時的な行為だ。目的や目標があり、それが達成されると連携は終了する。問題や課題が組織にとって本当に関心のあるものであれば、それに取り組むプロジェクトが存在するか、計画中であるという情報が人材を引き寄せ、連携を生み出す場合が多い。さらに、頻繁な交流を促し、サポートするような環境があると、人々は問題や課題について話し合うようになり、それが協力してプロジェクトを実行しようという決定へと至る。そうすると、プロジェクトと連携者とはどちらが先か、という疑問が生じるかもしれないが、それは重要なことではない。本当に重要なのは、情報が豊富に伝達され、かつ人々が盛んに交流する環境が存在することだ。この二つの条件がそろえば、プロジェクトと連携者の組み合わせは自然と生まれるはずである。

連携の促進剤

情報や交流が豊富な環境では、連携を自然と刺激し強化する基本原則が存在する。その原則とは、以下の五つである。

一．人間関係

人間関係は連携の基礎である。健全な基礎を築くためには、相互の信頼と尊敬、共通の価値観と参加意欲、適切な評価と報酬が存在する環境でなければならない。

二．価値観の共有

これは、誠実さや顧客重視といった個人や組織の価値観だけでなく、スタッフの集団の価値観にも当てはまる。フランクリン・コヴィー社のトレーナーの一人、ジェイ・エルグレンは、航空宇宙業界のチームに対し、独自の「生産性のピラミッド」（第三章参照）を開発するスキルを指導している。例えば、チームが「効果的コミュニケーション」を一つの価値として認めれば、コミュニケーション慣行の改善に向けて目標を策定することが可能になる。実際、あるチームは、「プロジェクトの効果的データ管理」という価値を設定することによって、データ収集手法全般を改善する方法を発見した。こうした価値をチームで考え出し、明文化することでメンバー全員が結束し、プロジェクト全体が大きな成果を達成したのだった。

三、ビジョンの共有

連携は対立を排除するものではない。一つのプロジェクトに複数の人間が関与する以上、意見の対立や食い違いは付き物である。だが、連携する者同士がビジョンを共有していれば、それを実現へと導くために相違点を埋め、妥協点を探る方法が見つかるはずだ。難しい局面や対立に直面したときも、共通のビジョンから湧き出る情熱や熱意を活力源として事態を乗り切ることができるだろう。

四、創造的スペースの共有

連携には、創造活動を共同で行うためのスペースが必要である。と言っても大げさなものではなく、ホワイトボードや壁に張った紙、接続されたコンピュータシステムやネットワークなどで十分だ。あるいは、それ専用に改造された正式な会議室なども考えられる。このスペースは、連携者全員の参加を求め、促し、要求するものでなければならない。創造的スペースを共有すると、情報の整理や伝達、人的交流が容易になる。

五、和やかな雰囲気

創造的連携が行われているかどうかの最大の目安は、笑いがあるかどうかだ。笑い声のあふれる和やかな雰囲気は、そこにいる人の心を障害や制約から解放してくれる。

【ちょっと一息】
職場のデスクというと普通、人一人が仕事をするためのスペースである。だが、これでは連携は促進されないし、そもそも物理的に不可能だろう。連携の可能なワークスペースとはどのようなものか、考えてみよう。

連携に役立つツール

連携ツールとは、人が共同で行う創造作業を容易にしてくれるもののことだ。これを使用すると、関与者全員の参加が促される。また、情報がビジュアル化されるので伝わりやすくなり、新たな関係やつながりを築くのにも役立つ。

ホワイトボードは連携を生み出しやすいのに対して、オーバーヘッドプロジェクターにはそういう効果は期待できない。このように、ツールの中には連携を育むものとそうでないものとがあるが、マインドマップはもっとも強力な連携ツールの一つと言えるだろう。マインドマップは、価値観について考えたり、アイデアを絞り出したり、プロジェクトを細分化したりするのに役立つだけではない。連携ツールとしても非常に有効で、マップ作成は共同で行っても個人の場合と同じ効果がある。ただし、グループで行う際は注意してほしいことがある。それは、「長い物には巻かれよ」的な姿勢だ。

連携やブレーンストーミングを効果的に行うためには、多様性が存在しなければならない。ただし、「多様性」と言うと、幅広いレベルの専門知識や権限を持つ人々の集まりを思い浮かべるのが普通だろう。そこでは大概、最高の知識や権限を持っていると目される人が、意識的かどうかはともかく、自分の考え方に基づいて他のメンバーをリードしていく。専門家や目上の者が「Xならいいだろう」などと言うと、「それはいい考えですね。そこに何かをちょっと足せば、もう申し分ないでしょう」と他の者たちが同調する。Xだけに目が行き、それ以外は一切眼中になくなってしまうのだ。

リーダー格の人物にやみくもに従おうとする、生まれつきの性癖を打ち破るには、参加者の立場を敢えて平等にすることが必要だ。初心者も年上の専門家と同じように、気楽に参加できるようにしなければならない。なぜなら、問題についてほとんど知らなくても、目の前の状況に応用できる経験を他の分野でしている人から素晴らしいアイデアが出されるケースは結構あるからだ。そうした人が率直な考えを述べることができ、他の人々がそれに耳を傾けるということがなければ、そうした魅力的なアイデアは埋もれたままになってしまう。

「長い物には巻かれよ」的な考え方を打破する方法を二つ紹介する。

一．匿名制

参加者が名前を伏せてアイデアを提案できるようにする。アイデアは付箋紙や索引カードに書くのもよし、パソコンに入力したものを特殊なソフトを使って画面に一覧表示してさらなるアイデアの掘り起こし、編集や評価を行うといった方法もある。

二．個別のシンキングタイム

アイデアをすぐ思いついて発表できる人もいれば、考えるのに時間がかかる人もいる。公開ブレーンストーミングが近々予定されていたら、事前に少し時間を取って各参加者と面談し、各人にそれぞれのアイデアをもとにマインドマップを作成させるか、付箋紙に書き出させてみる。そうすると、誰もがアイデアを考える時間を取れるため、全員が他の選択肢には目もくれず、一つの案だけで突っ走るということはなくなるだろう。

グループで行うブレーンストーミングや連携では、全員の活力をどうコントロールするかが重要になる。メンバーがより精力的に取り組めば、生み出されるアイデアの数も増えるだろう。マインドマップその他の連携ツールを利用する際、参加者の活力を刺激する工夫をいくつか紹介しよう。

●マインドマップの大きさ

スペースが大きければ大きいほど、多くのアイデアが生まれるだろう。空白のスペースがあると、そこを埋めようとする意識が働くからだ。最近は、壁全体がホワイトボードになったコラボレーション・ルームもある。イーゼル紙をテープでつなぎ合わせて、いわゆる「シンキング・ウォール（思考のための壁）」を作ることも可能だ。

●記録係の活用

アイデアの記録は、記録係を一人決めて行わせる場合が多い。記録係というのは重要な役割で、アイデアをもれなく、しかも自分の主観を加えず記録しなければならない。ただ、速いテンポで進行する会議では、アイデアの流れを一人の人間で処理するのは不可能に近い。

一方、アイデアの記録を各人に任せる方法もある。このやり方は参加者の活力や参加意欲を刺激する可能性が高いが、発表者は自分のアイデアを述べつつ書き留め、他の者たちはそれに耳を傾けることが重要である。そうすることで、他のメンバーがそれをヒントにしてそれぞれのアイデアを考えることができるからだ。他人のアイデアをもとに枝葉を広げていくようにさせよう。各人が色の違うペンを使えば、大胆でカラフルなマップが出来上がり、アイデアがあれこれ検討され、お互いに誘発し合った様を実際に確認できるはずだ。

●ブレーンストーミングの鉄則

ブレーンストーミングの一般的ルールをさらに発展させ、評価は慎み、量を追及し、突飛な考えを拒まず、他のアイデアをぶつけて反応を見るということを実践させよう。オクラホマ大学でコミュニケーション学を教えるアーサー・ヴァンガンディー教授の調査によれば、こうしたやり方を徹底したグループはそうでないグループに比べ、二倍の数のアイデアを生み出したという。

まれやすい。

●立ってやるか、座ってやるか

参加者が椅子に座った状態でやるよりも、立った姿勢でやるほうが活力やアイデアは生まれやすい。

●目先を変える

マップを時々回転させたり、席替えをしたり、場所を別の部屋に移したりして、全員の目先を変えるようにする。

●禁句を決める

良し悪しの判断を示したり、長々と発言したりするのは、アイデアを考えるときは致命的だ。評価を下すようなコメント、長ったらしい説明や言い訳を止めさせるための策を講じる必要がある。例えば、オモチャ屋で売っている、柔らかいプラスチック製のボールなどを使うと面白いかもしれない。メンバー全員に前もってこのボールを配っておき、「それはもう試した」とか、「コストがかかりすぎる」とか、「方針に反する」などといった禁句を誰かが口走ったり、三〇秒以上しゃべったりしたら、その人めがけて投げつけるのだ。練習として最初に二、三度ボールを投げさせ、感じをつかませておくとよいだろう。

●付箋紙を使ってマインドマップを作成する

マインドマップを作成するとき、普通は提案されたアイデアの位置を動かすことができない。ところが、メンバーにそれぞれのアイデアや情報を付箋紙に書かせると、この欠点を補うことができる。各人が付箋紙にアイデアを一つずつ書き出し、まずは自分でブレインストーミングを行う。それから、付箋紙をすべてマップ上に張り出すが、そのとき関連性のあるものはまとめて配置する。さらに並べ方を変えたり、重複するものを取り除いたり、後で浮かんだアイデアを追加したりする。全員が満足するまでこの作業を続ける。

連携ツールに求められる条件

●参加意欲の刺激 ― メンバーを作業に引き込むような雰囲気がある。
●見やすさ ― メンバー全員に見えるように情報を表示する。
●配置の変更 ― 情報やアイデアの再配置、グループ化、結合、編集が容易である。
●遊びの要素 ― 大胆さとユーモアや遊びのセンスをくすぐる部分がある。

会議室とコラボレーション・ルーム

打ち合わせや会議を行う部屋というのは大概、連携よりもプレゼンテーション用に設計されている。長い会議用テーブルの周囲に椅子が置かれ、その他にホワイトボード、オーバーヘッドプロジェクター、ビデオシステムなどが設置されているものが多い。この種の部屋は、情報の提示が主な目的である。前に一人の人間が座るか、または立ち、ホワイトボード、オーバーヘッドプロジェクター、ビデオモニターなどを使ってプレゼンテーションを行うわけだ。参加者はそちらの方向を向いて座り、提供される情報に耳を傾ける。ディスカッションの時間が設けられる場合もあるが、参加者がペンやプロジェクターやモニターに手を触れることはまずない。要するに、情報や理解を共同して作り上げていくという場ではないのだ。

次に、これとは違うタイプの部屋を想像してみよう。コラボレーション・ルームだ。この部屋は周囲の壁が一面ホワイトボードになっていて、そこにフリップチャートなどを貼ることが可能だ。その他にカラーペン、いろいろなサイズや色の付箋紙なども備えられ、ホワイトボード上でブレーンストーミングやストーリーボーディングを行うことができる。

テーブルと椅子は小型のものを使用しているため、立ち上がって歩き回ったり、何人かが集まったりできるスペースがある。

【ちょっと一息】

全米訓練開発協会（ASTD）の調査によれば、米国企業の給与総額に占める教育費はわずか一・四%で、米国に拠点を置く日本やヨーロッパの企業の三〜五分の一程度だという。また、全労働人口の中で訓練の対象になるのは一〇%程にすぎない。残り九〇%はどうするつもりなのだろう。

こうしたコラボレーション・ルームは、メンバー同士の会話や交流を促進するように設計されている。ペンを手に取れば、いろいろなモデルのマインドマップやスケッチを壁にすぐ書き始められるのだ。さらには、電話や電子メール、あるいはオンライン上に数限りなく存在する情報データベースを通じて外部の情報に瞬時にアクセスすることも可能だ。

ここまで述べてきたのはコラボレーション・ルームと言っても初歩的なもので、どこの組織でも容易に開発できるだろう。ゼロックス、ＧＭ、ＩＢＭ、アップル、ＥＤＳなど多数の企業の手で今開発されつつある、もっと高度なコラボレーション・ルームになると、ブレーンストーミングやアイデア操作専門の高性能ソフトを組み込んだコンピュータが出席者用に装備されている。

マイケル・シュレーグの著書『No More Teams, Mastering the Dynamics of Creative

Collaboration』で紹介されている調査の中で、IBM社はこうした「意思決定支援センター」が、会議での消費労力の五〇％以上、プロジェクトの所要時間の九二％を削減すると主張している。このようなハイテクのコラボレーション・ルームももちろん素晴らしいが、連携のメリットの多くは手持ちの資源を用いるだけで実現できることを忘れないでほしい。

「自分の意見が尊重されているんだと実感できた」

『Connected Executives』の著者で、「コラボレーション会議」という概念の生みの親であるバーナード・デコーヴァンは、誰でも利用しやすいローテクな手法を提唱する。彼は自分の会議で、標準ソフトウェアの入ったコンピュータとプロジェクションシステムを使用し、このシステムを巧みに利用して参加やコミュニケーションの促進、コンセンサスの形成に努める「テクノグラファー」という役割の人間を置いている。組織内の人間が常日頃慣れ親しんでいるソフトを使うことによって、学習時間を短縮させようというわけだ。さらに、人々に連携の効果を意識させ、ソフトウェアは魔法の杖であるかのような考え方を捨てさせるねらいもある。その結果、普通のワープロソフトやアウトライン作成ソフト、表計算ソフトが、「グループウェア」〔ネットワークを利用してグループ間で情報をやりとりできるソフトウェア〕の働きをすることになる。

デコーヴァンの方式では、メンバーによって生み出される情報がテクノグラファーによってコンピュータに入力されていく。デコーヴァンは計画立案作業を構成する要素として、情報やアイデアの収集（Collecting）、その結合（Connecting）、そして修正（Correcting）の三つがあるとし、これを「Cサイクル」と呼んでいる。

デコーヴァンが手がけた事例を紹介しよう。あるホテルの仕事を依頼された彼は、その計画作業をボトムアップ方式で行った。このホテルで働く現場スタッフを七五人から百人程度のグループに分けて集め、ホテルの改善案を考えるよう指示した。発表された案はテクノグラファーの手でコンピュータに入力され、全員で見られるように大型スクリーンに映し出された。このグループに含まれていたメイドやフロント係、ルームサービス係、ベルボーイたちはこのような場に参加して意見を述べた経験はなかった。それで、「自分の意見が尊重されているんだと実感できた」と驚いたような表情で話す者もいた。

次は中堅クラスのマネージャーを集め、最初のグループが考えたアイデアをさらに発展させていく作業だった。彼らも同じような手順でアイデアの並べ替え、結合や分割を繰り返した後、それを五つの改善テーマに分類した。

こうして得た案を上級管理職にバトンタッチし、テーマごとに解決策を考えさせた。この作業が終了したところでレポートにまとめ、参加者全員の人数分だけコピーを作成した。そして、従業員たちの協力に感謝した後、レポートを配って彼らの署名を求めたのだった。このやり方は問題解決手法として非常に効果的であった上に、これから解決策を実行していくことになる従業員たちから一〇〇%近い支持を得ることにも成功したのである。

あなたの組織のCQ（連携指数）は？

こうした連携が、あなたの組織ではどの程度サポートされているだろうか。以下に列挙する一〇項目を、次の五段階で評価してみてほしい。

1. 非常に悪い／皆無
2. 悪い／まれ
3. 普通／適度
4. 良い／頻繁
5. 非常に良い／常時

□ 会議室、ホワイトボード、掲示板を設け、作業場を開放的にすることでコミュニケーションの促進が図られている。

□ グループ・ミーティング、ニュースレター、電子メール、共有サーバ、ナレッジマネジメント・システム、財務・業績レポートを通じて情報が広く共有されている。

□ 従業員がお互いに厚い信頼と尊敬の念で結ばれている。

□ 従業員にプロジェクトにおける連携が奨励され、通常の勤務時間を奪うようなプロジェクトでも認められている。

□ 個人だけでなく、グループの連携による努力に報いる報酬制度が確立している。

□ 組織の価値観、ビジョン、目標が全員にはっきり理解され、グループや個人がそれぞれの価値観やビジョンを明確にすることが奨励されている。

□ 報酬とリスクが組織内の全員によって均等に共有されている。

□ コンピュータ・システムによる連携ツールやグループウェアを備え、組織の人間誰もがそれを利用できるようになっている。

□ 部署や職能を横断する非公式な交流が促進され、組織内の全員を対象とした「オープンアクセス」方針が設けられている。

□ 従業員のほとんどが自分の仕事に誇りを感じ、働くことの楽しさを常日頃語り合っている。

診断

五〇点：素晴らしい成績である。ただし、これから会う人五人にあなたの評価を確認してみてほしい。その人たちも同じ意見であれば、話を詳しく伺いたいので、私共まで電話をもらえないだろうか。

四五〜四九点：並の組織で出せるスコアではない。あなたの組織はきっと、世間で言われていることを実行しているのだろう。その調子で頑張ってほしい。

四〇〜四四点：方向性に問題はなさそうだが、同僚全員に次のような質問をしてみる必要があるだろう。職場での時間をもっと有意義なものにするには、どうしたらよいと思うか。どんなツールが必要か。どんな情報を求めているか。業務プロセスや、全体の中でのその位置付けを理解しているか。

〜三九点：タスクチームを編成し、連携を促進する方法について話し合う必要がありそうだ。手遅れにならないうちに実行してほしい。

連携は、プロジェクトの成功に欠かせない要素であるが、プロジェクトのビジョンとそれを実現する計画の調整や、関係者全員への伝達ということが行われてはじめて可能になる。その意味で、潜在的な危険性を察知し、どこかで必ず直面するであろう難局に備えてバックアップ計画を策定する能力も求められる。

ただし、プロジェクトというのは、目標さえ達成できればそれで終わっていいというものではない。プロジェクトを評価し、将来に役立ちそうな教訓を検討し、成功を祝う方法を知る必要がある。次の第十二章では、おろそかにされがちなこの手順について考えてみよう。

第十二章 評価 — 将来の成功のための基礎

この章のポイント
- ●プロジェクトの評価
- ●プロジェクトの文書化
- ●プロジェクト優先順位マトリクス

まだやっていないことに対して名声を確立することはできない。
—ヘンリー・フォード

プロジェクトというのはどれも、一つの学習体験だ。あなたは向こう一年間で、あるいは五年、一〇年の間に、いくつのプロジェクトを管理するだろうか。そのプロジェクトの一つ一つから何かを学び取るようにすれば、あなたの知識はプロジェクトを行うたびに発展していくことになる。

プロジェクト評価

プロジェクト名：

プロジェクト・マネージャー：

プロジェクト開始日：　　　　　　　　　完了日：

プロジェクトは予算内で行われたか？	はい	いいえ
プロジェクトは期限までに終了したか？	はい	いいえ
プロジェクトは技術（品質）仕様を満たしたか？	はい	いいえ

これより五段階評価	1 ＝ 最低の成果 ～ 5 ＝ 最高の成果				
・最初に期待した結果が最終的に実現したか？	1	2	3	4	5
・実現の可能性があったことがどの程度達成されたか？	1	2	3	4	5
・最初の計画はどの程度達成可能（現実的）だったか？	1	2	3	4	5
・プロジェクトの成功を周囲はどの程度評価しているか？	1	2	3	4	5
・顧客	1	2	3	4	5
・チームのメンバー	1	2	3	4	5
・経営陣	1	2	3	4	5
・自分自身	1	2	3	4	5
・その他	1	2	3	4	5
・計画はどの程度効果的に実行されたか？	1	2	3	4	5
・計画の修正・更新が必要なとき、どの程度効果的に対処できたか？	1	2	3	4	5
・必要な資源は入手できたか？	1	2	3	4	5
・レビュー会議は適時行われたか？	1	2	3	4	5
・レビュー会議の管理は効果的に行われたか？	1	2	3	4	5
・プロジェクトの文書化は十分行われたか？	1	2	3	4	5

プロジェクトを終えて振り返ってみると、次回も実行したいと思う部分と、そうでない部分とがあるものだ。プロジェクトを通じて学習していくためには、こうした良かった点と悪かった点をじっくり考えてみることが不可欠になる。なのに、忙しさにかまけてそれがおざなりにされがちなのは残念な限りだ。これを行うかどうかで、プロジェクト管理のエキスパートになれるか、並みのマネージャーで終わるかが決まるというのに。終了したプロジェクトから何をどう学び取ったらよいか、その考え方を説明するのがこの章の目的である。

プロジェクトの評価を行う際は、次のページに示したような簡単なアンケートを実施してみるのが近道だろう。これは個人のプロジェクトにも、チームのプロジェクトにも応用できる。チームを組織してプロジェクトを実施したのであれば、メンバーそれぞれに回答を求めよう。見方は十人十色であり、意見を幅広く集めることが重要である。

プロジェクトの問題分析

今回のプロジェクトを振り返ってみて、難しいと感じた点や重大な問題があったら、その内容を説明してください。さらに、解決法や回避方法で気づいたものがあれば、それも併せて記入してください。

問題の内容：

解決策の提言：

問題の内容：

解決策の提言：

プロジェクトの重要部分と成果：

次回はやり方を変えたいと思う部分がありますか？

プロジェクトの文書化

プロジェクトの文書化を終えて文書を保管することは、プロジェクトを正式に終了する際の重要な行為であると同時に、プロジェクトの全段階の中でもっとも油断のできない作業の一つでもある。ここでよく立ち往生するのは恐らく、プロジェクトが完成間近で、プレッシャーから開放され、一応終了したという思いがあるからだろう。だが、処理すべき仕事はまだ残っている。

この時点で、まだシステム手帳に残っている「プロジェクト」ファイルがあれば取り外し、デスクのプロジェクト管理ノートに保管する必要がある。ファイルのタブにはプロジェクト名をつけるとよい。また、プロジェクト名や他の重要事項を見やすく並べた索引を作成し、ノートの最初につけておくと便利だ。そうすると、関連する他の「プロジェクト」ファイルを確認したり、その場所 — 通常は、ファイル・システムの「完了プロジェクト」セクションのフォルダ内 — を見つけたりするのも楽になる。プロジェクト関連の情報があちこちに散らばっているのはよくない。原文書はわかりやすい名前を付けたファイル・フォルダに、プロジェクト管理に関するものはプロジェクト管理ノートに、というのが一般的だろう。

文書の重要度は、プロジェクトの内容によって異なる。プロジェクトを文書化することのメ

2006年プロジェクト索引

プロジェクト名:	内容:	開始日:	完了日:	他の関連ファイル:
クライアント・プロジェクト	クライアント向けカスタマイズサービスの改善	06年1月	06年3月	コンピュータファイル: CLIENT.DOC CLPROJ.INS
著書イラスト	新著用イラストと挿し絵	06年5月	06年6月	コンピュータファイル: ジップディスク: フォームファイル ジップディスク: 著書挿し絵 TOFCONT.XLS ノートファイル: 著書イラスト 著書:大雑把な下書き
訓練プログラム	ABC社用特注トレーナー養成プログラム	06年8月	06年10月	完了「プロジェクト」ファイル: XYZ社 コンピュータファイル: MANUAL.DOC

図12-1　プロジェクト索引—ノートの最初に添付

リットは、将来、修正を行ったり、類似のプロジェクトを管理したりする際に役立つほか、評価作業にも使えることだ。ただし、プロジェクトによっては、文書化が別な意味を持つこともある。詳細な文書作成が法律的に義務付けられる場合などがそうだ。また、新しい製品やプログラムについて、その開発過程で細かな文書を作成しておかないと、将来の維持管理が困難になるというケースもあるかもしれない。したがって、文書にどのような内容を盛り込むかは、プロジェクトの性質のほか、環境や諸規定で決まることになる。いずれにせよ、完了したプロジェクトそれぞれについて必要な文書が統一的方法で保管されるよう、一貫性のあるシステムを構築することが重要である。要するに、データや情報に漏れがなく、効率的な検索を行えるようにすること、それが目的なのだ。

プロジェクトファイルが大量になるときは、中をタブで分けると便利だ。用紙の上端にタブのついたファイルが使いやすいかもしれない。

次のプロジェクトは?

私たちはプロジェクトがそろそろ終わりに近付くと、自分の次のプロジェクトが気になり始めるものだ。あるいは、プロジェクトに私たちを使おうかと、誰かが考え始めているかもしれない。遂行中のプロジェクトを成功させると、それが新たなプロジェクトを生み出す可能性が高くなる。そして、目の前に複数のプロジェクトが並べば、その優先順位を考える必要が生じる。ところが、これは、私たちがもっとも難しいと感じる作業の一つだ。「仕事はたまり…時間は足らない」などとプリントされたTシャツがありそうな気もする。やるべき仕事はつねに山のようにあるものだ。優先事項をどんどん溜め込み、どれも重要で直ちに取り掛からなければならないかのように思ってしまうと、自分自身の成功に支配されがちになる。「より速く、より多く」が追求される今の時代、複数のプロジェクトの優先度を判断することは必須スキルになっている。だが、プロジェクトの優先順位を素早く決められる、効果的な手法がある。それは「プロジェクト優先順位マトリックス」だ。

プロジェクト優先順位マトリックス

この手法は、第四章で説明した、タスクを「ＡＢＣ」にランク分けするテクニックを土台にし、それにいくつか重要な改良を加えたものである。

例えば、無意味なプロジェクトであることを表す、「Ｄ」というランクを追加した。希望リストに載っているプロジェクトでも、一部は実際のところ価値のないものもあり、その種のもの

	現在	将来
A 必須（投資効果最大）		
B 重要		
C 選択可能		
D 無益		

図12-2　プロジェクト優先順位マトリックス

はかなりの間、いや、恐らく永久に棚上げにしておいて構わない。私の息子は、自分の部屋の掃除をこのカテゴリーに分類していた。優先度の判断は人それぞれだとしても、この場合はもちろん双方の歩み寄りが必要だった。さもないと、我が家の平和と調和は危うくなっただろう。

さらにもう一つ、「将来性」という視点を加えた。プロジェクトの中には、直ちに取り掛かる必要はないが、将来的には非常に重要というものもあるからだ。それぞれのプロジェクトをマトリクス内に正しく振り分けるためには、「投資効果（ＲＯＩ）」という観点からの分析が求められる。プロジェクトを実施するのは、それが成功すればリターンが得られるからだ。そして、このリターンは、私たちの価値観や長期目標に直結している。その意味で、プロジェクト全体の重要性をその成果の価値で判断する際は、価値観や目標を頭においておくとよい。

プロジェクトを実施したことで得られる価値の合計が、プロジェクトの投資効果となる。この基準でプロジェクトを比較し、投資効果が最大になりそうなのはどれかを判断する。

複数のプロジェクト間でその価値の大きさを決めるには、「プロジェクト優先順位マトリックス」をフリップチャートかホワイトボードに張り、プロジェクト名を書き込んだ付箋紙をそこに貼っていくとよい。それぞれの付箋紙を貼る位置を、プロジェクトの投資効果をもとに決めていく。付箋紙は貼り直しが利くので、判断を変えることは可能だ。これは重要なことである。なぜなら、どのプロジェクトも、最初は「Ａ‐現在」の欄に割り振りたくなるからだ。

私がこの手法を使いこなせるようになったのは、フランクリン・コヴィー社の公開セミナー担当ディレクターになって一年目の終わり頃だった。それまでの私は、プロジェクトに追い回されている自分にややもどかしさを感じていた。当時の私の上司は、コヴィー社の創設者の一人であるディック・ウィンウッドだった。私はある日、彼の部屋を訪ね、プロジェクトの優先順位付けに関して助言を求めた。彼は、よくぞ聞いてくれたとばかり、嬉しそうな顔をした。私はフリップチャートに表を描き、彼の指示するマスに付箋紙を一枚ずつ貼り付けていった。言うまでもなく、黄色の付箋紙はすべて「A - 現在」の欄に集まった。一通り終わると、ディックは表に向けていた視線を私のほうに移し、こう言った。「君の言わんとすることはわかるよ。いくつか考え直したほうがよさそうだね」

私たちはプロジェクト一つ一つをつぶさに検討し、互いに比較してみた。すると、重要ではあるが、必須とは言えないものがいくつかあることに気づき、それらを「B - 現在」の欄に移した。さらに「C」欄と、「A - 将来」の欄に移動できるものも一つずつ見つかった。こうした判断は私にとって大きな意味があった。なぜなら、私はある大きなプロジェクトのことがずっと気になっていたのだが、それが必須ではあるものの、「A - 現在」のプロジェクトの終了後でもよいことがわかったからだ。私はそのとき、やれやれと大きく胸をなでおろしたものだった。私はこれを機に、次の数カ月間における自分の最優先事項をはっきり理解することができた。

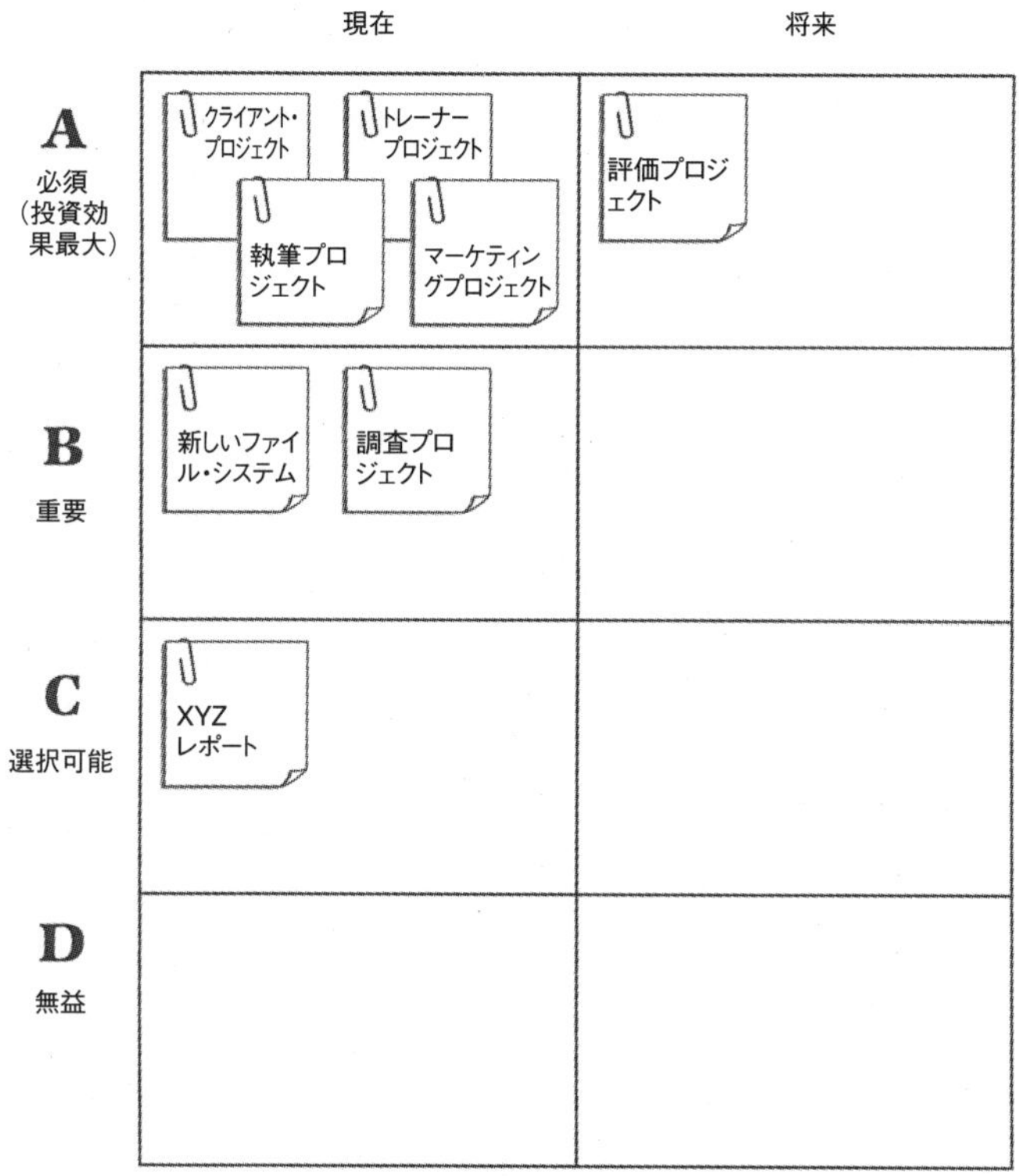

図12-3　「プロジェクト優先順位マトリックス」の例

今でも私は、自分の部署で四半期ごとに戦略計画を立案する際、このツールを利用している。部署の価値観や目標、一年間のプロジェクトは、年度事業計画として定められているが、これらのプロジェクトは、「プロジェクト優先順位マトリックス」を使って九〇日単位で振り分けられる。こうすることで、スタッフは照準を合わせるべきもっとも重要なプロジェクトをはっきり意識することができる。九〇日後、終わったプロジェクトには「完了」の印を付け、また次の九〇日間に向けて優先順位を決めるようにしている。以前「A‐将来」に割り振ったプロジェクトの一部が今「A‐現在」になり、「B」だったものの一部が「A」に昇格している。その一方で、意外にも「B」から「C」や、さらには「D」に降格されるものもある。

プロジェクトのアイデアがすべて良いものとは限らない。提案された時点では良さそうに見えたものが、時間が経ち、情報も増えていくと、内容的あるいは時期的に不適当と思えてくることがあるのだ。プロジェクトのアイデアは、計画期間を活用して時間をかけて評価すべきである。

新しいプロジェクト案や任務が生じたら、他のプロジェクトと一緒に検討し、「優先順位マトリックス」でランクを決めるとよい。部署や会社によっては、新たに発生した任務が既存のものに影響する場合があり、既存のプロジェクトとの比較・検討を行う際にこの手法が威力を発揮する。新たな任務の優先度をマトリックスで分類することで、業務フローへのタイムリーな組み込みが可能になるのだ。

プロジェクトの成功を祝う

さあ、ついに祝杯をあげる時が来た。プロジェクトの参加者全員の努力を評価し、感謝の意を示すことを忘れてはいけない。プロジェクトは終わっても、その過程で築かれた人間関係はその後も続くことがよくある。将来のプロジェクトで、また同じ顔ぶれがそろうことも珍しくない。チームが相乗効果を生み出せるかどうかは、その中の人間関係にかかっている。プロジェクト・マネージャーが徐々に関係を築き上げた人たちが、将来新たなプロジェクトの中心メンバーになっていくのだ。

こうした祝賀行事は、ちょっとした飲食物だけで行う簡単な打ち上げ会議のような形式もあれば、リゾート旅行のような手の込んだものもある。できればスタッフに、プロジェクトに参加したことの証となる署名をもらうようにしよう。そのプロジェクトが大きなプロジェクトの一部だった場合は、各人の努力が全体にどう寄与したか知らせるべきだ。また、プロジェクトの顧客と会って話をするチャンスをスタッフに与えるのもよい。祝賀会は、プロジェクトに貢献したことへの誇りと満足感を抱かせるための機会でなければならない。

また、プロジェクトの成功を祝うということは、完了したプロジェクトの評価と新たなプロジェクトへの移行を確認する意味でも重要である。プロジェクトというのは、必ず終わりがあるという点でプロセスや通常業務とは異なる。その終了を正式な形で意識することが重要なのである。

付録A　ビジネスに役立つフォーム

プロジェクトフォームを自分で作るのはちょっと、という方は、フランクリン・コヴィー・ジャパン社（0120－01－1776）に電話をすれば直接購入することができます。また、カタログの請求も可能で、フォームのサイズは次の三種類となっています。

クラシックサイズ：216㎜×140㎜、7穴
コンパクトサイズ：172㎜×108㎜、6穴
ポケットサイズ　：153㎜×89㎜、6穴

プロジェクト・タイムテーブル

プロジェクトの期限と優先順位を決定し、進行状況をフォローするのに有効である。

プロジェクト・プランナー

最初にプロジェクトについてじっくり考えを練ることが、プロジェクトの効率的かつ組織

的管理のカギとなる。このフォームは、目標の明確化、目標完了日の設定、資源の確保、予算の編成に威力を発揮する。

ミーティング・プランナー

会議の目的、開催場所、議題、準備事項、出席者などを書き込むのに便利である。

インフォメーション・レコード

頻繁に繰り返される連絡の内容をこのフォームに記録していく。

プロジェクト・タスク・マップ

プロジェクトのマップ化、進捗状況の図示、次にすべき事柄の検討などに用いる。

フランクリン・コヴィー・ジャパン社「プランニング・クエスト」セミナーについて

「プランニング・クエスト」は、この本で紹介した、プロジェクトマネジメントに関する「ＶＰＩＣ」のプロセスを二日間にわたって習得する実践型のトレーニング・プログラムです。

詳細は、０３‐３２６４‐７４０１までお問い合わせください。

付録B　最高のファイリング・システムを実現するために

必要なもの：

- ファイルを保管するキャビネットまたはボックス
- ハンギング・フォルダとラベル
- ファイル・フォルダとラベル
- アシスタントを置く場合、「要保管」書類用の積み重ね式トレイ

プロジェクト以外のファイルの構築

もしあなたのデスクやオフィスが散らかっているとしたら、書類管理に有効でないファイリング・システムを使用しているか、またはシステム自体が存在していないかのどちらかだろう。あまり整然と片付けすぎてしまうと後で見つけるのが大変になるのでは、と心配する人が多い。

効果的なファイリング・システムと呼べるためには、情報の検索が容易でなければならない。整理整頓のコツを知り、完ぺきに機能するファイリング・システムを構築している人も少なくないが、それが苦手な人には、しまったものを確実に見つけ出せると思えるような簡単な方式が必要である。

人生はあなた自身のもの

あなたのファイリング・システムは、あなた自身の生活に即したものであるべきだ。マニュアルなどに書かれた、いかにももっともらしい指針などに従う必要はない。そういう意味で、一般的なファイル見出しをつけるのも悪くはないが、自分の場合はどのような分類がわかりやすいか見きわめることのほうが重要である。プロジェクトをメジャーピース、マイナーピース、タスクに分割するのと同じように、あなたの生活情報も扱いやすいピースに細分化しよう。この細分化に持って来いのツールが、マインドマップだ。一枚の紙の真ん中に、必要な情報や保存しておきたい情報を表わす語として「情報」などと書く。移動や組み合わせの変更をできるようにするには、付箋紙を使うのが便利だろう。そして、生活情報をまずは「プライベート」と「仕事」に分けることが考えられる。この付録では仕事用のファイルだけ取り上げるので、「仕事情報」とする。そうすると、例えば次のような項目が思い浮かぶのではないだろうか。

クライアント
連絡先
見込み顧客
競合会社情報
調査結果
マーケティング
セールス
会議
直販
レポート
トレーニング
商品カタログ
財務
予算

上記の分類項目を、ファイリング・システムのメジャーピースと考える。マイナーピースは、個々のファイル・フォルダだ。メジャーピースの中には、非常に大きくてファイル引き出し全体を必要とするものもあるだろうし、二、三のファイルで構成された簡易的なフォルダで間に合うものもあるかもしれない。

メジャーピースが決まったら、それをさらに細かく分けていき、ファイル・フォルダそれぞれのラベルを作成する。例えば「レポート」の項目なら、「品質管理レポート」「業務レポート」「原価率レポート」などに分類されるだろう。

ファイルの分類名としては、あまり具体的で範囲が狭く覚えにくいものよりは、大まかで一般的な見出しのほうがよいだろう。後で見つけやすくするには、ファイルやフォルダの名前を、意味があって区別しやすいものにする必要がある。自分だけでなく、そのファイリング・システムを使用する可能性のある他の人たちにもわかりやすいものということだ。

ファイルマップを作成する

ファイル・システムでは見つけやすさが何より肝心だとすれば、ファイルマップを作成しておくのは良い方法と言える。このマップはマインドマップを作成していって最後に得られるものので、ファイル引き出しのそばなど、見やすい場所に貼っておくとよい。新たに資料を保管するときなど、こうしたマップがあれば一目で場所がわかるだろう。そうしないと、例えばカタログをその納入業者のフォルダに入れたり、「カタログ」のフォルダに入れたりすることになりかねない。納入業者のカタログはすべて同じ場所に保管するようにしておけば、マップがそれを思い出させてくれるので、一貫性のあるファイル・システムが出来上がるはずだ。

プロジェクトファイルの構築

プロジェクトは一時的な活動であるため、プロジェクトファイルも他のファイルとは性質が異なる。ファイルを構築するにしても、プロジェクトの規模や所要期間で方法が変わってくる可能性がある。例えば、小規模なプロジェクトであれば、A４サイズのファイル・フォルダが一つあれば、必要な情報がすべて収まるだろう。だが、大きなプロジェクトになると、一つのキャビネットがファイル・フォルダでいっぱいになってしまうケースもある。一〇センチ程度の紙をはさめる大きなバインダーが必要な場合もあるかもしれない。これらをうまく組み合わせて使用するとよい。

どんな種類のファイルやバインダーを使うにしろ、進行中のプロジェクトについては、システム手帳内にプロジェクトタブを作成すると情報のフォローが容易になる。そして、タスクリスト、ガントチャート、マインドマップ、バインダーなど、プロジェクト管理に役立つデータをいろいろ入れておくようにする。コンピュータファイル、ファイル・フォルダ、ノートファイルなど、数種類のファイルが一つのプロジェクトに使用される場合がある。そうしたとき、情報を容易に見つけられるようにするには、第一に、ファイルのラベルやタブに記す名前を明確に区別しなければならない。そして、第二に、情報が保管されている場所を示すカッコ書きをシステム手帳に使うことだ（第八章参照）。ファイル・システムの大きな分類の一つとして「プロジェクト」を作り、さらに「完了プロジェクト」「懸案プロジェクト」「プロジェクト案」というふうに細かく分類するとよいだろう。

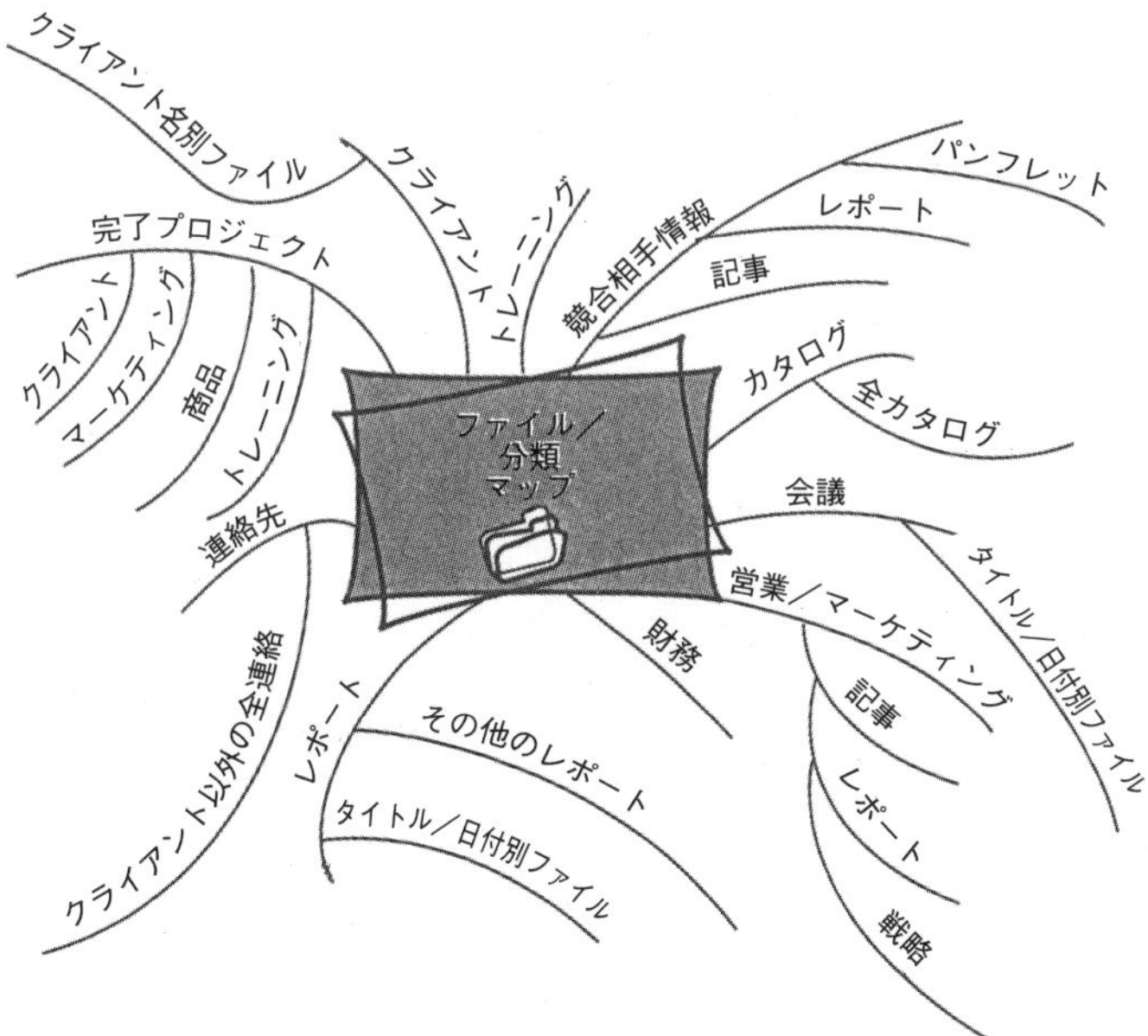

図B-1　ファイルマップ—マインドマップ形式

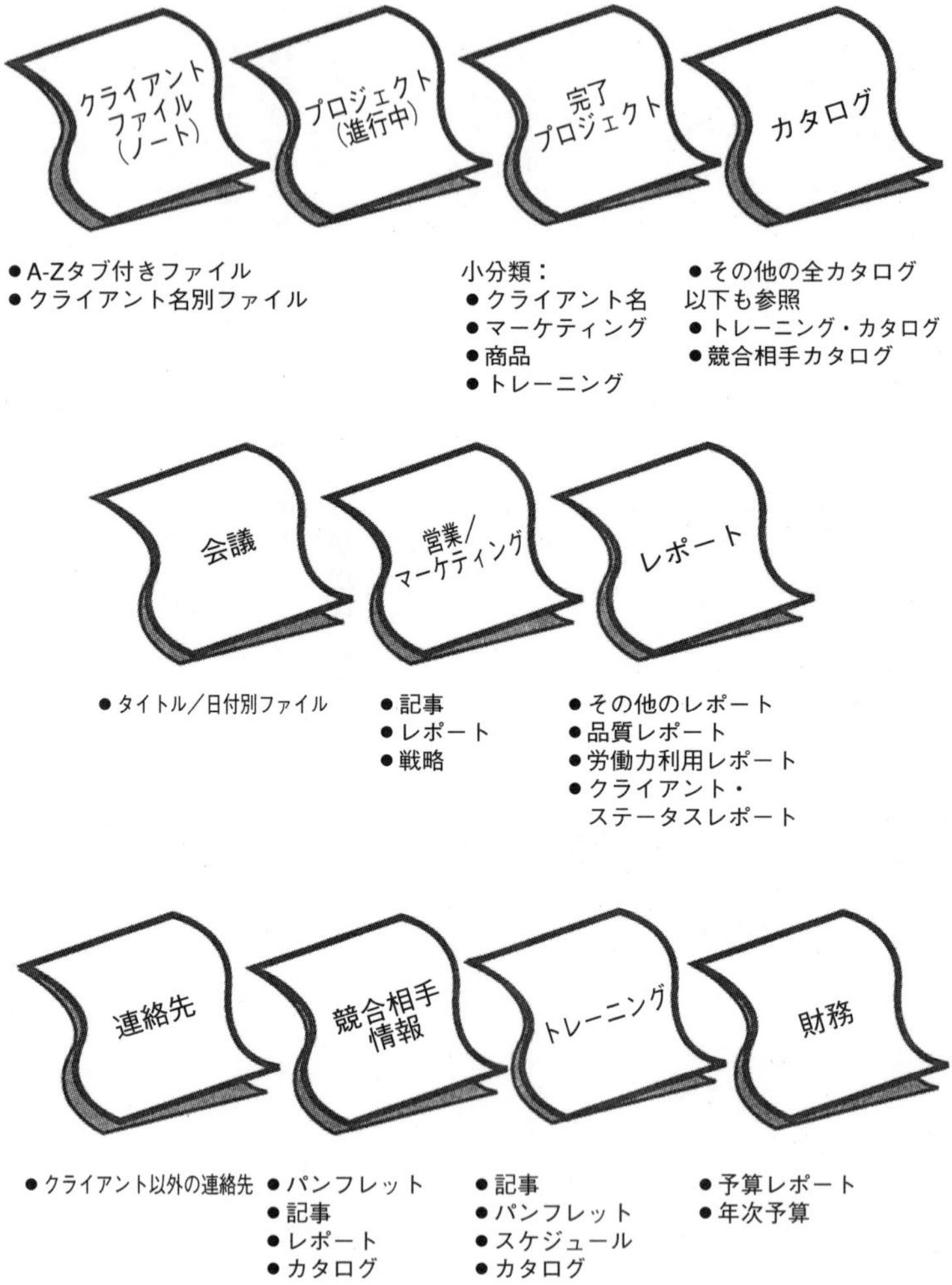

クライアントファイル（ノート）
プロジェクト（進行中）
完了プロジェクト
カタログ
●A-Zタブ付きファイル
●クライアント名別ファイル
小分類：
●クライアント名
●マーケティング
●商品
●トレーニング
●その他の全カタログ
以下も参照
●トレーニング・カタログ
●競合相手カタログ
会議
営業/マーケティング
レポート
●タイトル／日付別ファイル
●記事
●レポート
●戦略
●その他のレポート
●品質レポート
●労働力利用レポート
●クライアント・ステータスレポート
連絡先
競合相手情報
トレーニング
財務
●クライアント以外の連絡先
●パンフレット
●記事
●レポート
●カタログ
●記事
●パンフレット
●スケジュール
●カタログ
●予算レポート
●年次予算

図B-2　ファイルマップ—付箋紙形式

文書の保管

文書を保管する際は、次の三つの点を考えるようにしよう。

一．この書類は本当に保存の必要があるか？

二．これを保管するのは別の人の仕事か？

三．将来これが必要になったとき、誰かからコピーをもらえるか？

保管の仕方が複雑になってしまうのは、重要でないものまでとっておこうとするからだ。そうした場面では、紙くずかごがあなたの良き友になる。つまり、なるべく思い切って捨てることだ。あるオフィス・コンサルタントから、こんな話を聞いたことがある。ある人のオフィスの整理を手伝ったら、そこにあったものの何と九割を捨てることになったという。

新しい文書を保管するときは、分類とファイル名を決め、それを文書の冒頭に記すか、小さな付箋紙に書いて上端に貼り付けるかして「要保管」トレイに入れるようにしよう。こうした文書はできれば毎日、それが無理ならせめて週に一度は保管するようにすべきだ。自分で保管を行う場合は、ファイル・フォルダ、ラベル、ファイルマップをいつも手元に置いておくと、新しいファイルをさっと作り、適切な場所にしまうことができる。

フランクリン・コヴィー・ジャパン株式会社について

フランクリン・コヴィー・グループは、企業および個人の皆様向けに、パフォーマンス向上のための教育サービスを提供し、リーダーシップ能力や生産性、コミュニケーション能力、そして業績を効率的に改善するお手伝いをしています。米国ユタ州の本社を中心とし、世界三九ヵ国において展開される活動は、企業はさることながら、政府機関、各種団体、学校、個人にも広く支持されています。

米国の『Fortune』誌が指定する最優良企業上位一〇〇のうち八〇社、同じく五〇〇社の四分の三以上が名を連ね、他多数の中小企業と政府機関なども含まれています。フランクリン・プランナー（『7つの習慣』の「第三の習慣」で説明されている概念を実行するための応用ツール）の愛用者が全世界で二一〇〇万人を超えているという事実は、何よりも当社の概念とツールの効果性を物語っています。フランクリン・コヴィー社は各界より高い評価を受け、ビジネス界から数々の賞を受けたほか、セミナー向けに開発したドキュメンタリーや短編映画もニューヨーク映画祭の金賞をはじめとする多くの賞を授かってきました。

フランクリン・コヴィー・ジャパン株式会社はフランクリン・コヴィー社の日本における拠点として、公開コース、講師派遣コース、社内講師養成コースなどの各種セミナーやコンサルティング、フランクリン・プランナーおよび書籍を日本の顧客に紹介し、小売店やカタログによる販売事業を推進しています。

日本におけるフランクリン・コヴィー社の活動は当初より熱烈な支持をいただいてきました。現在、当社のコースを社内研修プログラムとして取り入れている法人顧客数は数千社に上ります。その内訳は多彩で、大企業から中小企業、日系企業から外資系企業、官公庁、さらに在日米軍なども含まれています。

本書で紹介した「プランニング・クエスト」セミナーや「フランクリン・プランナー」については、フランクリン・コヴィー・ジャパン株式会社までお問い合せください。

PQ
プロジェクト・マネジメントの探究

2007年2月25日　初版第1刷発行

著者　G・リン・スニード／ジョイス・ワイコフ
訳者　フランクリン・コヴィー・ジャパン株式会社
発行者　竹村 富士徳
発行所　キングベアー出版
〒102-0083　東京都千代田区麹町3-3
丸増麹町ビル7F
電話　(03)3264-7403(代表)
http://www.franklincovey.co.jp/
e-mail:Planner@franklincovey.co.jp

印刷・製本　大日本印刷株式会社
ISBN978-4-906638-61-1